SAG
EXERCICE

CW01509301

Pensées
sans penseur

Mark Epstein

Pensées sans penseur

Une psychothérapie
dans une perspective bouddhique

*Traduit de l'anglais
par Pierre Goubert*

*Avant-propos
du dalaï-lama*

CALMANN-LÉVY

TITRE ORIGINAL

Thoughts without a Thinker

(1re publication : Basic Books, 1995)

ISBN 2-7021-2518-2

© Mark Epstein, MD, 1995

Publié avec l'accord de Basic Books,
filiale de HarperCollins Publishers Inc.

© Éditions Calmann-Lévy, 1995, pour la traduction française.

AVANT-PROPOS DU DALAÏ-LAMA

La finalité de la vie, c'est le bonheur. En tant que boud-
dhiste, j'ai pu me rendre compte que ce qui contribue le
plus à l'obtention de ce résultat est l'attitude que l'on
prend. Si l'on veut modifier les circonstances extérieures,
qu'il s'agisse du milieu où l'on vit ou de ses rapports
avec autrui, c'est en soi qu'il faut d'abord opérer un
changement. La clef du succès est dans la paix inté-
rieure. Si vous en disposez, il vous sera possible de faire
face aux difficultés avec calme et raison, sans vous dé-
partir de votre contentement. Les enseignements boud-
dhiques concernant l'amour, la bonté, la tolérance, une
conduite non violente et le principe de la relativité de
toutes choses, de même que différentes méthodes pour
l'apaisement de l'esprit, peuvent procurer cette sérénité.

Récemment, des psychothérapeutes, avec derrière eux
une formation scientifique et médicale, ont commencé à
explorer la possibilité d'une utilisation des techniques
bouddhistes dans le cadre d'une psychothérapie. Je
considère que ceci s'accorde parfaitement avec l'ambi-
tion de vaincre la souffrance et d'améliorer la qualité de
vie de tous les êtres sensibles. Une expérience vécue de la
méditation bouddhique peut donner à ceux qui la pra-
tiquent une connaissance approfondie du fonctionne-
ment et de la nature de l'esprit, une science de nos pro-
cessus internes qui complète notre compréhension du
monde physique. Nul progrès technologique ne saurait à
lui seul conduire à un bonheur durable. Ce qui fait
presque toujours défaut est un progrès correspondant
chez l'homme. Les preuves s'accumulent que c'est là un
domaine où doctrines bouddhistes et recherches moder-
nes peuvent trouver profit à une œuvre commune.

Je me réjouis de voir se développer ces nouvelles orien-

tations. Je félicite Mark Epstein d'avoir mené à bien son ouvrage, le fruit d'une expérience de vingt ans, tant dans la psychothérapie occidentale que dans la méditation bouddhique. *Pensées sans penseur* non seulement proposera aux praticiens des aperçus profitables, mais servira aussi à promouvoir la recherche et une coopération mutuelle entre les psychothérapeutes et ceux qui suivent le sentier de la méditation.

Décembre 1994

Pirandello a exprimé la chose d'une manière un peu différente, sous la forme d'un titre donné à une pièce de théâtre : *Six personnages en quête d'auteur*. Mais pourquoi s'arrêter là ? Pourquoi ne pas en faire quelque chose d'encore plus petit, plus fragmentaire ? C'est une pensée qui erre à la recherche d'un penseur susceptible de lui donner asile.

W.R. Bion

À Arlene

REMERCIEMENTS

En rédigeant cet ouvrage, j'ai été frappé de voir combien j'avais eu de maîtres sans aucun lien avec l'enseignement traditionnel ou l'entraînement orthodoxe dont j'avais bénéficié. Pourtant, celui qui dit cela a profité, durant la plus grande partie de sa vie, des services d'établissements scolaires et universitaires. Il est tout à l'honneur de ces institutions de m'avoir laissé assez de temps et d'énergie pour explorer en dehors des sentiers battus. Je n'exprime mes remerciements qu'à un petit nombre de ceux qui ont compté pour moi, seulement à ceux qui ont eu sur l'écriture de ce livre l'influence la plus immédiate.

Pour sa gentillesse, sa générosité et son infatigable sagesse, j'aimerais témoigner ma reconnaissance envers Isadore From, qui patiemment me guida tout au long de mes premières années de psychothérapeute. Je regrette qu'il ne soit plus là. Pour leur enseignement, leurs conseils et leur exemple, je remercie Jack Kornfield et Joseph Goldstein. Pour son savoir, ses encouragements, et les discussions que nous avons eues ensemble ces vingt dernières années, toutes choses qui ont laissé leur trace en cet ouvrage, j'ai une dette envers Daniel Goleman. Pour m'avoir tendu la main et m'avoir révélé la vie toujours intense qui anime la psychanalyse, je suis reconnaissant envers Emmanuel Ghent, Michael Eigen et Gerald Fogel. En dehors d'eux, Helen Tworkov, Jack Engler, Stuart Margulies, Mark Finn, Karen Hopenwasser, Bob et Nena Thurman, Richard Barskey, Anne Edlestein, Scott Martino et mon éditeur, Jo Ann Miller, ont tous aidé à mes

15

efforts pour établir un lien entre les mondes souvent disparates du bouddhisme et de la psychothérapie. Arlene, Sonia, Will et le reste de ma famille m'ont procuré la tranquillité d'esprit qui m'était nécessaire pour la réalisation de ce projet, tandis que mes patients ont nourri mon ardeur par leur franchise, leur probité et leur humour. Je voudrais pouvoir remercier chacun nommément, mais je m'en abstiendrai.

Mes patients généreusement ont accepté de m'abandonner une part d'eux-mêmes et ont fourni le matériau de ce livre. Dans tous les exemples cités j'ai changé les noms, de même que dans d'autres détails susceptibles de révéler une identité, ou pour des personnages imaginaires composites, cela afin de protéger la vie privée.

DES COUPS FRAPPÉS
À LA PORTE DU BOUDDHA

La question que l'on me pose le plus souvent a trait à la façon dont le bouddhisme m'a influencé en tant que thérapeute, dont j'ai pu réussir à l'intégrer à mon travail. C'est une question redoutable, car je n'ai jamais choisi de devenir un « psychothérapeute bouddhiste ». J'ai simultanément poursuivi l'étude des deux systèmes, oriental et occidental, rencontrant les premiers maîtres qui m'ont enseigné la méditation à peu près au moment où j'entrais en contact avec les théories freudiennes. J'ai voyagé en Inde et en Asie du Sud-Est à l'époque où je faisais mes études de médecine, et j'ai passé des semaines entières dans une retraite silencieuse avant de recevoir mon tout premier client en thérapie. On ne m'a jamais appris à associer les deux : cela s'est fait, en vérité, sans que j'aie eu à choisir. Ainsi qu'il convient quand on considère le caractère profondément personnel tant de la méditation que de la psychothérapie, mes premières tentatives pour rassembler l'une et l'autre ont été essentiellement solitaires.

On est bien loin ici de ce que le grand psychologue William James imaginait devoir se produire. James fut impressionné par la complexité de la psychologie bouddhique et prédit qu'elle aurait une influence capitale sur la psychologie occidentale. Une anecdote à son sujet plantera le décor pour mon livre. James donnait un cours à l'université de Harvard au début des années 1900-1910, quand soudain il s'arrêta de parler en reconnaissant dans son auditoire un moine bouddhiste de Ceylan qui était de passage. « Prenez ma place, dit-il (à ce qu'on rapporte). Vous êtes plus qualifié que moi pour enseigner la psychologie. La vôtre est celle que tout le monde étudiera dans vingt-cinq ans [1]. » James fut l'un des premiers à être sensible à la dimension psychologique de la pensée bouddhique, sans toutefois se montrer aussi bon prophète que bon psychologue. Plusieurs années auparavant, à Vienne, Freud avait publié *L'Interprétation des rêves*, et ce fut la psychologie de Freud, non celle du Bouddha, qui eut le plus d'impact en Occident pendant les décennies qui suivirent.

À l'époque du cours de James, on commençait seulement parmi les psychologues occidentaux à ressentir l'influence de la philosophie orientale. Dans les cercles de psychanalyse, il était fréquent de s'intéresser à la pensée de ces pays-là. Beaucoup des premiers collègues et disciples de Freud (y compris Ernest Jones, Otto Rank, Sandor Ferenczi, Franz Alexander, Lou Andreas-Salomé et Carl Jung) étaient au courant des idées qui circulaient sur le mysticisme oriental et tentèrent de l'aborder dans une perspective psychanalytique. L'ami de Freud, l'écrivain français Romain Rolland, était le disciple fervent des maîtres hindous Rama-krishna et Vivekananda, et il entretint avec Freud une correspondance suivie sur ses expériences dans le domaine de la méditation, dont Freud rend largement compte dans son *Malaise dans la civilisation*. Fasciné par les récits de son ami, s'il demeurait quelque peu sceptique, Freud s'efforça de comprendre les expériences de Romain Rolland au moyen de sa technique psychanalytique. En 1930, il écrivait :

> *Guidé par vous, j'essaie maintenant de pénétrer dans la jungle hindoue dont m'avait éloigné jusqu'à présent un*

> *certain mélange d'amour grec de la mesure [...], de modé-*
> *ration juive et d'anxiété philistine. J'aurais vraiment dû*
> *m'y aventurer plus tôt, car les produits de ce sol ne*
> *devraient pas m'être étrangers; j'avais fouillé jusqu'à une*
> *certaine profondeur pour rechercher leurs racines. Mais il*
> *n'est pas facile de franchir ses propres limites* [2].

En tant qu'homme qui partage avec Freud ces trois traits de caractère (amour de la mesure, sérieux du Juif et peur du philistin), je puis témoigner qu'aucun ne saurait interdire la compréhension de la démarche bouddhique. Freud lui-même fit de son mieux pour pénétrer dans la « jungle indienne », en dépit de ses appréhensions. Sous l'influence de Romain Rolland, il décrivit le sentiment « océanique » comme le prototype de l'expérience mystique : l'impression est celle de ne faire qu'un avec l'univers, dans une unité sans limites ni entraves. Cela tend à « restaurer un narcissisme sans bornes » et à « faire renaître l'impuissance du petit enfant [3] ». Cette assimilation de l'expérience de la méditation à un retour au sein (ou au ventre) maternel n'a pour ainsi dire pas été contestée à l'intérieur de la communauté psychanalytique depuis le commentaire de Freud. Elle contient certainement une part de vérité, mais ne prend pas en compte les méthodes d'investigation ou d'analyse caractéristiques du bouddhisme et qui sont le plus en rapport avec l'approche psychodynamique. Alors que James semblait devoir ouvrir la psychologie aux apports potentiels de la démarche bouddhique, Freud mura efficacement tous les accès. À l'origine de cela il n'y eut pas de sa part une réticence à faire usage de la psychanalyse pour des recherches sur les différents états induits par la méditation, mais une ignorance fondamentale de ce qui fait le véritable sujet, pour ne parler que de cela, de la méditation bouddhique.

James comprenait, lui, une chose que les générations suivantes de commentateurs, plus influencés par la psychanalyse, ne comprirent pas : la dimension *psychologique* fondamentale de l'expérience spirituelle bouddhique. Loin d'être un retrait mystique des complexités de l'expérience mentale et émotionnelle, la démarche bouddhique requiert que la *totalité* de la psyché soit soumise à la prise de conscience dans la méditation. C'est là que la convergence entre le bouddhisme et ce qu'on est maintenant convenu d'appeler la psychothérapie semble la plus évidente. La méditation n'est pas un refus du monde extérieur. Le ralentissement qu'elle demande est au service d'un examen plus attentif de l'esprit dans son activité journalière. Cet examen est, par définition, psychologique. Son but est de mettre en question la véritable nature du soi et d'empêcher que continuent à se créer des souffrances mentales que l'on s'inflige à soi-même. Cette recherche, diverses écoles de psychothérapie l'ont abordée de manière indépendante, souvent sans tirer profit de la méthodologie au-dessus, celle des psychologues bouddhistes étudiant le fonctionnement de l'esprit. Tant que le bouddhisme pouvait être considéré comme aspirant à une mystique, à un autre monde, comme un produit exotique inaccessible à un esprit occidental, une recherche spirituelle sans beaucoup de rapport avec la complexité de nos attachements névrotiques, on pouvait l'exclure des grands courants de la psychologie, et ses intuitions pouvaient être reléguées sur les rayons ésotériques de la « philosophie orientale ». Pourtant, le bouddhisme a quelque chose d'essentiel à apprendre aux psychothérapeutes contemporains : depuis longtemps il a mis au point une technique pour s'attaquer au narcissisme humain et l'éradiquer, un but que la psychothérapie occidentale n'a que récemment commencé à envisager comme possible.

Lentement et progressivement, surtout depuis la fin des années 1960-1970 et la décennie suivante, la pensée orientale s'est insinuée dans la conscience psychologique de l'Occident. La rupture intervenue entre Jung et Freud, l'adhésion des poètes de la *Beat Generation* au bouddhisme zen entre 1950 et 1960, le lien établi par la « contre-culture » entre psychédélisme et mysticisme oriental entre 1960 et 1970 ont donné plus d'importance à la dimension psychologique de la pensée de l'Orient, mais sans que, depuis qu'elle a gagné l'Occident, elle ait cessé de souffrir de son étiquette de solution de rechange. L'influence de cette pensée se remarque dans l'œuvre du psychologue Abraham Maslow et le développement de la branche humaniste de la psychologie moderne ; plusieurs pionniers de la psychanalyse, notamment Erich Fromm et Karen Horney, ont été attirés par le bouddhisme à la fin de leur carrière. Néanmoins, les deux mondes de la pensée orientale et de la psychanalyse occidentale dans son ensemble sont restés de manière frappante à l'écart l'un de l'autre pendant toutes ces années. Tandis que les concepts de Freud prenaient le pas sur tous les autres, monopolisant le vocabulaire de la psychologie, et cependant que la psychanalyse continuait d'évoluer en tant que tribune sur l'exploration de la nature de l'expérience psychologique, pratiquement aucun des vulgarisateurs modernes du bouddhisme en Occident, traducteurs, auteurs, professeurs, ne maîtrisait le vocabulaire de la psychanalyse. En présentant la démarche orientale ils se sont le plus souvent maintenus en dehors du domaine de la psychothérapie psychodynamique, permettant ainsi aux psychothérapeutes les plus traditionalistes de continuer à les ignorer.

Grâce aux premiers apports de James, Jung, Aldous Huxley, Alan Watts, Thomas Merton et Joseph Campbell, les esprits occidentaux ont vu se dessiner les grandes lignes de la pensée asiatique. Mettant l'accent sur la présence de la « conscience cosmique » ou du mysticisme dans toutes les religions, ces auteurs ont beaucoup fait pour populariser l'idée d'une « philosophie supratemporelle » commune à toutes les traditions spirituelles. Ces premiers explorateurs de la pensée orientale reconnurent le caractère exceptionnel en matière de psychologie des textes bouddhiques auxquels ils pouvaient avoir accès, mais ils ne firent pas souvent la différence entre la démarche du Bouddha et celle des autres. Ils eurent également tendance à sous-estimer les techniques spécifiquement bouddhiques de recherche analytique de la nature du soi, qui présentent tant d'intérêt pour les psychothérapeutes d'aujourd'hui. C'étaient des généralistes, qui établissaient une synthèse entre beaucoup d'éléments d'information disparates et les donnaient sous une forme nécessairement simplifiée, susceptible d'être assimilée par un public encore inculte en la matière. Cependant, rares étaient ceux de ces premiers traducteurs à posséder une grande pratique dans les exercices de méditation qui distinguent le bouddhisme des autres démarches orientales. Ils respectaient, certes, la clarté des enseignements bouddhiques en matière de psychologie, mais leur relative inexpérience, tant dans le domaine de la psychothérapie clinique que dans celui de la méditation bouddhique intensive, a empêché que se réalise une combinaison efficace des deux.

Pendant ce temps, la psychothérapie a pris de l'extension et acquis de la complexité, et ses analogies avec la pensée bouddhique sont devenues de plus en plus apparentes. C'est ainsi qu'au lieu de s'intéresser principalement en thérapie aux conflits entre pulsions sexuelles et agressives, on s'attache à la façon dont les patients sont mal dans leur peau : au fond d'eux-mêmes, ils ne savent pas qui ils sont, si bien que la question du soi apparaît comme au centre des préoccupations communes du bouddhisme et de la psychanalyse. En Occident, on est devenu tout à fait expert à décrire ce qu'on appelle le dilemme narcissique, ce sentiment que tout est faux, ou vide, et qui fait que les gens idéalisent ou dévaluent eux-mêmes et autrui. En même temps, on discute beaucoup de savoir si la méthode psychanalytique est bien adaptée à la résolution de tels problèmes. En fait, les thérapeutes occidentaux se trouvent dans la situation d'avoir identifié une source potentielle de souffrances névrotiques sans avoir mis au point de traitement à toute épreuve. Parvenus à ce stade, beaucoup de psychologues ont rallié les positions de James : ils sont prêts à examiner les enseignements du Bouddha en matière de psychologie.

La psychologie bouddhique, après tout, fait de ce sentiment fondamental d'une confusion sur le sujet de son identité son point de départ et prétend ensuite que toutes les tentatives faites ordinairement pour atteindre à la stabilité, à la certitude ou à la sécurité sont vouées à l'échec. Non seulement elle décrit les vains efforts pour trouver un « vrai soi » dans des termes qui depuis des dizaines d'années n'ont cessé de faire impression sur les psychologues occidentaux (certains des intimes de Freud étudiaient des textes bouddhiques nouvellement traduits pour la lumière qu'ils jetaient sur le narcissisme), mais elle offre par-dessus le marché une méthode psychanalytique inconnue de notre tradition occidentale. Dans une perspective bouddhique la méditation est indispensable pour libérer

l'individu des souffrances névrotiques. La psychothérapie peut s'avérer également nécessaire, en
particulier pour mettre en évidence ou réduire les
conflits érotiques ou agressifs, mais le dialogue
psychothérapeutique se heurtera toujours au problème d'un soi agité et inquiet. La psychothérapie
peut parvenir à identifier le problème, à le dégager,
à montrer certains des manques dont l'enfant a
souffert et qui ont contribué à susciter la difficulté.
Elle peut aider à diminuer la façon dont les pulsions érotiques et agressives finissent par s'entre-
mêler avec la recherche d'un sentiment satisfaisant
du soi, mais elle n'a jamais été capable de libérer
le patient du désir narcissique. Tard dans sa vie,
Freud a paru s'apercevoir de cette lacune dans
son article « Analyse terminée et analyse interminable » [4], et des générations de thérapeutes et
de patients ont dû les uns comme les autres se
contenter du soulagement relatif que la psychothérapie pouvait leur offrir. Le bouddhisme visible-
ment promet davantage et, en raison de cette promesse, il a retenu l'attention de la communauté
des psychothérapeutes, préparée comme elle l'était
par la « découverte » du narcissisme. Cet ouvrage
représente le résultat de mes propres efforts pour
réconcilier les enseignements du Bouddha avec ce
qu'a trouvé la psychologie occidentale, autrement
dit pour mettre en accord les deux principales
influences qui ont joué sur mon évolution personnelle.

La démarche bouddhique attire les gens, mais
elle demeure une énigme pour eux. Ils savent
qu'elle a quelque chose à leur apporter, néanmoins
ils ont du mal à traduire le message sous une forme
utilisable dans leur vie de tous les jours. On continue à considérer le bouddhisme comme exotique,
lointain, et en conséquence fait pour d'autres, si

bien que ses ressources n'ont pas été véritablement exploitées et que le message n'a pas encore été assimilé. La situation est analogue à celle de la Chine il y a deux mille ans, lorsque le bouddhisme y fut introduit. Il revint aux taoïstes lettrés, devenus également experts en méditation bouddhique, d'accomplir la « sinification » du bouddhisme, donnant ainsi naissance à un nouvel hybride, le bouddhisme chinois ou zen. Dans notre culture, c'est la terminologie de la psychanalyse, élaborée par Freud et alimentée avec rigueur par des générations de psychothérapeutes au cours du dernier siècle, qui s'est progressivement imposée à l'attention du public en général. C'est en se servant de ce vocabulaire qu'il faut présenter aux Occidentaux les découvertes du Bouddha.

En gardant cela à l'esprit, j'ai divisé mon ouvrage en trois parties, intitulées respectivement « La psychologie bouddhique de l'esprit », « Méditation » et « Thérapie ». La première a pour but de présenter les enseignements psychologiques du Bouddha dans la langue de la psycho-dynamique occidentale. Je fais cela, non seulement à l'intention des personnes dont le domaine est la psychologie ou la psychothérapie, mais aussi pour ceux qui, tout en étant attirés par la psychologie ou la méditation bouddhique, n'ont cependant qu'une vague idée de la base conceptuelle qui sous-tend la démarche du Bouddha. Cette première partie veut aider le lecteur à comprendre le point de vue bouddhique, car en Occident nous avons déjà laissé se répandre quantité d'idées fausses sur les enseignements fondamentaux du Bouddha. La tête pleine de conceptions psychologiques dérivées de la théorie freudienne, aux prises avec des problèmes psychologiques souvent imparfaitement résolus (ou qui même n'ont pas encore été abordés), les Occidentaux qui pratiquent la méditation trop fréquemment font fausse route à cause de désirs, de conflits ou de confusions qui leur sont propres. En décrivant la psychologie du Bouddha à l'aide du vocabulaire de la psychologie occidentale, j'espère combattre efficacement cette fâcheuse tendance.

La deuxième partie (« Méditation ») veut expliquer la stratégie bouddhique de base qui est celle de l'« attention nue », et montrer comment on peut comprendre en termes psycho-dynamiques ce qu'est la voie de la méditation. En présentant les fondements psychologiques de sa pratique traditionnelle, j'espère faire apparaître combien ces techniques ancestrales offrent toujours un indéniable intérêt pour un esprit occidental. Des techniques comme la stricte attention aux faits, la concentration, la vigilance ou la recherche analytique sont adaptées à des difficultés parmi les plus importantes de celles qui intéressent la psychodynamique contemporaine ; elles n'ont rien à voir avec un désir de s'isoler dans un monde à part. En montrant comment ces expériences de méditation peuvent être comprises en termes de psychologie, j'espère qu'on verra quelle efficacité elles peuvent avoir si elles viennent en soutien de psychothérapies occidentales plus traditionnelles.

La troisième partie (« Thérapie ») considère le traité de Freud sur la pratique de la psychothérapie, *Erinnern, Wiederholen und Durcharbeiten* (« Remémoration, répétition et perlaboration ») et s'en sert pour voir où et comment les enseignements du Bouddha peuvent s'intégrer à son exercice. Ces chapitres viennent en droite ligne de ma propre expérience en tant que méditant, patient et psychothérapeute, au cours de laquelle les deux mondes du bouddhisme et de la psychothérapie n'ont pas toujours été absolument distincts l'un de

26

l'autre. J'ai été dans la situation assez peu banale de m'être initié au bouddhisme avant de devenir psychiatre et d'avoir étudié la méditation alors que je n'avais encore ni abordé ni exercé la psychothérapie. En réalité, j'ai découvert le bouddhisme dans des cours à l'université de Harvard, précisément dans le bâtiment de psychologie qui porte le nom de William James et où, cinquante ans après ses prédictions, sa prophétie commençait à se réaliser. Dans cette troisième partie, j'essaie de montrer comment la pratique du bouddhisme a fait sentir ses effets sur mon travail de clinicien, comment les enseignements du Bouddha pourraient efficacement compléter, inspirer ou stimuler la pratique de la psychothérapie contemporaine, et comment beaucoup des plus grands praticiens parmi les psychothérapeutes ont, souvent à leur insu, frappé à la porte du Bouddha.

Je commence par une étude de ce qui m'a toujours impressionné le plus dans la psychologie bouddhique, c'est-à-dire la manière dont elle prend en compte l'ensemble de la psyché humaine, car le bouddhisme, tout comme les théories généralement admises qui virent le jour des siècles plus tard en Occident, est, dans son aspect psychologique, une psychologie *des profondeurs*. Il est capable de décrire, en des termes qui feraient la fierté de tout psychanalyste, la totalité de l'expérience émotionnelle de l'homme. Bien qu'il ait pu ne pas posséder en commun avec Freud les trois caractéristiques de « l'amour de la mesure, du sérieux du Juif et de la peur du philistin », le Bouddha peut très bien avoir été le premier psychanalyste ou, du moins, le premier à utiliser la technique psychanalytique que, plus tard, Freud devait codifier et mettre au point. Dans la description qui traditionnellement est faite de la Roue de la Vie, et aussi dans les enseignements des Quatre Nobles Vérités, nous trouvons le fruit de cette recherche analytique. Comme le titre de ce livre, que je dois au psychanalyste anglais W.R. Bion, veut le suggérer, les enseignements du Bouddha ne sont pas nécessairement en conflit avec l'approche psychodynamique. Parfois, en fait, ils correspondent à ce qu'un médecin pourrait prescrire.

Première partie

LA PSYCHOLOGIE BOUDDHIQUE DE L'ESPRIT

*L'esprit qui ne comprend pas est le Bouddha ;
il n'y en a pas d'autre* [1].

(D.T. Suzuki, *La Roue de la Vie.
Une représentation de l'esprit nevrosé*)

Un faux départ

Lorsque je commençai à m'intéresser au bouddhisme et à la psychologie, une preuve particulièrement frappante me fut donnée des difficultés qui
m'attendaient pour opérer une fusion entre les
deux. Certains de mes amis avaient arrangé une
rencontre entre deux éminents maîtres bouddhistes, tous deux enseignants associés, chez un
professeur de psychologie à l'université de Harvard.
Ils appartenaient à deux écoles de bouddhisme très
différentes, ne s'étaient jamais rencontrés, et leurs
écoles en fait n'avaient eu que peu de contacts au
cours des mille dernières années. Avant que les
deux univers du bouddhisme et de la psychologie
occidentale pussent fusionner, il fallait que les
divers courants du bouddhisme eussent la possibilité d'entrer en relation. Nous devions être les premiers témoins du premier dialogue de ce genre.

Les deux enseignants, Kalou Rimpoché du Tibet,
soixante-dix ans, avec toute l'expérience de longues
années de retraite solitaire, et Seung Sahn, le premier maître coréen à enseigner le zen aux États-
Unis, allaient mettre à l'épreuve mutuellement leur
compréhension des enseignements du Bouddha
pour le bénéfice d'étudiants occidentaux qui assis-
teraient à la scène. Ce devait être un remarquable
exemple de ce qu'on appelle un combat de *dharma*
(une joute oratoire où s'affrontent de grands esprits
aiguisés par des années d'étude et de méditation),
et nous attendions, impatients, avec tout l'intérêt
suscité par une rencontre historique de ce type. Les
deux moines firent leur entrée dans un tourbillon de
robes (brun et jaune pour le Tibétain, d'un gris et
noir austère pour le Coréen) et furent suivis d'un

double cortège de moines plus jeunes et de traducteurs à la tête rasée. Ils prirent place sur des coussins, dans la position traditionnelle, les jambes croisées, et leur hôte leur fit savoir que ce serait au plus jeune des deux de commencer. Le lama tibétain se tenait assis sans bouger, égrenant d'une main un rosaire en bois *(mala)*, tout en répétant continuellement *Om Mani Padmé Hum* à mi-voix. Le maître Seung Sahn, qui s'était déjà rendu célèbre par sa façon de jeter des questions à la tête de ses étudiants jusqu'à ce qu'ils fussent forcés d'avouer leur ignorance, et qui leur criait ensuite : « Tenez-vous-en à ne rien savoir ! », fouilla dans les profondeurs de son vêtement et en sortit une orange. « Qu'est-ce que c'est ? demanda-t-il au lama, dites-moi ce que c'est. » La question était typique du début d'un échange, et nous le sentions prêt à bondir sur la première réponse qui lui serait faite.

Le Tibétain égrenait son *mala* sans bouger ni se départir de son calme, et ne manifesta aucun signe de vouloir répondre.

« Qu'est-ce que c'est ? » insista le maître zen en mettant l'orange sous le nez du Tibétain.

Prenant tout son temps, Kalou Rimpoché se pencha vers le moine tibétain qui lui servait de traducteur, et ils se parlèrent à voix basse pendant plusieurs minutes. Finalement, le traducteur fit face au public :

« Rimpoché dit : " Qu'est-ce qu'il veut ? Il n'y a donc pas d'oranges dans son pays ? " »

Le dialogue s'arrêta là.

Chapitre 1

LA ROUE DE LA VIE :
UNE REPRÉSENTATION BOUDDHIQUE
DE L'ESPRIT NÉVROSÉ

Aussi difficile que cela fût de trouver un terrain d'entente entre les deux maîtres bouddhistes, il est beaucoup plus décourageant de chercher à accorder en psychologie les doctrines en honneur en Occident et en Orient. Pour moi, toutefois, l'image de la Roue de la Vie (la Roue du Samsāra), l'une des plus répandues dans le monde bouddhiste, m'a toujours paru constituer un point de départ particulièrement utile quand il s'est agi de comparer les idées du bouddhisme et celles de l'Occident sur la souffrance et la santé psychologique.

La Roue de la Vie représente ce qui est connu sous le nom des Six Royaumes de l'Existence. Les êtres doués de sensation y parcourent un cycle sans fin, de renaissance en renaissance. Dans les œuvres d'art, cette forme circulaire, ou *mandala*, est placée entre les mâchoires béantes de Yama, le seigneur de la mort. Le mandala illustre de manière frappante chacun des six royaumes qui attendent les êtres vivants : le Royaume des Humains, le Royaume des Animaux, le Royaume des Enfers, le Royaume des *Preta* (les Esprits Affamés), le Royaume des *Asura* (les Dieux Jaloux ou Titans) et le Royaume des Dieux. Ce sont les subdivisions principales ; les textes qui traitent du sujet décrivent des centaines d'autres royaumes à l'intérieur de chacun de ceux-ci. Conduisant hors de la roue, issu du Royaume des Humains, on trouve le sentier qui mène à l'état de bouddha, représentant l'occasion particulière attachée à la naissance humaine : l'esprit, tel celui du Bouddha, connaît alors un éveil qui permet d'échapper à la Roue de la Vie. Dans les pays bouddhistes, la Roue de la Vie sert à initier au concept de *karma* (le mérite), selon lequel nos actions dans la vie présente affecteront le type de renaissance qui précédera notre vie suivante. Le mal qu'on fait à autrui contribue à une renaissance dans les Royaumes des Enfers ; se livrer aux passions conduit à renaître dans les Royaumes des Animaux ; donner aux autres (en particulier aux moines et aux monastères) facilite l'accès à des naissances ou renaissances humaines plus confortables dans les Royaumes des Dieux, etc. Les enseignements psychologiques sur le karma sont en réalité beaucoup plus compliqués que cela, mais le mandala est le genre d'image dont enfants ou débutants peuvent facilement comprendre le sens. L'essentiel est que, tant que les êtres sont mus par l'avidité, la haine et l'illusion (des forces représentées au centre du cercle par un porc, un serpent et un coq, essayant de se dévorer l'un l'autre), ils resteront dans l'ignorance de leur nature de bouddha, du caractère passager, irréel, décevant du monde qui les entoure et enchaînés à la Roue de la Vie.

Cependant, l'un des aspects les plus frappants de la conception bouddhique de la souffrance est l'idée, inhérente à l'image même de la Roue de la Vie, que *les causes qui la provoquent sont également le moyen de s'y soustraire*. Le regard que jette celui qui souffre décide si un royaume donné peut permettre l'éveil ou conduire à l'asservissement. C'est notre perception erronée de ces royaumes (conditionnée par les forces de l'attachement, de l'aversion et de l'illusion), et non ces royaumes eux-mêmes, qui fait naître la souffrance. En incrustation, à l'intérieur de chaque royaume, on voit la minuscule image d'un bouddha (en réalité, la représentation du bodhisattva de la Compassion – un bodhisattva est un être illuminé dont l'énergie est vouée à l'éradication de la souffrance d'autrui) qui, symboliquement, nous enseigne à corriger les erreurs dans nos perceptions, erreurs qui déforment toutes les dimensions et perpétuent la souffrance. Nous n'avons une vision claire d'aucun de ces royaumes, nous apprennent les bouddhistes. Au lieu de cela, c'est remplis de crainte que nous parcourons un cycle parmi tous, sans pouvoir accéder à une expérience parfaite, incapables d'en embrasser toute l'étendue et apeurés par ce qu'il nous est donné de voir. Tout comme les pensées en notre esprit ne cessent de jacasser comme si elles échappaient à notre contrôle, nous glissons de royaume en royaume sans vraiment savoir où nous sommes. Nous nous trouvons enfermés entre les murs de notre esprit, mais sans savoir vraiment ce qu'il est. Nous dérivons, nous nous débattons, ballottés sur le dos des vagues qui l'agitent, faute d'avoir appris à flotter.

C'est là l'autre façon de comprendre la Roue de la Vie, l'interprétation moins littérale et plus psychologique. La question qui est au cœur de la pratique bouddhiste, après tout, est la question psychologique : « Qui suis-je ? » Pour espérer pouvoir répondre à cette question, il faut explorer la roue tout entière. Chaque royaume devient alors non pas tant un lieu particulier qu'une métaphore représentant un état psychologique distinct, et la roue complète se transforme en représentation de la souffrance névrotique.

Selon le bouddhisme, c'est notre peur de nous voir soudain tels que nous sommes qui crée la souffrance. Or notre esprit ne peut parvenir à l'illumination si nous continuons à nous détourner de notre névrose. Comme Freud l'a pressenti, « quand tout est dit et fait, il est impossible de détruire qui que ce soit *in absentia* ou *in effigie* [1] ». Dans chaque royaume de notre expérience, nous enseignent les bouddhistes, il nous faut apprendre à avoir une vision claire. C'est alors seulement que la souffrance identifiée par le Bouddha comme universelle peut se transformer. La libération de la Roue de la Vie, des Six Royaumes de l'Existence, traditionnellement est décrite comme le nirvana et symbolisée par le sentier qui conduit hors du Royaume des Humains. Pourtant, on a fini par considérer comme un axiome fondamental dans la pensée bouddhiste que le nirvana est le samsāra, qu'il n'existe pas de royaume de Bouddha en dehors de la vie de ce monde, qu'on ne se délivre de la souffrance qu'en changeant sa perception, et non par une migration vers un séjour céleste quelconque.

La psychologie occidentale a beaucoup fait pour éclairer les six royaumes. Freud et ses disciples s'attachèrent à montrer la nature animale des passions, le caractère « infernal » des états paranoïdes, agressifs et anxieux, ainsi qu'à faire apparaître le caractère insatiable de ce qu'on en vint à appeler les pulsions orales (qu'on retrouve dans les images des Esprits Affamés). Des progrès ultérieurs en psychothérapie ont porté l'attention même sur les royaumes supérieurs. La psychothérapie humaniste a mis l'accent sur « les expériences à la crête » des Royaumes des Dieux. L'*ego psychology*, le behaviorisme et la thérapie cognitive se sont intéressés au moi combatif et efficace, tel qu'on le voit dans le Royaume des Dieux Jaloux, tandis que la psychologie du narcissisme traitait spécifiquement des questions d'identité, si fondamentales dans le

Royaume des Humains. Chacune de ces tendances de la psychothérapie a eu pour objet de restituer un élément manquant de l'expérience humaine, reconstituant ainsi un peu de l'esprit névrosé qui nous était devenu étranger.

Ce désir de reprendre possession de tous les aspects du soi (ou de les récupérer) est déterminant dans la conception bouddhique des six royaumes. Nous avons rompu les liens, non seulement avec ces aspects de notre personnalité, affirment les enseignements bouddhistes, mais aussi avec notre propre nature de bouddha, avec notre esprit illuminé. Dans la méditation nous avons tout loisir de pratiquer les méthodes de reprise de possession ou de remémoration, qui sont spécifiquement enseignées, car nous pouvons nous exercer sur tout le matériau des six royaumes, sur tout ce qui fait obstacle en notre esprit.

S'il y a des aspects de la personne qui ont résisté à l'assimilation, qu'ils aient été amputés, refusés, projetés, rejetés, traités avec complaisance, ou non assimilés d'une manière ou d'une autre, ils deviennent des points autour desquels se fixent les principales forces de l'avidité, de la haine et de l'illusion. Ce sont des trous noirs qui absorbent la peur et créent l'attitude défensive du soi isolé, incapable d'un contact satisfaisant avec les autres ou avec le monde. Comme l'a démontré Wilhelm Reich dans son travail de pionnier sur la formation de la personnalité, celle-ci se construit à partir de ces points de séparation d'avec le soi. Le paradoxe est que ce que nous prenons pour tellement réel, pour *nous-mêmes,* se forme dans une réaction contre précisément ce que nous ne souhaitons pas reconnaître. Nous nous tendons autour de ce que nous refusons, et nous nous connaissons à travers nos tensions.

C'est ainsi qu'un patient que j'ai soigné il y a peu avait compris qu'il avait élaboré une identité fondée sur des sentiments d'inadéquation, d'indignité et de colère trouvant leur origine dans son expérience d'une émotion devant l'indisponibilité de sa mère. Sentant qu'elle n'était pas là, il avait pris peur, étant petit, mais cette peur était trop menaçante pour sa psyché ; il la convertit donc en sentiments d'inadéquation, ramenant le problème à lui-même. Il lui fallut attendre bien des années et l'âge adulte pour que, sa mère frappée d'une attaque de paralysie et physiquement incapable de réagir en sa présence, il finisse par reconnaître sa peur.

Notre soi possède donc une texture rapiécée qui provient de ces trous dans notre expérience émotionnelle. Lorsque ces aspects-là, qui ont été inconsciemment refusés, sont restitués, une fois qu'ils ont été rendus conscients, acceptés, tolérés, ou intégrés, alors le soi peut retrouver son unité, la nécessité de maintenir l'édifice de la gêne disparaît, et automatiquement la compassion est délivrée de ses entraves. Seulement lorsque mon patient fut enfin en mesure de reconnaître sa peur devant l'émotion causée par l'indisponibilité de sa mère, il put commencer à éprouver de la sympathie pour le choc qu'elle avait subi. Jusque-là sa honte l'en avait empêché. Comme le dit le célèbre maître zen, Dogen :

> *Étudier le bouddhisme, c'est étudier le soi,*
> *Étudier le soi, c'est oublier le soi,*
> *Oublier le soi, c'est être un parmi d'autres.*

À travers les enseignements de la Roue de la Vie, on nous rappelle qu'il ne suffit pas de mettre en évidence les inhibitions dans seulement un ou deux des six royaumes ; nous devons le faire pour tous. La personne qui est coupée de ses passions, mais non de sa nature divine, sera aussi déséquilibrée et insupportable que celle qui souffre de la situation inverse. Beaucoup des mouvements dans la psychothérapie occidentale ont bien approfondi les souffrances d'un royaume en particulier, mais aucun n'a fait l'exploration de la totalité de la roue. Freud, par exemple, a exploré le Royaume des Animaux, ou Royaume du Désir; l'analyste de l'enfant, Melanie Klein, le Royaume des Enfers, celui de l'anxiété et de l'agression; le psychanalyste britannique D.W. Winnicott et Heins Kohut, qui a fait progresser la psychologie du self, le Royaume des Humains, celui du narcissisme; les psychologues humanistes Carl Rogers et Abraham Maslow le Royaume des Dieux, celui des expériences à la crête. Toutes ces approches se sont révélées utiles, et même essentielles, pour le traitement d'obstacles particuliers. Mais elles ont leurs limites de par leur nature même, parce que chacune s'attache exclusivement à un aspect des choses et à un seul. Dans une certaine mesure, il se peut que chacune soit effectivement nécessaire, mais la tradition bouddhiste considère que c'est le mandala tout entier qui reflète l'esprit névrosé, et que par suite on doit aborder ce mandala de manière globale.

À l'intérieur de la roue, les techniciens bouddhistes des choses de l'esprit soulignent l'importance de la chance offerte intrinsèquement par le Royaume des Humains, d'où peut partir le sentier de la libération. C'est de ce royaume que naît la technique de méditation fondamentale de *l'attention nue*. Cette stratégie sous-tend la plupart des thérapies efficaces élaborées pour chacun des autres royaumes. Le Royaume des Humains déborde donc sur tous les autres. Il est le pivot dc la roue, le domaine de Narcisse en quête de lui-même et prisonnier de sa propre image.

En gardant cela présent à l'esprit, examinons de plus près chacun des royaumes bouddhiques et les luttes qui s'y livrent. J'aimerais commencer par une anecdote personnelle.

Le Royaume des Enfers

Lorsque ma fille eut trois ans, peu après la naissance de son frère, elle se mit à avoir terriblement peur du vent. Au début, nous l'excusions : le vent qui vient de l'Hudson peut être très violent et souffler en rafales dans le bas Manhattan, et elle nous paraissait encore si petite. Nous fîmes de grands efforts pour la rassurer et la protéger, mais sa peur ne fit que croître et, ma femme et moi, nous commençâmes à réagir nous-mêmes par un sursaut à chaque fois que s'élevait une brise. Les autres enfants restaient calmes quand il y avait du vent mais nous, nous allions nous blottir sous les porches, courions nous abriter, nous couvrions mutuellement d'épais vêtements protecteurs et étions en passe de nous laisser complètement dominer par cette terreur naissante. Ma fille glissait toujours davantage vers un Royaume des Enfers, hurlant de peur au contact du moindre souffle. Elle craignait, disait-elle, d'être emportée, déposée dans la mer, et là dévorée par une énorme baleine ; ou encore le vent allait pénétrer au-dedans de son corps et la faire éclater comme un ballon.

Dans les peintures tibétaines de la Roue de la Vie, les êtres qui séjournent dans les royaumes infernaux sont représentés comme soumis à diverses tortures dignes de l'enfer. On les voit mijoter dans de l'huile bouillante, leurs membres leur sont arrachés par des bêtes sauvages, ils gèlent, meurent de faim, subissent d'autres châti-

40

ments encore, tous aussi atroces les uns que les autres. Être torturé par le vent n'est pas parmi les plus courants, mais il ne faisait aucun doute que ce que connaissait ma fille était bien de nature infernale. D'un point de vue psycho-dynamique, les Royaumes des Enfers sont des représentations saisissantes d'états agressifs et anxieux. On y voit des êtres qui *brûlent* de rage ou sont *torturés* par l'anxiété. Pourtant, ils ne reconnaissent pas en leurs tortionnaires des créatures de leur imagination. Ils se croient aux prises avec des forces extérieures, sur lesquelles ils n'ont aucun contrôle. Cependant qu'ils sont entièrement dominés par leur fureur ou leur anxiété, ils sont coupés de ces mêmes émotions. Ils ne se rendent pas compte que ces forces indésirables sont en eux, et sont donc enfermées dans une prison qu'ils ont eux-mêmes construite. Le bodhisattva de la Compassion est parfois incrusté dans le Royaume des Enfers. Il tient un miroir ou une flamme purificatrice, indiquant que cette souffrance ne peut être atténuée qu'en voyant ces émotions indésirables se refléter dans le miroir. Lorsqu'elles sont ainsi reconnues, les émotions elles-mêmes deviennent source de guérison (ce qui n'avait pas échappé à Freud).

Plus de six mois après l'épanouissement de la phobie de ma fille, une fois les vacances d'été terminées, passées à nous tapir dans nos murs, nous cherchâmes à consulter quelqu'un au-dehors. Le vent avait fini par donner une forme à un sentiment intolérable chez l'enfant qu'elle avait projeté du dedans d'elle-même dans le monde extérieur. Qu'était-ce donc qui pouvait lui être aussi insupportable ? À coup sûr, nous savions que la naissance de son frère avait eu un effet sur elle, et nous étions prêts à envisager l'éventualité, qui n'aurait rien eu d'étonnant, d'une rivalité entre frère et sœur. Mais elle paraissait aimer vraiment son petit frère, se montrait attentionnée et protectrice, et ne lui manifestait qu'un minimum d'hostilité. Nos efforts pour percevoir de la colère envers lui avaient pourtant occulté la réalité. Les sentiments qu'elle éprouvait à son endroit n'étaient pas à l'origine d'un conflit, mais il n'en allait pas de même de ceux que provoquait sa mère. C'était sa fureur contre la personne même qu'elle aimait et dont elle avait tant besoin qui était aussi intolérable, et c'était cette exaspération qui nous avait échappé en présence de sa façon d'accepter le nouveau venu avec une apparence de tendresse.

Elle était furieuse contre sa mère, nous finîmes par le comprendre, mais sa colère était si forte et si dangereuse qu'elle ne pouvait se l'avouer sans notre secours. Elle avait fait de son mieux sans nous, nous protégeant de sa rage en l'éliminant, et en assumant les conséquences. Une fois que nous eûmes saisi la nature du problème, il fut résolu incroyablement vite. Ma femme entraîna ma fille dans un jeu que nous laissâmes évoluer en une sorte de simulation de combat. Ma fille n'eut guère besoin d'incitation, dès lors qu'elle vit que ce n'était pas interdit. Il leur fallut peu de temps pour s'écrouler toutes les deux sur le sol, au milieu de cris et de rires, se prenant à bras-le-corps et se bourrant de coups de poing. La peur du vent diminua à mesure que l'enfant retrouva l'envie de se battre. Pendant quelque temps, nous l'encourageâmes à faire semblant de boxer avec le vent, ou à l'insulter, ou à le défier en courant à sa rencontre. Lorsqu'elle s'aperçut que nous tolérions sa violence, que sa colère devant la perte d'une relation exclusive avec sa mère était compréhensible, la phobie disparut. Quand elle évoque cet épisode maintenant, cinq ans après, c'est seulement pour en rire.

On peut établir un parallèle entre cela et un incident dans les légendes qui entourent la propagation du bouddhisme de l'Inde au Tibet, dont on raconte qu'elle fut l'œuvre au huitième siècle du grand yogi indien Padmasambhava. Le Tibet alors était sous l'emprise d'un chamanisme bien implanté ; les Tibétains, profondément superstitieux, redoutaient les nombreux esprits et puissances maléfiques dont ils sentaient la présence cachée autour d'eux. Padmasambhava, nous dit-on, fit participer les meilleurs chamans de la religion *bön* du pays à une sorte de concours, dans lequel il démontra la supériorité de ses pouvoirs magiques en dominant les chamans sur leur propre terrain. On rapporte qu'il vint ainsi à bout des puissants démons à tête animale des royaumes inférieurs et les transforma en protecteurs du bouddhisme. Il mit en évidence que leur véritable nature était d'être des aspects de l'esprit illuminé, et non des forces démoniaques. La tradition tibétaine depuis lors abonde en représentations d'êtres de cette sorte « dansant sur le cadavre du moi ». Elles symbolisent la maîtrise des émotions douloureuses et le progrès accompli depuis la projection, la paranoïa et la peur jusqu'à l'intégration mentale et la vision claire.

Lorsque nous refusons d'admettre l'existence de sentiments non désirés, nous leur sommes aussi soumis que lorsque nous leur cédons dans l'indignation et l'assurance d'avoir raison. De tout temps, les religions ont conseillé aux croyants de se garder d'un état d'esprit d'agressivité, d'érotisme ou d'égoïsme, pour les remplacer par quelque chose de plus « pur », dévotion, humilité ou piété. La psychanalyse encourage ses adeptes à se montrer moins timorés devant ces émotions, à comprendre d'où elles viennent, et à récupérer l'énergie perdue par une incapacité à accepter les pulsions et les désirs primitifs. Seule parmi les religions de la terre, le bouddhisme a choisi une solution typiquement moyenne. Il admet qu'il faille se libérer des émotions destructrices tout en voyant bien que cette délivrance découle d'une prise de conscience sans intervention du jugement de ces émotions mêmes dont nous cherchons à être quittes.

Comme le Royaume des Enfers semble essentiellement associé à des états de peur et d'agressivité, les études de Winnicott sur la nécessité de la haine chez l'enfant au cours de son développement peuvent se révéler intéressantes pour illustrer l'attitude que les bouddhistes encouragent envers de tels sentiments. Winnicott considère le bébé comme cherchant spontanément à ne faire qu'un avec la personne qu'il aime, comme voulant annihiler l'indépendance de sa mère avec une inflexibilité et une détermination dont toute femme qui a élevé des enfants pourra témoigner. Winnicott a élaboré le concept de « la mère relativement bonne », susceptible de faire face à ces attaques sans se laisser détruire, de survivre à l'agression sans s'y dérober avec horreur, riposter avec rage ou renoncer d'une manière quelconque au caractère maternel de sa présence [2]. Pour réagir ainsi de manière « assez satisfaisante », il importe également de s'opposer au travail de sape de l'enfant, de ne pas céder de terrain, d'imposer des limites, de définir une frontière et ainsi d'introduire une part de frustration dans l'expérience du petit enfant. Pour compléter la réaction admissible, il faut permettre la colère, accepter la rupture qu'elle annonce. Cela facilite la maturation de l'enfant, le passage du stade que Winnicott appelle « la constitution d'une relation d'objet » à celui d' « usage de l'objet », autrement dit d'une première phase où la mère est perçue comme n'étant rien d'autre qu'un prolongement du bébé à une seconde où est comprise son identité distincte.

La haine et les pulsions agressives de l'enfant, lorsqu'elles sont convenablement accueillies et « contenues » par la mère, amènent nécessairement la fin des modes de relation dépassés du bébé. Dans le cas contraire, la fureur de l'enfant ne connaît pas de bornes, et il est relégué dans une existence infernale. Comme Winnicott le laisse entendre, l'échec en ce domaine conduit souvent les adultes chez le psychothérapeute ou les propulse vers la méditation. L'un des apports de la démarche bouddhiste est sa capacité à enseigner une méthode pour établir une relation avec sa propre fureur qui est l'équivalent psychique de ce que Winnicott appelle « contenir ».

Le Royaume des Animaux

Le Royaume des Animaux est celui de la satisfaction des instincts, des pulsions biologiques de la faim et de la sexualité. Dans la cosmologie tibétaine, il se caractérise par la stupidité. Le bodhisattva incrusté dans cette dimension du mandala nous est montré tenant un livre, qui représente les facultés de penser, de parler et de réfléchir absentes dans notre nature animale. Une symbolisation comme celle-là peut aussi figurer l'idée de sublimation que Freud devait élaborer à partir de sa propre exploration de ces mêmes instincts, besoins ou pulsions.

Les explications de Freud coïncident avec celles des bouddhistes, en cela que dans les unes et les autres on comprend que le bonheur en définitive ne peut venir des plaisirs des sens. Freud vit qu'il existait des limites inhérentes aux jouissances sexuelles. En approfondissant la nature de la sexualité, il en vint à la conclusion paradoxale qu'il existe « quelque chose dans l'instinct sexuel de fondamentalement défavorable à l'accomplissement d'une totale satisfaction [3] ». Plutôt que de libérer un flot incessant de passions déréglées, comme le craignent beaucoup de personnes connaissant des conflits sexuels, l'intégration du Royaume des Animaux inéluctablement révèle le caractère essentiellement passager du plaisir. Il ne peut durer toujours, nous nous en apercevons, et lorsqu'il cesse, nous sommes rendus à un état de privation, d'inquiétude, d'isolement, de désir ou de tension. La description que fait Freud du plaisir éclaire une idée bouddhique fondamentale, qui est que la recherche d'expériences agréables dans le domaine des sens conduit nécessairement à un état d'insatisfaction, parce qu'il est dans la nature même du plaisir de ne pouvoir durer :

> Ce qu'on nomme bonheur, au sens le plus strict, résulte d'une satisfaction plutôt soudaine de besoins ayant atteint une haute tension, et n'est possible de par sa nature que sous forme de phénomène épisodique. Toute persistance d'une situation qu'a fait désirer le principe du plaisir n'engendre qu'un bien-être assez tiède ; nous sommes ainsi faits que seul le contraste est capable de nous dispenser une jouissance intense, alors que l'état lui-même ne nous en procure que très peu. Ainsi nos facultés de bonheur sont déjà limitées par notre constitution [4].

Bien que le plaisir sexuel soit, depuis l'époque de Freud, bien plus généralement accepté, les inhibitions qui entravent liberté et bonheur dans la sexualité n'ont certainement pas disparu. Il s'est peut-être ajouté une attitude d'indulgence, une tentative pour extraire un plaisir ou une signification durable de ce qui est essentiellement une jouissance éphémère ; mais les inhibitions décrites par Freud persistent, au moins pour certaines personnes. Quelques-uns, qui s'intéressent au bouddhisme, ont tendance à essayer d'échapper à leurs problèmes sexuels non résolus par le biais de la méditation. Cela ne fonctionne d'ordinaire que temporairement. Il faut s'attendre davantage que les problèmes sexuels se fassent plus pressants à la suite de recherches d'ordre spirituel.

Souvent, parmi mes patients, des personnes bénéficiant d'une large expérience de la méditation viennent en thérapie après s'être aperçues que leur pratique leur avait valu des problèmes sexuels auxquels elles ne pouvaient se soustraire. Ainsi une femme, qui avait passé des années dans une retraite en Inde, découvrit qu'elle ne pouvait plus se dérober à l'évidence de son homosexualité. Sa plus grande crainte était de décevoir des parents fragiles et hostiles aux homosexuels, qu'elle savait devoir considérer la nouvelle comme un rappel de leurs propres « fautes ». Un autre de mes patients, élevé au sein d'une famille coréenne au catholicisme strict, vint en thérapie après plusieurs périodes de retraite sévère pour insister auprès de moi (un peu trop souvent) qu'il était devenu indifférent aux rapports sexuels, qu'il n'en sentait plus le besoin, et même que pendant ces rapports il n'éprouvait plus de grand désir d'orgasme. Sous ces allégations se dissimulait une envie d'intégrer sa sexualité et la crainte que cela ne se révélât impossible, que sa nature animale ne le submergeât s'il lui en donnait l'occasion. De même que les patients qui ont de la difficulté à intégrer leur colère, il tendait à considérer sa sexualité comme un « ça », comme quelque chose de distinct de lui-même et qui menaçait le reste de sa personnalité.

À un moment pendant la thérapie, il fit un rêve : l'église que fréquentait sa famille était envahie par un flot de fêtards païens qui dansaient et buvaient. À un autre moment, il me régala d'anecdotes sur une visite qu'il avait récemment faite à un salon pour sado-masochistes où il avait fait l'expérience de différentes sortes de domination. Il voulait seulement me montrer, disait-il, combien il était dangereux pour lui de laisser la bride sur le cou à ses passions, jusqu'où son imagination érotique pouvait le mener. Une fois qu'il fut devenu moins gêné par ses désirs en ce domaine, cependant, ils commencèrent à prendre une place plus conforme à ce que voulait la nature et, quand il n'en fut plus embarrassé, il fut à même de poursuivre sa recherche spirituelle et le cours de son existence. Paradoxalement, porter ses regards sur le Royaume des Animaux était la seule façon pour lui de ne pas s'y enliser. C'est là une leçon que plus d'un groupe se consacrant à la spiritualité, tant en Orient qu'en Occident, a dû apprendre et réapprendre. Ignorer le Royaume des Animaux ne semble avoir pour effet que de lui donner plus de pouvoir, comme en témoignent les scandales sexuels qui ont secoué maints groupes et animateurs. La sexualité ne constitue une menace pour la spiritualité que lorsqu'elle a échappé à l'intégration mentale.

Le Royaume des Animaux ne peut être ignoré, mais il peut être remis à sa véritable place. La sexualité, certainement, ne demande pas toute l'indulgence qu'on lui accorde souvent d'emblée. Il n'est pas nécessaire, toutefois, qu'elle soit séparée de l'esprit illuminé. En réalité, la tradition tibétaine fait un grand usage de la copulation comme métaphore pour faire comprendre ce qu'est l'illumination de l'esprit, et les pratiques de méditation tantriques à un stade avancé, celles qu'on enseigne aux moines après des années de préparation pour catalyser l'éveil, souvent se terminent par une relation sexuelle faisant partie des rites.

Le Royaume des Esprits Affamés

Les Esprits Affamés sont sans doute la métaphore dont les représentations sont les plus saisissantes dans la Roue de la Vie. Spectres aux membres atrophiés, aux ventres gonflés, aux longs cous effilés, ils figurent de bien des manières le mélange de la colère et du désir. Tourmentés par des envies insatisfaites qui demandent sans cesse un assouvissement impossible à obtenir, ils recherchent le contentement de besoins anciens qu'il est trop tard pour combler. Ce sont des êtres qui ont mis au jour en eux-mêmes un vide effrayant, qui ne peuvent reconnaître l'impossibilité où ils sont de changer quelque chose à ce qui s'est déjà produit. Leur état spectral symbolise leur attachement au passé.

En outre, ces êtres, bien qu'affamés et assoiffés au dernier degré, ne peuvent manger ou boire sans provoquer en eux une terrible douleur ou une pénible indigestion. Les tentatives mêmes qu'ils font pour apaiser leur faim ou étancher leur soif entraînent de nouvelles souffrances. Leurs gorges, longues et maigres, sont si étroites et tellement à vif que l'ingestion leur cause une inflammation et une irritation insupportables. Leurs ventres dilatés à leur tour sont incapables de digérer la nourriture, si bien que tout effort pour se rassasier aboutit seulement à une faim et une avidité plus intenses. Ce sont des êtres à qui tout contentement présent, quand il ne serait que passager, est interdit. Ils demeurent obsédés par l'illusion de pouvoir se libérer complètement de leur passé douloureux et persistent à ne pas comprendre que leur désir est chimérique. C'est cette connaissance-là qui leur fait défaut, car il leur faudrait pour bien faire reconnaître que leur rêve n'est qu'un rêve. Les Esprits Affamés doivent toucher du doigt le caractère fantasmatique de leurs propres désirs.

Ce n'est pas chose facile pour un esprit affamé, cependant, même avec l'aide d'un psychothérapeute. En fait, les problèmes du Royaume des Esprits Affamés encombrent de plus en plus les cabinets médicaux. Ainsi, j'ai eu récemment parmi mes patients un distingué professeur de littérature française, que je prénommerai Tara, et qui personnifiait les difficultés de l'esprit affamé. Au cours d'une longue suite de relations amoureuses avec d'autres universitaires distingués, me dit-elle, chacun expert en son domaine, plusieurs fois elle s'était passionnément éprise de l'un alors qu'elle n'avait pas encore rompu avec l'autre. Invariablement, elle avait rendu à son compagnon du moment la vie impossible. Vite, et en le critiquant, elle lui avait signalé ses défauts, cessant de s'intéresser à lui au plan sexuel, et surtout l'empêchant de la toucher physiquement ou émotionnellement. En même temps, elle avait commencé à fantasmer sur la prochaine sommité à partager son existence. En dépit d'une grande expérience en la matière, il avait été rare qu'elle atteignît l'orgasme, et elle avouait que l'intimité des rapports lui causait un certain malaise. Elle se souvenait d'avoir eu une mère malheureuse et portée à la critique, laquelle, quand elle était enfant, évitait son contact et un jour dans un moment de dépit avait mis en pièces son ours en peluche pour se venger de son obstination. Tara vint se faire soigner après avoir essayé la méditation zen *(zazen)*, dont inexplicablement elle avait fini par avoir une peur bleue, au point de devoir s'enfuir au plus vite de la salle de méditation (*zendo*), au lieu de rester assise sans autre compagnon qu'elle-même.

Tara cherchait inlassablement le genre d'attentions dont elle avait eu besoin jadis, mais qui, maintenant qu'elle était adulte, ne lui convenait plus (même si elle avait trouvé quelqu'un pour la tenir en ses bras comme sa mère ne l'avait jamais fait, il est peu probable que cela lui aurait suffi bien longtemps. Des comportements de cette nature lui auraient paru étouffants, parce qu'ils n'étaient plus adaptés à ses besoins d'adulte). Elle appréhendait ce qu'elle désirait aussi le plus (être touchée), et elle était dans l'incapacité de goûter les satisfactions éphémères qui lui étaient proposées. La possibilité offerte d'avoir une relation avec un homme ne faisait que raviver l'illusion d'une relation libératrice avec quelqu'un d'autre, et elle ne parvenait pas à considérer ce rêve comme une chimère. Elle rechignait même à parler de ces fantasmes. Ils avaient tout pouvoir sur elle, mais elle était incapable de les reconnaître pour réels, moins encore pour irréels. Ce fut seulement lorsqu'elle fut en mesure d'exprimer ces désirs par la parole qu'elle sentit la souffrance que lui avait causée l'attitude de sa mère à son égard. À ce stade, la peur qu'elle avait du zazen se mit à décroître, et son besoin compulsif de dénigrer ceux qui cherchaient à se rapprocher d'elle à lui apparaître.

Dans l'imagerie traditionnelle de la Roue de la Vie, le bodhisattva de la Compassion est montré dans le Royaume des Esprits Affamés comme portant un bol rempli d'objets qui symbolisent la nourriture spirituelle. Le message est clair : il ne suffit pas dans ce royaume de boire et de manger pour satisfaire les besoins inassouvis. Seule la prise de conscience sans intervention du jugement, élaborée par le Bouddha, permet un apaisement quelconque.

Ce désir tenace d'une abondance inépuisable se rencontre souvent dans la psyché occidentale, où il se déguise sous le nom de « piètre idée de soi-même ». C'est un état d'esprit que, paradoxalement, beaucoup de maîtres bouddhistes orientaux ont toujours eu du mal à comprendre chez leurs étudiants d'Occident. La place prise par des sentiments intérieurs de vide et d'indignité dans la psyché occidentale a toujours paru presque incroyable à des maîtres instruits en Orient, et les fantasmes compulsifs de compensation qui se fixent souvent sur ces mêmes maîtres ont rarement droit à un traitement de nature entièrement psychanalytique. Tout comme la vacuité des Esprits Affamés doit être perçue d'une manière telle qu'on ne cherchera plus ensuite de compensation là où aucune n'est offerte, de même l'étudiant occidental troublé de pareils sentiments devra faire du vide lui-même l'objet de sa méditation. C'est seulement alors que le dégoût de soi-même pourra se transformer en sagesse. Psychothérapie et méditation trouveront profit à s'allier pour y parvenir.

Le Royaume des Dieux

Dans la cosmologie bouddhiste, les Royaumes paradisiaques sont des lieux de béatitude et de satisfaction pour les sens, d'extase et de plaisirs esthétiques. Ils sont habités par des êtres au corps subtil, inaccessible à la maladie, qui adorent la musique et la danse et existent dans « des expériences maximales » (comme on est convenu de les appeler), mais qui durent. Le participant baigne dans un sentiment de jouissance. Il se fond avec l'objet aimé et temporairement élimine les frontières du moi. C'est l'état qui a reçu le nom de confluence dans la thérapie gestaltiste, qu'il s'agisse de la fusion de l'orgasme, de l'assimilation de la nourriture digérée, du cœur qui bat à l'unisson de l'enfant au sein maternel, de la satisfaction créée par toute expérience achevée au cours de laquelle un nouveau tout voit le jour et le soi se dissout pour un temps. De telles expériences constituent des états importants. Les pratiques bouddhistes les cultivent, mais les enseignements bouddhistes mettent également en garde contre eux, parce qu'ils peuvent éventuellement rendre complaisant à l'égard de ce qui demeure fondamentalement une interruption ou un refuge provisoire.

Dans le Royaume des Dieux le bodhisattva de la Compassion apparaît tenant un luth, pour figurer les plaisirs de la musique goûtés dans cette dimension du mandala, mais aussi pour que les habitants de ce royaume prêtent l'oreille au son des enseignements du Bouddha, pour les arracher, en quelque sorte, à leur sommeil ou à leur transe. Leurs plaisirs ne dureront pas, dit le luth. Ils oublient les souffrances des autres. Ils se reposent sur leurs lauriers. Un jour, la grâce les abandonnera.

Psychologiquement parlant, les difficultés causées par la confluence sont d'au moins deux ordres : on s'attache à ce qui finit par devenir une confluence malsaine, et l'on se détache, ou se sépare, d'une confluence qui, elle, est saine. Dans la première catégorie se situent ceux qui demandent un sentiment d'union parfaite à leurs enfants, leurs amants, leurs amis, leurs parents, leurs camarades de travail ou à d'autres intimes, et qui refusent aux autres une altérité nécessaire, leur permettant de souffler. Ce sont des gens à qui l'absence de relation fait peur, qui refoulent leurs pulsions d'agressivité parce qu'ils les considèrent comme de l'égoïsme, et qui trouvent les souhaits des autres intolérables lorsqu'ils se heurtent à leurs propres souhaits. Dans les familles d'alcooliques, ce sont ceux qui « donnent les moyens », dans celles de névrosés ceux qui « partagent la dépendance ».

Dans la seconde catégorie entrent ceux qui, ordinairement à la suite de privations quand ils étaient jeunes, ou parce qu'on les a poussés à se rendre indépendants, désirent profondément la dissolution du moi qu'on trouve dans la confluence et pourtant la redoutent. N'ayant pas suffisamment goûté à la relaxation que procure dans la petite enfance un père ou une mère qui vous tient dans ses bras, on comprend qu'ils aient peur d'aborder à l'âge adulte une suite naturelle. Ils se tendent, ou refusent de se prêter, au moment de l'orgasme, pour protéger ces mêmes frontières du moi qu'ils ont été amenés à créer prématurément. D'ordinaire, ils ne prennent pas conscience de cette tension et se sentent frustrés, mais sans savoir comment, sans pouvoir reconnaître l'origine de cette impression d'isolement permanent.

Ainsi, l'un de mes amis, que je prénommerai James, se souvient d'un moment critique de son adolescence qui lui causa doutes et embarras pendant les vingt années qui suivirent. Ce moment vint après qu'il eut goûté pour la première fois aux délices du Royaume des Dieux. À seize ans, il venait d'avoir son permis de conduire quand il invita à sortir avec lui une jeune femme dont il était amoureux en silence depuis deux ans. Leur merveilleuse soirée se termina par plusieurs heures de baisers et de caresses, après que les parents de la jeune femme furent allés se coucher, et il se sentit plus heureux qu'il n'avait jamais été. Pourtant, il rentra chez lui ce soir-là pour ne plus ensuite rendre visite à cette personne, sans pouvoir comprendre pourquoi. Ce même homme, vingt ans plus tard, fut angoissé plus que de raison lorsque sa femme éprouva le besoin de se séparer de lui, son expérience émotionnelle ne trouvant plus à s'accorder avec celle de son mari. Le rapport de James avec l'état divin de la confluence était très fragile. Adolescent, il avait à la fois recherché cette expérience et l'avait fuie. Adulte, il ne pouvait tolérer de la voir s'effacer et manquait de confiance en sa capacité de la recréer. Il s'angoissait, tant de la voir apparaître que disparaître.

En tant qu'élément capital de la Roue de la Vie, le Royaume des Dieux figure la possibilité qu'a l'homme de desserrer la contrainte des frontières du moi, de se dissoudre temporairement, de reconnaître la joie de la relation et celle des jouissances esthétiques et intellectuelles. C'est le lieu de la réverbération et de la résonance, que le psychanalyste Michael Eigen a défini comme le « noyau de la joie », ressource inépuisable qui est cause du sourire du tout-petit [5]. Les expériences réalisées en ce royaume, selon les bouddhistes, font partie des choses qui sont à notre portée et ne doivent pas provoquer d'appréhension. Ainsi, on peut y accéder régulièrement par la pratique de la méditation, mais elles ne peuvent davantage se prolonger que les plaisirs des sens qui préoccupaient tant Freud. En fait, lorsqu'elles deviennent objet de désir, elles se transforment elles aussi en dangereuse cause de souffrance. La manière frappante qu'a Freud de parler des expériences mystiques comme étant « océaniques » les inscrit parfaitement dans cette cosmologie. Il y a effectivement des expériences de méditation qui évoquent le sentiment océanique de ne faire qu'un avec l'univers, mais elles appartiennent au Royaume des Dieux; ce ne sont pas les expériences mystiques décrites par le Bouddha comme d'importance capitale pour sa psychologie de la méditation analytique.

Le Royaume des Dieux Jaloux

Le Royaume des Dieux Jaloux (ou Titans) est parfois représenté comme faisant partie intégrante du Royaume des Dieux, et parfois comme quelque chose de distinct. Dans les deux cas, ces deux catégories d'êtres sont séparées par un « arbre des souhaits » chargé de fruits, pour la possession desquels les Dieux Jaloux se battent. Ces derniers, qui incarnent les pulsions agressives du moi, tentent d'engranger les fruits des dieux en s'acharnant à les leur disputer. Ils figurent l'énergie qui est nécessaire pour surmonter une frustration, changer une situation ou établir le contact avec une expérience nouvelle. Une fois ce contact établi, il permet une satisfaction telle qu'on en éprouve dans le Royaume des Dieux, mais ce sont les Dieux Jaloux qui incarnent l'agressivité indispensable pour aborder, détruire et assimiler les obstacles opposés à cette jouissance.

Il est intéressant de noter que ce royaume de l'ego et de l'agressivité est présenté comme l'un des royaumes supérieurs, en dépit d'une réputation faite au bouddhisme de passivité, de stoïcisme et d'hostilité au moi. Les fonctions ordinairement reconnues à cet ego, telles que discipliner, dominer, se maîtriser, réaliser une adaptation, sont manifestement estimées dans la cosmologie bouddhique. Elles constituent même une base à la pratique essentielle de la méditation qui est celle de l'attention vigilante, au cours de laquelle on fait appel aux fonctions de l'ego elles-mêmes pour cultiver une prise de conscience instant par instant.

Le bodhisattva de la Compassion apparaît dans cette dimension du mandala brandissant une épée flamboyante, qui symbolise une prise de conscience avec discrimination. La présence de cette épée souligne l'idée que l'agressivité naturelle du moi ne pose pas de problème. Cette énergie en réalité a son prix, et elle est nécessaire à l'itinéraire spirituel. L'objet de ces efforts, les fruits de l'arbre des vœux, est malgré tout considéré comme décevant en fin de compte. Le bodhisattva de la Compassion presse les Dieux Jaloux de donner à leur agressivité un autre cours, en détruisant et en assimilant l'ignorance aveugle qui les sépare de ce qu'ils sont vraiment. Précisément de cette façon-là, la pratique de la méditation cherche à s'emparer des différentes fonctions de l'ego et à les réorienter, de manière qu'elles n'essaient plus de s'approprier les « choses » et qu'elles fassent leur objectif de la prise de conscience avec discrimination. Cependant, pour obtenir cela, les fonctions de l'ego elles-mêmes doivent d'abord être libérées.

Cette libération des fonctions de l'ego est souvent dévolue au psychothérapeute. Une de mes patientes, un écrivain qui avait des difficultés à mettre au point un projet de livre qui paraissait la passionner, se souvenait que son père lui répétait toujours qu'elle « s'agitait beaucoup trop », à chaque fois qu'elle courait lui parler de ce qui la préoccupait, même quand elle voyait bien qu'il n'avait pas de temps à lui accorder. « Si tu te mettais un balai dans le derrière, lui disait-il, tu pourrais balayer en chemin. » Elle apprit donc à modérer son ardeur, se contrôla entièrement, se raidit, et en conséquence se mit à avoir des maux de tête qui l'empêchèrent de travailler. L'énergie de son agressivité, de son excitation, se retourna contre son propre corps, au lieu d'être agréable et de servir à exécuter quelque chose. L'idée que son excitation pouvait être un plaisir lui apparut comme une révélation et un stimulant.

Un de mes anciens voisins manifesta sa séparation d'avec cette importante fonction de l'ego d'une manière autre mais aussi caractéristique. Il broyait du noir et boudait, au lieu d'aborder directement la personne dont il cherchait à obtenir quelque chose. Devenu adulte, il se conduisit ainsi ostensiblement avec l'homme qu'il aimait. Il lui arriva de se montrer irritable et exigeant, mais sans exprimer de désir, comme s'il voulait que son partenaire fît à sa place la moitié du chemin qui demandait de l'agressivité. Quand il voulait faire l'amour avec lui, par exemple, plutôt que de s'adresser directement à lui, il languissait, se laissait aller à une mélancolie agressive, tout en l'imaginant faisant l'amour avec des garçons que ce partenaire avait connus avant lui. Sa colère apparaissait dans ses rêves, me confia-t-il, mais même alors ne trouvait pas véritablement à s'exprimer. Dans l'un d'eux, par exemple, il essayait d'attaquer, tandis que son partenaire s'enfuyait dans un vaisseau spatial puis, changement à vue, que la scène montrait un désert infini et désolé, où tout était immobile, beau, solitaire. Ses fantasmes et ses rêves définissaient ce qu'il faisait de cette énergie d'importance cruciale des Dieux Jaloux. Il provoquait sa propre paralysie, s'isolait de sa propre agressivité et, semblable aux êtres du Royaume des Enfers, commençait à percevoir cette agressivité comme dirigée contre lui-même par la personne aimée à travers l'infidélité supposée de celle-ci. Il était laissé seul, dépossédé, sans ressort, coupé de tout.

Le Royaume des Humains

En tant que figuration de l'esprit névrosé, donc, la Roue de la Vie nous montre non seulement comment les êtres peuvent s'avérer complaisants à l'égard d'eux-mêmes, mais aussi comment ils se dissimulent à leurs propres yeux. Le jeune enfant dans son développement a besoin de détester pour pouvoir aimer véritablement ; la passion sexuelle doit être vécue pour dévoiler ses limites ; l'accomplissement imaginaire de besoins insatisfaits doit être reconnu comme illusoire pour que la satisfaction réelle puisse être goûtée ; les fonctions de l'ego doivent être libérées pour pouvoir être utilisées à des fins spirituelles autant que matérielles, et les frontières de cet ego abaissées temporairement pour que la confluence soit perçue comme le résultat naturel d'un contact satisfaisant, au lieu d'une sorte d'état paradisiaque inaccessible. Cependant, c'est dans le Royaume des Humains que cette tendance à se dissimuler à soi-même est le plus perceptible.

Si les royaumes inférieurs se préoccupent, comme le faisait Freud, des désirs inacceptables, et si le Royaume des Dieux et celui des Dieux Jaloux sont le domaine des fonctions de l'ego et de leur dissolution temporaire, le Royaume des Humains, lui, traite de ce qu'on est convenu d'appeler le soi (ou l'absence de soi). Plus exactement, il est le royaume de la *quête* du soi, sujet qui intéresse au premier chef la relativement récente psychologie du narcissisme et, d'une certaine façon, touche toute activité créatrice. Dans cette dimension, le bodhisattva de la Compassion apparaît sous la forme du bouddha historique Śakyamuni, prince indien du Vᵉ siècle avant Jésus-Christ, qui est représenté avec le bol à aumônes et le bâton de l'ascète, occupé à rechercher son identité selon une stratégie bouddhique reconnue.

Le malheur essentiel du Royaume des Humains consiste à ne pas savoir vraiment qui l'on est. Comme Winnicott aimait à le suggérer, « *bien que les personnes en bonne santé communiquent et soient heureuses de communiquer, l'opposé est également vrai. Chaque individu est un élément isolé en état de non-communication permanente, toujours inconnu, jamais découvert en fait* [6] ». Nous prenons conscience de sentiments vagues et troublants de vide, d'inauthenticité, d'aliénation et nous sentons confusément que nous font défaut une reconnaissance, une attention, une juste appréciation de la part d'autrui (ce que les psychanalystes appellent un reflet dans la glace), pouvant expliquer la présence de ces sentiments troublants. Mais fondamentalement nous ne sommes sûrs de rien.

Il est possible de voir comment cette impression se transmet de génération en génération. Lorsqu'un enfant qui recherche le contact humain davantage qu'une satisfaction purement instinctive se heurte à un parent narcissique, trop occupé de sa propre quête pour s'intéresser à la sienne, cet enfant en garde le sentiment d'une absence qui plus tard donnera naissance à sa propre peur et à sa propre insécurité. Cet enfant est contraint de se construire ce que Winnicott appelle « un faux soi », pour faire face aux demandes de parents tour à tour questionneurs et inattentifs. La personne alors se débat contre cette fabrication rendue nécessaire, ce soi sans authenticité, dans un effort pour se sentir réelle. Le soi fabriqué l'est pour les besoins d'une situation sans issue. En tant que construction, il finit par donner raideur et mystère à une expression personnelle qui serait autrement plus spontanée et coupe l'individu de lui-même. Ce que

Winnicott cherche à démontrer est en partie que l'enfant d'un parent narcissique a raison de se dissimuler à lui, une fois qu'il a compris son manque d'intérêt. Son commentaire est que « si c'est une joie de se cacher, c'est un désastre de n'être pas découvert [7] ».

Une de mes patientes, peintre, trente ans, que je prénommerai Lily, me montra bien comment pouvait se former cette impression de manquer d'authenticité avec le récit d'un incident durant son enfance dont elle avait gardé le souvenir. Elle se rappelait avoir découvert dans son grenier un sweater en tissu imprimé quand elle avait environ six ans, et avoir insisté pour le porter à l'école le lendemain, sans blazer par-dessus, pour montrer sa trouvaille à tout le monde. Sa mère se mit en colère, voulut qu'elle mît une veste et finalement lâcha : « Quelle mère les gens vont croire que je suis ? Tu sais, tu donnes une image de moi ! » Lily se souvenait d'être allée à l'école le lendemain avec son blazer, pensant : « Moi, je suis invisible ; ce qu'on voit, c'est seulement le reflet de ma mère ! »

Un jour, une patiente est venue me voir, psychothérapeute elle aussi. Elle commença sa thérapie en me donnant une image d'elle-même en fillette de cinq ans, avec des nattes, se cachant derrière un immense panneau publicitaire annonçant tout ce qu'elle avait fait de bien. Dans son fantasme, on venait à son secours pour la faire sortir de derrière le panneau. Néanmoins, gardant en mémoire les directives de Winnicott, je me contentai de lui demander quel effet cela faisait d'être trouvée dans une aussi bonne cachette.

Dans l'optique du Bouddha, le Royaume des Humains ne concerne pas uniquement le faux soi, mais aussi la possibilité d'une perception transcendante de la véritable nature du soi. C'est là qu'on peut juger de la valeur de la notion bouddhique de *sunyata* (le vide). Les bouddhistes affirment que mieux nous saisissons ce qu'est la vacuité, plus nous nous sentons réels, qu'au cœur de nous-mêmes, là où rien ne peut être communiqué, se situe seulement un lieu d'épouvante à l'idée de notre propre insubstantialité. C'est pourquoi nous le gardons avec autant de détermination, pourquoi nous ne voulons pas être découverts, et pourquoi nous nous sentons si vulnérables quand nous abordons le sentiment le plus personnel et le plus intime que nous ayons de nous. En abordant sans crainte cette intimité, les pratiques du bouddhisme rendent possible une impression d'authentique libération se substituant à un sentiment d'isolement permanent.

L'avidité, la haine et l'illusion

Au centre de la Roue de la Vie, tournant sans cesse, on trouve les forces motrices de l'avidité, de la haine et de l'illusion, figurées par un coq rouge, un serpent vert et un porc noir, chacun mordant la queue de son voisin pour signifier qu'ils sont étroitement liés. Ce sont les forces qui nous maintiennent séparés de nous-mêmes et attachés à la roue, incapables de bien voir la valeur de ce qu'a découvert le Bouddha, et prisonniers des égarements de notre esprit. Notre incertitude à notre propre sujet, notre peur, notre insécurité, notre ignorance (ou nos illusions, pour parler comme les bouddhistes), nous obligent à nous jeter sur les expériences agréables et à exclure les désagréables, malgré la vanité de tels efforts.

La première vague de la psychanalyse, la période classique, celle de Freud et de ses disciples, qui s'étend jusqu'aux années 1950-1960, se fixa pour objectif principal de mettre en évidence désirs et colères refoulés, ou encore Éros et Thanatos, les instincts de vie et de mort, qui d'une certaine manière correspondent au serpent et au coq du mandala bouddhiste. La vague suivante, celle des relations d'objet et du narcissisme, qui a dominé les trente dernières années, a mis au jour la faille intérieure, le vide, le manque d'authenticité ou l'aliénation qui résultent d'une séparation d'avec le soi authentique et d'une confusion d'esprit, ou ignorance, quant à notre véritable nature. Dans l'optique des bouddhistes, cela est le porc noir de l'illusion, la racine (ou condition nécessaire à l'existence) de l'avidité et de la haine. Les psychanalystes ont réussi à identifier l'ignorance, mais ils n'ont pas su en tirer directement parti, se bornant à postuler qu'il existait un soi fermé à la communication dont il valait mieux ne pas s'occuper. C'était incontestablement une avancée : dévoiler le narcissisme est absolument indispensable à sa transformation. Mais c'est dans les méthodes traditionnelles de la méditation qu'il faut chercher un moyen clair de traiter directement la confusion qui règne dans nos idées sur notre propre identité.

Il est tentant de considérer le bouddhisme comme prônant l'évasion de la Roue de la Vie, tandis que la psychothérapie serait une incitation à s'y adapter. C'est en réalité ce que bon nombre des premiers traducteurs, professeurs et étudiants du bouddhisme ont mis en avant. Pourtant, comme on l'a déjà noté, un axiome bouddhique nous dit que le nirvana *est* le samsāra. Les portraits de bodhisattvas incrustés dans chacun des royaumes de la Roue de la Vie impliquent la possibilité d'apprendre *une autre manière* d'avoir une relation avec les émotions de chaque dimension. C'est en ce sens qu'on peut dire de la personne illuminée qu'elle est dans le monde, mais n'y appartient pas.

Cette façon de voir diffère sensiblement du point de vue de beaucoup de gens dans la communauté des psychanalystes, qui tendent à considérer les forces de l'avidité, de la haine et de l'illusion comme des instincts, ou pulsions qui, par définition, ne peuvent évoluer ni mûrir. En fait, en psychanalyse il existe une ligne de partage bien nette entre ceux qui croient les pulsions sexuelles et agressives capables d'une évolution et d'une maturation quelconques et ceux qui n'y croient pas. D'un côté, il y a ceux qui voient dans le ça un « chaudron bouillant » d'énergie primitive qu'il faut maîtriser, ou soumettre à un ordre, ou contrôler fermement. De l'autre, on trouve ceux qui envisagent la possibilité d'une transformation des pulsions infantiles en leur donnant progressivement « accès à la conscience [8] ».

Le Bouddha est clairement du parti des seconds dans sa façon de voir. Toute la Roue de la Vie n'est qu'une manière de figurer comment on peut transformer la souffrance en changeant notre relation avec elle. Comme le Bouddha l'a enseigné dans son ultime exhortation à son fidèle serviteur Ananda, c'est seulement en devenant « une lampe pour soi-même » qu'on peut atteindre à l'Illumination.

La libération de la Roue de la Vie ne signifie pas une évasion, le Bouddha le sous-entendait. Elle équivaut à une claire perception de soi-même, de toute l'étendue de l'expérience humaine : « Les choses ne sont pas ce qu'elles paraissent être, dit la *Lankavatara Sutra*, traduite en chinois en l'an 443, et ne sont pas non plus autres [...] les actions existent, mais sans qu'on puisse découvrir leurs auteurs [9]. »

Cet accent mis sur l'absence d'un *agent* particulier et tangible est l'aspect le plus caractéristique de la pensée bouddhiste traditionnelle en matière de psychologie ; c'est la prise de conscience qui transforme l'expérience dans la Roue de la Vie. Pourtant, une telle idée n'est pas entièrement étrangère au domaine de la psychanalyse. Les vraies pensées « n'exigent aucun penseur », dit en écho le psychanalyste W.R. Bion. Lorsque les psychothérapeutes sont identifiés à ce qu'ils trouvent, insiste-t-il, leur apport « perd toute valeur au plan psychanalytique [10] ».

C'est à travers cette idée de « pensées sans penseur » que la psychanalyse s'est rapprochée du point de vue bouddhique. En effet, ce que Bion suggère est l'élimination du narcissisme, une possibilité qui est chère aussi aux bouddhistes. Toute la force de persuasion dans l'enseignement du Bouddha tendait à montrer que cette possibilité existait bien. Au début, il hésitait même à tenter de faire part de ce qu'il avait saisi, dans la crainte que personne ne comprît ce qu'il voulait dire. Mais il finit par changer d'avis et formula alors ses quatre enseignements sous le nom des Quatre Nobles Vérités ; elles concernent la souffrance, son origine, sa cessation, et la voix qui y mène. La première vérité du Bouddha met en lumière le caractère inéluctable de l'humiliation dans notre vie, la deuxième a trait à la soif primitive qui rend cette humiliation impossible à éviter. La troisième vérité promet la délivrance et la quatrième donne les moyens d'y parvenir. Essentiellement, le Bouddha fait entrevoir une psyché libérée du narcissisme. Ses Quatre Nobles Vérités sont la clef d'une bonne compréhension de la psychologie bouddhique de l'esprit.

Chapitre 2

L'HUMILIATION : LA PREMIÈRE DES VÉRITÉS DU BOUDDHA

Le Bouddha atteignit à l'Illumination dans sa trente-cinquième année, après un combat intérieur de six ans. Se reposant, réfléchissant, jeûnant sous l'arbre Bodhi pendant sept semaines après sa prise de conscience, le Bouddha semble avoir été embarrassé par sa découverte. Sa première idée fut de ne rien dire, de garder pour lui sa compréhension, de supposer que personne ne pourrait le prendre au sérieux. Il eut l'air de ne pas être tenté d'enseigner, et l'on raconte que c'est seulement après que le grand dieu Brahma l'eut imploré par trois fois qu'il consentit finalement à donner ses enseignements.

> *Le Dharma dont j'ai pris conscience est en vérité profond, difficile à percevoir, difficile à appréhender, paisible, de nature supérieure, étranger au domaine de la logique, subtil, et seuls les sages pourront le comprendre... Si je devais enseigner ce Dharma, les autres ne me comprendraient pas. Cela me lassera, cela me fatiguera...*
>
> *C'est avec difficulté que je l'ai appréhendé. Il n'est nul besoin maintenant de le proclamer. Ce Dharma n'est pas facile à comprendre par ceux que dominent la luxure et la haine. Les luxurieux, enveloppés de nuit, ne voient pas ce Dharma, qui va à contre-courant, qui est abstrus, profond, difficile à percevoir, subtil...*
>
> *Tandis que je me livrais à ces réflexions, mon esprit inclinait vers l'inaction et non vers l'enseignement du Dharma* [1].

En fin de compte, bien sûr, le Bouddha changea d'avis, et commença pour lui une période de quarante-cinq ans de pérégrinations et d'enseignement. Mais ses hésitations initiales, il importera de les garder en mémoire quand nous chercherons à comprendre le sens de ses découvertes dans le contexte de la psychologie contemporaine. Encore maintenant, les enseignements du Bouddha sont « à contre-courant », « difficiles à appréhender » et « étrangers au domaine de la logique ». Ils ne correspondent pas à ce que nous désirons entendre. C'est ainsi qu'en termes de psychologie, la première des vérités du Bouddha concerne en réalité le caractère inéluctable de notre propre humiliation. Ses intuitions nous incitent à nous livrer à un examen de nous-mêmes avec une candeur que nous préférerions éviter.

Ce qu'enseigne le Bouddha

Lorsque mon oncle Howard, cadre moyen chez IBM, sans religion aucune, qui aimait Bach, son violon, la nourriture chinoise et ma tante, se mourait de leucémie au Centre anticancéreux de Sloan-Kettering, il y a plusieurs années de cela, l'idée qu'il allait devoir bientôt quitter ce monde fut adoucie par une pensée qui lui vint brusquement à l'esprit. Au supplice, émacié, frêle, avec un corps qui se délabrait mais en gardant aux lèvres un petit sourire triste, il murmura à l'oreille de sa femme : « Au moins, je n'aurai plus jamais à chier. » C'était du Beckett, la condition humaine.

Dans ses enseignements sur la souffrance, le Bouddha met en évidence qu'aucun de nous ne peut échapper à une humiliation ou à une autre. Cette vérité, il sentit qu'elle pouvait être comprise par ceux qui n'étaient pas « aveuglés par trop de poussière ». Peu importe ce que nous faisons, enseigne-t-il, nous ne pouvons rester longtemps dans l'illusion que nous nous suffisons à nous-mêmes. Nous sommes tous sujets à la décrépitude, à la vieillesse et à la mort, à la désillusion, la privation, la maladie. Nous sommes tous engagés dans un combat futile pour préserver de nous-mêmes une certaine image. Les crises que nous traversons révèlent de manière inéluctable à quel point nos tentatives pour garder la maîtrise de nos destinées sont vouées à l'échec. À un certain stade, nous nous retrouvons tous dans la situation de mon oncle, pris entre la décrépitude et la mort.

Les Quatre Nobles Vérités font de cette vulnérabilité un point de départ; elles cultivent l'humilité qui se dégage de ces humiliations de l'existence, apparemment accablantes et fatales. Loin d'être la religion pessimiste qu'on a représentée, le bouddhisme est en réalité incurablement optimiste. Tous les outrages faits à notre narcissisme, proclame le Bouddha, peuvent être surmontés, non pas en les fuyant, mais en éradiquant la croyance en un « soi » qui aurait besoin d'être protégé. Les enseignements des Quatre Nobles Vérités font apparaître cette possibilité de manière claire. Ils traitent moins d'une religion (au sens qu'a ce mot en Occident) qu'ils ne donnent une vision de la réalité fournissant un schéma directeur utilisable pour obtenir un soulagement d'ordre psychique. Situant notre besoin d'un soi « solide » au cœur même de la souffrance humaine, le bouddhisme promet un apaisement d'une sorte qui est au-delà des ressources de la méthode psychothérapeutique et qui est procuré par des techniques d'examen de soi et d'entraînement mental inconnues en Occident. Oui, le bonheur est possible, enseigne le Bouddha, pourvu que nous puissions pénétrer au-dedans de notre propre narcissisme.

Dukkha

Le Bouddha donna ses premiers enseignements, qui ont été conservés dans un *sūtra* (recueil d'adages vénéré) intitulé *La Mise en mouvement de la Roue de la Vérité (Dhammacakkappavattana Sutta)*, dans le Parc des Gazelles d'un village connu aujourd'hui sous le nom de Sarnath, près de l'antique cité indienne de Bénarès. Il s'adressa à cinq ascètes qui avaient partagé sa préparation avant son Éveil. On aurait dit qu'il essayait de voir s'il réussirait à expliquer ce qu'il avait compris en tentant l'épreuve sur ses vieux amis, qui avaient comme lui renié leur religion, et avec lesquels il avait précédemment rompu toute relation. « Ceci, mes frères, proclama-t-il, est la Noble Vérité de la Souffrance ! »

> *La naissance est souffrance, la décrépitude est souffrance, la maladie est souffrance, la mort est souffrance, le chagrin, les lamentations, la douleur, l'affliction, le désespoir sont souffrance, être lié à ce qui déplaît est souffrance, être séparé de ce qui plaît est souffrance, ne pas obtenir ce qu'on recherche est souffrance. Bref, les cinq agrégats de l'attachement (la base de la personnalité humaine) sont souffrance* [2].

« Souffrance » est le mot qu'on emploie toujours pour traduire le mot bouddhique *dukkha*. Pourtant, il ne lui rend pas véritablement justice. Une traduction plus exacte serait quelque chose comme « insatisfaction généralisée ». Le Bouddha ici se situe sur différents plans. La vie, dit-il, est pleine d'un sentiment d'insatisfaction diffus qui provient d'au moins trois causes.

Premièrement, la souffrance du corps et l'angoisse de l'esprit sont des phénomènes vitaux auxquels on ne peut se soustraire : la vieillesse, la maladie, la mort sont en contradiction avec nos fantasmes en matière d'immortalité et donc contribuent à nous rendre insatisfaits. Deuxièmement, nos sympathies et nos antipathies collaborent à ce sentiment de dukkha. Ne pas obtenir ce que l'on veut crée du mécontentement, devoir tolérer ce qu'on n'a pas voulu aussi, être séparé de ce qu'on aime également. Troisièmement, nos propres personnalités aident à provoquer cette impression de malaise diffus. Comme plus d'un psychothérapeute pourra en témoigner, et comme le Bouddha l'a si clairement reconnu, d'une manière ou d'une autre il nous arrive de nous sentir insatisfaits de ce que nous sommes. Nous pouvons tous être un jour obsédés par le sentiment d'être imparfaits, sans consistance, livrés au doute ou à l'inquiétude et souhaiter vivement la disparition comme par magie de ce malaise. Dès les premiers instants, le jeune être humain est vulnérable à une insondable anxiété, qui subsiste chez l'adulte sous la forme d'un sentiment de futilité ou d'irréalité. Hésitant entre deux peurs contraires, l'une de l'isolement et l'autre de la dissolution, ou fusion, nous ne savons jamais sur quel pied danser. Nous cherchons à nous définir soit dans l'indépendance, soit à travers une relation, mais toujours nous avons l'impression que la terre s'écroule sous nos pieds. Notre identité n'est jamais aussi certaine que nous l'estimons nécessaire.

L'image du soi

Le mythe grec original de Narcisse tire son importance précisément de cette incertitude foncière sur la réalité du soi. Amoureux de sa propre image, incapable de s'arracher à son reflet dans l'eau d'une fontaine, Narcisse mourut de langueur.

Le pouvoir exercé par son image fut tel qu'il y succomba. Il fut séduit par le caractère entièrement satisfaisant de cette image, qui apaisait son sentiment d'irréalité et (en apparence) lui procurait quelque chose de solide à quoi se raccrocher. Non seulement ce reflet était illusoire, bien entendu, mais Narcisse périt de son attachement à cette image de perfection.

Loin d'être la recherche narcissique dont beaucoup de psychanalystes et de spécialistes des religions lui ont fait la réputation, la méditation bouddhique est davantage une tentative pour pénétrer le narcissisme et le dénoncer partout où il se cache. Le Bouddha voit un Narcisse en chacun de nous, contemplant son image et séduit par son charme, languissant dans ses efforts pour atteindre à la non-dépendance, luttant désespérément contre tout ce qui lui rappelle sa nature éphémère et soumise à condition. Son message est un appel à l'éveil. Il veut nous tirer d'une songerie semblable à celle de Narcisse, diriger notre attention ailleurs, que nous cessions de chercher à consolider tant bien que mal un sentiment du soi nécessairement imparfait pour atteindre à la connaissance de ce qu'il appelle « la Noble Vérité ».

Naissance, vieillesse, maladie, mort sont déplaisantes, non seulement parce qu'elles sont douloureuses, mais aussi parce qu'elles comportent une humiliation. Elles blessent la considération que nous avons pour nous-mêmes et heurtent notre narcissisme. Dans l'un de ses premiers écrits sur le sujet, Freud reconnut que l'incapacité à tolérer des vérités désagréables sur soi était l'essence même du narcissisme. Les enseignements du Bouddha font de cette observation la pierre angulaire de sa psychologie. Nous sommes tous portés à partager ce penchant, enseigne le Bouddha. Nous refusons de nous avouer notre insubstantialité ; au lieu de le faire, nous nous efforçons de projeter l'image d'un être complet se suffisant à lui-même. Le paradoxe veut que, dans la mesure où nous succombons à cette incitation, nous nous séparions de nous-mêmes et ne soyons plus réels. Notre narcissisme demande que nous tenions à distance la vérité en ce qui nous concerne.

La voix de l'analyste

La psychanalyse, bien sûr, n'a pas pu, même sans le secours du Bouddha, ne pas se rendre compte de l'existence de ce sentiment universel d'inadéquation, et elle l'a abordé sous plusieurs angles, tous importants, à chaque fois donnant plus de solidité encore aux affirmations bouddhiques au sujet de dukkha. À l'apparition de chaque nouveau mouvement dans notre domaine de recherches, les explications données à cette insatisfaction généralisée ont changé, avec pour résultat final une tendance à abandonner l'étiologie sexuelle pour une étiologie émotionnelle. Tandis qu'au commencement Freud puis Wilhelm Reich analysaient l'origine génitale du mécontentement diffus, divers courants ensuite ont mis l'accent sur les obstacles apportés à la capacité d'aimer, y trouvant une cause plus fondamentale de la souffrance humaine. Si nous prenons en compte ces considérations, peut-être pourrions-nous donner cette nouvelle forme aux paroles du Bouddha :

> *La naissance est souffrance, la mort est souffrance, la recherche d'une satisfaction ultime par la sexualité est souffrance, ne pas pouvoir aimer est souffrance, ne pas être*

72

assez aimé est souffrance, ne pas être reconnu est souf-
france, ne pas se connaître est souffrance.

Freud a fait remonter la cause du caractère universel de la souffrance humaine à la coexistence de
deux données irréfutables : la première est l'impuissance et la dépendance du jeune enfant, la
seconde la prématurité psycho-sexuelle de ce
même enfant. Les jeunes enfants ont des pulsions
sexuelles qui sont incompatibles avec leurs capacités génitales. Ils désirent sexuellement leurs
parents mais sont incapables d'arriver avec eux à la
satisfaction et sont donc condamnés à demeurer en
proie à un sentiment d'inadéquation. Ces désirs
sexuels de l'enfance ne pourront jamais être assou-
vis ; beaucoup d'adultes en conséquence ne peuvent
parvenir à une satisfaction sexuelle épanouie et
sont amenés à rechercher en son absence l'accomplissement d'un désir quelconque formé dès la
petite enfance, accomplissement illusoire et hors
d'atteinte. Comme le dit Freud :

> *La floraison précoce de la vie sexuelle infantile [...]*
> *trouve sa fin dans les circonstances les plus pénibles, au*
> *milieu de sentiments profondément douloureux. La perte*
> *d'amour et l'échec portent au sentiment d'estime de soi un*
> *préjudice durable, qui reste comme cicatrice narcissique ;*
> *c'est là, selon mon expérience [...], ce qui contribue plus*
> *que tout au « sentiment d'infériorité » si commun chez les*
> *névrosés* [3].

Il est constamment donné aux thérapeutes
d'observer des séquelles de la pathologie signalée
par Freud. Elles illustrent de mille manières ce qu'il
en coûte d'être enlisé dans un des royaumes des
Animaux sur la Roue de la Vie. Une de mes amies,
actrice de grand talent, que je prénommerai Amy,
en donnera un bon exemple. Elle participait à
l'avant-première d'une nouvelle pièce, sans doute

la plus difficile à jouer de toutes celles qu'elle avait acceptées jusque-là. Ses parents choisirent ce moment pour aller passer des vacances sur la côte Ouest, où habitait sa sœur cadette avec son mari et leur enfant d'un an. Ce n'était pas un comportement nouveau de la part des parents d'Amy. Souvent ils n'avaient pas été là dans les moments importants de sa carrière ; cette fois, ils s'arrangèrent de telle sorte qu'ils manquèrent la totalité des représentations, car il était plus important pour eux de passer leur temps en compagnie de leur petit-fils. La réaction initiale d'Amy, cela se comprend fort bien, fut de se sentir dédaignée et inférieure à ce qui était attendu d'elle ; l'absence d'intérêt de ses parents pour son travail ou leur incapacité à l'apprécier la touchèrent au vif. Fondamentalement, cela réveilla son désir de jadis (Freud aurait dit que cela « l'érotisa ») de susciter de leur part une admiration éternelle, et elle faillit en devenir incapable de tirer une satisfaction quelconque des succès rencontrés. Tout se passa comme si la seule réaction qui comptait était celle de ses parents.

Pour Freud, le choc narcissique le plus profond provient d'un « fossé impossible à combler entre désir et jouissance [4] » : l'adulte ne pourra jamais satisfaire les fantasmes sexuels de son enfance. En termes bouddhiques, ce serait une explication psycho-dynamique pour au moins la seconde de ce qui est traditionnellement appelé « les deux maladies », c'est-à-dire la croyance en un soi fixe et permanent (la *maladie interne*) et le désir d'un objet « réel » (la *maladie externe*). Aucun objet (ni aucune personne) ne peut jamais donner l'impression d'être suffisamment réel, à moins de pouvoir effectivement satisfaire le désir originel d'une union sexuelle avec le père (ou la mère). Sans cette satisfaction le prétendu objet est toujours ressenti comme imparfait, ou insuffisamment réel.

Reich donne à cette idée d'une étiologie sexuelle pour expliquer l'insatisfaction une formulation plus concrète encore que Freud. Considérant comme possible l'éventualité de relations sexuelles totalement satisfaisantes, il fit de la satisfaction sexuelle immédiate le but thérapeutique de ses traitements et focalisa son attention sur « l'armure musculaire », ou rigidité, capable de diminuer le plaisir de la décharge sexuelle et de rendre impossible « le rythme alterné de la tension et du relâchement [5] ». Reich s'intéressait à la manière dont nous véhiculons et perpétuons l'inadéquation jusque dans notre corps. Son but était d'ouvrir la personnalité, d'ôter à la rigidité de la personne, de lui permettre d'être plus « mobile » et plus spontanée, plus accessible à l'expérience émotionnelle, et en particulier sexuelle. En termes de la Roue de la Vie, Reich essayait de passer du Royaume des Animaux du désir au Royaume des Dieux de la satisfaction.

À mesure que progressa la pensée psychanalytique, les idées de Reich en matière d'armure musculaire subirent une sorte d'adaptation. Au lieu de souligner le rôle joué par les inhibitions s'opposant à la détente sexuelle, on insista davantage sur celles du cœur humain. Otto Rank, dans un travail important quoique souvent négligé, relia les deux thèses. L'orgasme génital fut dans sa théorie remplacé par une sorte d'orgasme de l'ego. Il expliqua comment le moi cherche à « se délivrer d'un fardeau » à travers ses relations amoureuses, comment il se libère de ses tensions internes et de ses inhibitions en « utilisant » une autre personne, dans les rapports sexuels ou dans l'amour. « L'ego, dit Rank, est toujours prêt à débrouiller l'écheveau de sa propre structure dans des relations d'objet, aussitôt qu'il trouve des objets et des situations adaptés à ses fins [6]. » Lorsque l'ego est incapable de « débrouiller l'écheveau de sa structure », quand la capacité d'aimer est bloquée en raison de la peur, de l'insécurité, ou de la confusion, alors la personne s'isole dans son individualité, et elle en devient la prisonnière. Quand on ne se délivre pas d'un poids, lorsqu'il n'existe pas de rythme alterné de tension et de relâchement, il ne peut y avoir de liberté de s'attacher, de renoncement aux frontières de l'ego, de fusion telle qu'on en remarque dans toutes les formes de l'amour. Sans cela la personne se perçoit dans un isolement constant et non dans un rapport ; l'individualité se fait synonyme d'anxiété, au lieu d'être un élément essentiel et indivisible d'un processus constamment en évolution de séparation et d'union.

Comme Rank l'a montré, notre souffrance fondamentale a sa source dans une sorte d'anxiété originelle devant la séparation, qu'il appelle « peur de la vie ». Nous redoutons ce qui s'est déjà produit de manière irrévocable, la séparation d'avec un ensemble plus grand, et pourtant nous finissons par appréhender également la perte, à travers la mort, de cette précieuse individualité. « Entre ces deux frayeurs, écrit Rank, ces deux pôles de la crainte, l'individu toute sa vie est ballotté, ce qui explique le fait que nous n'ayons pas réussi à identifier une origine unique pour la peur, ni à la vaincre par une thérapeutique [7]. »

Qu'en est-il donc de cette peur de l'individuation et de l'isolation ? N'ouvre-t-elle pas la voie à ces incertitudes concernant le soi que le Bouddha considère comme si importantes ? Narcisse ne cherche-t-il pas à occulter des peurs comme celle-là par une fixation sur sa propre image ? Le désir d'un soi authentique, fixe et éternel, n'est-il pas conçu précisément pour résister à une peur semblable ? Le problème du manque d'authenticité, d'un soi tourmenté, inquiet, incertain, a fini par dominer de nos jours la pensée psychanalytique. Mais c'est là aussi ce qui donne aux enseignements du Bouddha tant d'intérêt pour nous, parce que le Bouddha, après avoir d'abord hésité, a sans détour et de manière explicite traité justement de ce problème de la confusion en matière d'identité.

Plus qu'aucun autre analyste, D.W. Winnicott a exploré le domaine du soi privé. Conscient pardessus tout de la fragilité de l'individu qui commence à se manifester, de son besoin de secours silencieux dans le difficile processus de son développement, Winnicott était passé maître dans l'art de formuler les différentes façons dont nous nous fermons à autrui, tout en souscrivant à des exigences parentales qui relèvent davantage d'une anxiété paternelle ou maternelle que des besoins de l'enfant. « Nous nous imposons une cohérence [8] », enseignait Winnicott, si le milieu parental n'est pas assez souple pour tolérer que nous nous désagrégions, pour permettre à nos moi de se décharger de leur fardeau. Cette *cohérence imposée* est ce qu'il appelle « le faux soi ». Analogue à l'armure musculaire de Reich, le faux soi de Winnicott offre une protection contre l'exploitation ou le manque d'intérêt. « C'est une forme primitive de non-dépendance en l'absence de soins attentifs [9] », une stratégie de « docilité [10] » qui permet à la personne de survivre, tout en se dissimulant à un milieu parental incompréhensif. Pour Winnicott, et pour les thérapeutes qui ont suivi dans son sillage, c'est la rigidité du faux soi qui est responsable du sentiment d'insatisfaction permanent. Prématurément privés de l'attention nourricière de la mère, les gens perdent contact avec leur propre corps et s'enferment dans les limites de leur esprit. L'esprit pensant devient ainsi le lieu où se situe le sentiment du soi. Mais c'est là un compromis décevant de dissociation, une solution imparfaite qui perpétue la frustration originelle et renforce l'idée d'un esprit isolé, incapable de vitalité et de spontanéité. Pour Winnicott, dukkha signifie l'isolement permanent de l'individu.

Les horizons perdus

Toutes ces théories ont en commun la notion d'un état originel de perfection, fantasme ou réalité, que la personne s'efforce d'atteindre mais qui est à jamais hors d'atteinte. Qu'il s'agisse de la satisfaction sexuelle imaginée au stade génital dont parle Freud, ou de l'expérience plus ancienne d'un accord parfait et sans effort entre la mère et le petit enfant, toutes ces théories suggèrent que la personne rejette les plaisirs relatifs en faveur d'un rêve inaccessible. « Ce qu'elle projette devant elle comme son idéal, dit Freud, se substitue seulement au narcissisme perdu de son enfance, du temps où elle représentait son propre idéal [11]. » Parfois, quand ce genre de recherche se reproduit assez fréquemment, la personne entreprend une psychothérapie.

D'un point de vue bouddhique, l'exploration de ce type de comportement, tel qu'on l'observe au cours de la plupart des thérapies, ne constitue qu'un point de départ. Fondamentalement, la personne doit trouver une manière de faire face à son sentiment inhérent d'incertitude, ou encore de le tolérer. Une amie de toujours, que je prénommerai Sara, refusa si longuement d'affronter la forme particulière que prenait chez elle cette incertitude que beaucoup de ses relations crurent qu'elle ne pourrait jamais rompre avec ce type de comportement. Durant près de vingt ans, elle s'attacha de manière obsessionnelle à toute une suite d'hommes supposés inaccessibles, qu'elle réussit pour la plupart à rendre accessibles, au moins au plan sexuel. Elle put se livrer à eux d'une façon qui, à chaque fois, lui parut essentielle à son bien-être, car elle en tirait une sorte d'énergie considérable qui la tonifiait et donnait un sens à sa vie. Elle s'arrangeait à la fois pour vaincre leur résistance et se soumettre à leur volonté, mais en revanche se lassait d'eux assez vite, aussitôt qu'elle avait réussi à les mettre dans son lit. Elle abordait chacune de ces relations nouvelles avec le sentiment que *cette fois*, ce serait l'expérience ultime qu'elle avait tant recherchée et qui lui avait fait défaut toute la vie, et toujours elle était déçue.

Il est difficile de savoir si Sara reproduisait un attachement de type œdipal à un père inaccessible, ou bien si elle essayait de redécouvrir une expérience primaire de parfaite harmonie entre mère et enfant qui lui avait manqué en son jeune âge. Quoi qu'il en soit, son comportement était clair. Non seulement elle se sentait incomplète, mais elle avait beaucoup de mal à délivrer son moi de son fardeau dans des relations amoureuses, sauf dans les conditions extrêmes de sa quête de l'homme inaccessible. Dévoiler ce qui faisait son insécurité au cours d'une relation plus authentique et plus durable était ressenti par elle comme trop périlleux. Si elle se montrait telle qu'elle était, elle craignait l'humiliation et, en dépit des conseils pressants de ses amis, refusait de se faire soigner. Toujours à la poursuite d'une chimère, Sara cherchait à se mordre la queue, elle tournait en rond comme font le porc, le serpent et le coq au centre de la Roue de la Vie. Désirant un état de perfection qu'elle concevait mais ne pouvait se remémorer, Sara n'était pas encore arrivée à un *modus vivendi* avec ses propres sentiments d'inachèvement. Ce dont elle avait besoin, ce n'était pas seulement d'analyser les sentiments en question, mais aussi d'apprendre à tolérer ce qu'elle découvrait. La thérapie pouvait l'aider à voir quels étaient ses types de comportement, mais ce fut la méditation qui lui donna les moyens d'accepter ses difficultés.

La connaissance de soi

La démarche bouddhique suppose une insécurité existentielle fondamentale, qui va au-delà de tout ce que peut receler l'histoire d'un individu. Tandis que la psychanalyse a réussi à expliquer comment l'insécurité du père ou de la mère peut se transmettre à l'enfant, le bouddhisme souligne l'impossibilité inhérente à notre nature de comprendre qui nous sommes ou ce que nous sommes, avec ou sans des soins maternels « acceptables ». Notre souhait est de nous connaître de manière sûre, de savoir assurément qui nous sommes ou ce que nous sommes, mais d'emblée nous nous trouvons frustrés par une contradiction incontournable. Tout comme la physique moderne a montré que l'observateur inévitablement déforme ce qu'il observe, de même nous, en tant que sujets éprouvant une expérience, nous ne pouvons espérer avoir de nous-mêmes en tant qu'objets une connaissance satisfaisante. Nous ne pouvons parvenir à nous connaître globalement, mais seulement comme l'un ou l'autre, comme sujet connaissant ou comme objet de connaissance.

La séparation entre sujet et objet qui accompagne la maturation pose un problème que la simple fusion, telle qu'elle se produit à maintes reprises dans les rapports amoureux, ne résout pas de manière satisfaisante. Comme l'explique le professeur de religion Richard De Martino dans un recueil désormais classique, *Bouddhisme zen et psychanalyse* : « Le moi naturel finit par confondre *être exaucé* avec *être quelque chose*. Dans ses efforts en tant que sujet pour accomplir sa tâche d'avoir à se trouver, il se fixe une image-objet pour se représenter [12]. » Mais cela est une façon futile et décevante d'apporter une solution. L' « image-objet » recherchée continue à faire défaut, précisément parce que celle qu'on trouve ne peut jamais bien rendre compte du sujet. De la même manière que Freud note que les rapports sexuels vous laissent toujours un peu sur votre faim, de même l'image-objet ne rend jamais complètement justice à l'expérience vécue.

La méthode retenue par le Bouddha pour échapper à ce dilemme consiste à encourager la « non-connaissance ». « Tenez-vous-en à ne rien savoir », crie le maître zen. Cultivez « la foi dans le doute », encourage l'auteur bouddhiste contemporain Stephen Batchelor. Ou encore, comme l'enseignait au XIIᵉ siècle le maître zen japonais Takasui :

> *Il vous faut douter profondément, encore et encore, en vous demandant ce que peut bien être le sujet dans l'audition. Ne prêtez pas garde aux différentes pensées et idées illusoires qui peuvent vous venir. Contentez-vous de douter de plus en plus profondément, en rassemblant en vous-même toute la force qui s'y trouve, sans viser de but ou vous attendre à quoi que ce soit, sans vouloir être illuminé, et sans même vouloir ne pas vouloir l'être. Devenez* tel un enfant en votre cœur [c'est moi qui souligne] [13].

Or, que signifie « devenez tel un enfant en votre cœur » ? S'agit-il d'un retour à la mère avant la perte de la fusion, comme tant d'analystes occidentaux l'ont lu dans le message bouddhique? Est-ce uniquement une autre version du mythe de Narcisse, est-ce chercher le soi au fond de son cœur? Ou bien est-ce autre chose? Après tout, Takasui n'exhorte pas le méditant à se faire petit enfant *au sein de sa mère.* Il propose une solution neuve, et qui paraît au premier regard impossible.

Selon les bouddhistes, les doutes concernant le soi sont inévitables et surgissent au cours du processus de maturation. Un moyen de se familiariser avec eux, et même de les dissiper, conseillent-ils, est de pénétrer au-dedans, plutôt que de s'en détourner, de déranger à dessein les structures existantes au lieu de les respecter. La première des Nobles Vérités du Bouddha nous demande avant tout d'accepter les incertitudes, que nous tentons par ailleurs d'ignorer. Ce faisant, il nous devient possible d'apprécier le reste de la psychologie bouddhique.

Chapitre 3

LA SOIF : LA DEUXIÈME
DES VÉRITÉS DU BOUDDHA

Un riche patient me confiait qu'après un repas succulent, il avait envie d'un cognac ; après le cognac d'une cigarette ; après la cigarette, il se mettait à penser à faire l'amour ; après l'amour, peut-être une autre cigarette. Bientôt il aspirait à dormir, de préférence d'un sommeil paisible, sans rêve. Il est rare que la recherche du bien-être au moyen des plaisirs sensuels ait une fin.

C'est cette expérience-là qui est derrière la deuxième des Nobles Vérités du Bouddha. On en parle traditionnellement comme de la vérité de « la naissance de dukkha », et son principe essentiel est que la *cause* de la souffrance est *l'envie* ou *la soif*. Le Bouddha cite deux sortes d'envie, dont chacune a son équivalent en termes psycho-dynamiques. La première, l'envie des plaisirs des sens, est facile à saisir. C'est ce dont mon riche patient paraît d'emblée nous parler en nous contant son expérience. La seconde, ce que le Bouddha appelle l'envie *d'exister et de ne pas exister*, correspond à ce qu'aujourd'hui nous désignerions comme une aspiration *narcissique*, le désir ardent d'une image permanente du soi, qui peut être quelque chose, ou n'être rien. C'est la soif de sécurité, où qu'elle se trouve, dans le devenir ou dans la mort. Derrière le désir de rapports sexuels manifesté par mon patient, je soupçonne que se cache l'aspiration à se fondre avec Éros, dont le Bouddha aurait pu parler comme de l'envie d'exister. Derrière son désir d'un sommeil sans rêve, il y avait celui de l'oubli : le

Bouddha y aurait reconnu l'envie de cesser d'exister. Ces deux sortes d'envie sont inextricablement liées : les plaisirs des sens servent à l'expression de nos aspirations profondes.

Le principe de plaisir

La soif de plaisirs sensuels est à bien des égards l'équivalent bouddhique du *principe de plaisir* de Freud. Au commencement de la vie, nous dit Freud, l'état de tranquillité est d'abord troublé par les exigences de besoins internes, tels que la faim, le confort, la chaleur, etc. Tout ce qui est nécessaire était à l'origine procuré (par la mère) comme par magie, ce qui créait chez l'enfant un sentiment d'omnipotence et d'emprise sur toutes choses. Ce sentiment que tout besoin pouvait être immédiatement satisfait, tout plaisir sensuel immédiatement obtenu, toute sensation désagréable aussitôt évitée, constitue le fondement tant de l'envie narcissique que de la soif de plaisirs sensuels. C'est le premier principe fondateur de la psyché humaine, le *principe de plaisir*. Cependant, sa persistance, s'il faut en croire tant le Bouddha que Freud, peut donner naissance à beaucoup de trouble émotionnel.

Les expériences sensorielles plaisantes, qui sont intrinsèquement source de jouissance, ne suffisent pas à amener l'établissement du principe de réalité. Parce qu'on ne peut compter sur elles, la détermination à se fier uniquement au plaisir doit faire place à autre chose. De la même façon, ce que veut le Bouddha n'est pas le *refus* du plaisir. Il ne conseille pas de rejeter les expériences agréables, seulement de ne pas s'attacher à elles comme représentant la source d'un bonheur ultime. En raison de leur caractère passager et aléatoire, elles ne peuvent jamais contenter de manière satisfaisante le désir de certitude que nous ressentons tous. La deuxième des Nobles Vérités nous incite à reconnaître la frustration qui va de pair avec une recherche inlassable de la libération ou de la satiété, ce que la plupart d'entre nous aspirent à connaître, non seulement pour le plaisir mais aussi pour comprendre notre insécurité ou notre incertitude. Les plaisirs des sens soustraient notre esprit à nos ennuis. Mais, ce faisant, ils créent une dépendance et perpétuent le mécontentement même qu'ils étaient censés pouvoir atténuer.

Les enseignements du Bouddha peuvent, pour garder l'analogie, être considérés comme une tentative pour établir ce principe de réalité en ce qui concerne l'apparition du soi. De même que nous déformons la nature véritable des expériences sensorielles agréables, de même constamment nous gauchissons notre sentiment du soi, nous le grossissons ou le diminuons dans notre effort continuel pour fixer dans notre esprit une image du soi qui nous convienne. La psychanalyse a fait l'inventaire des conditions propices à cette surestimation ou dévalorisation du self, tandis que le bouddhisme y voit une affliction inéluctable de l'esprit dominé par ses attachements.

L'absence de certitude

Le Bouddha s'intéressait à la façon d'échapper précisément à cette sorte de souffrance que l'on s'inflige à soi-même, à la manière d'éviter les chausse-trapes de la surestimation et de la dévalorisation du *self*. C'est là que les derniers éléments de la deuxième des Nobles Vérités, les soifs d'existence et de non-existence, prennent de l'intérêt pour nous. Le Bouddha, il faut nous en souvenir, n'enseignait pas une psychologie théorique mais pratique, conçue pour libérer de l'insatisfaction ceux qui l'appliqueraient. « Je n'enseigne pas de théorie, disait-il, j'analyse [1]. » Il refusait de répondre à des questions susceptibles de renforcer une tendance à se raccrocher à un idéal absolu quelconque de nature romantique ou de permettre une distanciation nihiliste. Ce sont deux penchants qu'il a classés sous les rubriques d' « existence » et de « non-existence », et qui fournissent la base de plus d'un dogme important en matière de religion, de psychologie et de philosophie. Il y avait, en fait, quatorze sujets que le Bouddha à maintes reprises se refusait à aborder, et tous traitaient de la recherche d'une certitude absolue, posant la question de savoir :

1. *si le monde est éternel, ou non, ou l'un et l'autre, ou ni l'un ni l'autre ;*
2. *si le monde est fini (dans l'espace), ou infini, ou l'un et l'autre, ou ni l'un ni l'autre ;*
3. *si un être illuminé possède une existence après la mort ou non, ou si l'un et l'autre sont vrais, ou ni l'un ni l'autre ;*
4. *si l'âme est identique au corps ou diffère de lui.*

Le Bouddha enseignait que tenter de fournir une réponse définitive à ces questions donnerait des idées fausses, qu'y réussir renforcerait seulement la tendance à se raccrocher à un absolu ou à rejeter de manière nihiliste, deux positions dont il contestait l'utilité. Il n'enseignait jamais qu'il existait un véritable soi et n'appuyait pas non plus l'idée d'un univers chaotique où « rien n'a d'importance », et où les actions individuelles ne comptent pas. Au lieu de cela, il encourageait à douter constamment de toutes les idées reçues sur la nature des choses. Dans un enseignement donné à un disciple sceptique nommé Malunkyaputta, il compare le fait de poser des questions sur le principe des choses à un homme blessé par une flèche qui refuserait qu'on la lui ôtât avant qu'on ait répondu à toutes ses questions sur l'identité de son assassin, le lieu d'où il vient, son aspect, le genre d'arc dont il s'est servi et la sorte de flèche qui a été tirée. « Cet homme mourrait, Malunkyaputta, souligne le Bouddha, sans jamais avoir eu ces renseignements [2]. »

Faisant usage de la même logique pour traiter de questions plus directes sur la nature du soi, le Bouddha manifestait autant de résistance à se laisser enfermer. Alors qu'un vagabond nommé Vacchagotta lui demandait à brûle-pourpoint s'il y avait ou non un soi, le Bouddha préféra ne rien dire « par souci thérapeutique ». Plus tard il expliqua à son serviteur Ananda (souvent celui qui recueille dans les sutras les enseignements du Bouddha) qu'il n'existait aucun moyen de répondre à la question de cet homme sans fortifier quelque conception erronée du soi :

> *Si moi, Ananda, interrogé par le vagabond Vacchagotta sur la question de savoir s'il y a un soi, je lui avais répondu qu'il en existait un, ç'eût été, Ananda, me ranger du parti de ces reclus et de ces brahmanes qui sont en faveur de l'éternité. Si moi, Ananda, interrogé par le vagabond Vacchagotta sur la question de savoir s'il y a un soi, je lui avais répondu qu'il n'en existait pas, ç'eût été, Ananda, me mettre du côté de ces reclus et de ces brahmanes qui sont en faveur de l'annihilation [...] Ce vagabond, Vacchagotta, dont l'esprit est déjà confus, aurait connu une confusion plus grande encore (et il aurait pensé) : « N'y avait-il pas un soi pour moi précédemment? Il n'y en a plus désormais [3]. »*

Il y a quelque chose d'étrangement familier pour une oreille occidentale dans le refus constant du Bouddha de cautionner l'un ou l'autre élément d'une dichotomie hypothétique : ni soi ni absence de soi, ni adhésion ni condamnation, ni existence ni non-existence. S'il est vrai que du temps du Bouddha il n'y avait pas de langue de la psychologie, telle que nous la connaissons à présent, si l'on ne parlait ni de narcissisme, ni de grandeur, ni de dépression d'abandon, ni de stade du miroir, il existait des systèmes philosophiques très élaborés qui bien souvent adoptaient des concepts psychologiques de même nature. Le Bouddha semble avoir bien saisi la dimension psychologique inhérente à de tels systèmes. Il parle, dans les termes de la deuxième des Nobles Vérités, des aspirations à l'existence ou à la non-existence sous leurs formes psychologiques, de ce qu'en Occident nous appellerions grandeur ou vacuité, et qui mènent infailliblement à un sentiment diffus d'insatisfaction. Tout comme les psychanalystes en Occident ont reconnu la fausseté des deux extrêmes, le Bouddha et les grands psychologues bouddhistes qui ont suivi ses traces ont conseillé une voie médiane qui n'est ni l'un ni l'autre.

De même que les philosophes du temps du Bouddha peuvent être définis soit comme « éternalistes » (croyant en l'éternité d'un ciel, d'un Dieu, d'un soi réel) ou « annihilationnistes » (convaincus de l'absence de signification, ou de la futilité de la vie), de même la psyché humaine trouve à se réconforter dans l'adoption de l'une ou l'autre de ces façons de penser. Il s'agit en réalité des deux pôles du faux soi, c'est-à-dire du soi grandiose, élaboré pour satisfaire aux exigences des parents et en constant besoin d'admiration, et du soi vide, solitaire et indigent, aliéné et inquiet, conscient seulement de l'amour qui n'a jamais été donné. Le soi grandiose, tout en restant fragile et dépendant de l'admiration d'autrui, se croit omnipotent, ou non dépendant, et donc se réfugie dans une attitude hautaine et distante, ou encore, en cas de menace, se raccroche à un autre idéalisé dont il espère le retour de son pouvoir. Le soi vide, en désespoir de cause, lui, se raccroche à ce qu'il croit de nature à tempérer son impression de creux, ou se retire dans un désert stérile où il est inaccessible et qui renforce l'idée qu'il se fait de son indignité. Aucune des deux solutions ne met tout à fait à l'aise mais, dans la mesure où nous obéissons aux exigences du faux soi, nous ne voyons pas d'autre possibilité.

Si le Bouddha avait répondu qu'il existait un soi, il aurait donné de la consistance au sentiment de supériorité de celui qui l'interrogeait, autrement dit à la conception idéaliste selon laquelle chacun possède quelque chose de durable, de stable et de particulier. Si au contraire il avait dit qu'en vérité il n'y avait pas de soi, il aurait accentué chez le demandeur un sentiment d'aliénation, de vacuité, la conviction désespérée que personnellement il ne comptait pour rien. Lorsqu'un autre disciple lui posa la question narcissique ultime : « Quelle est la nature du soi ? », le Bouddha répondit qu'il n'y avait ni soi ni absence de soi. Ce qu'il sous-entendait était que la question même était faussée, car elle était posée à partir d'une position où l'on assumait déjà que le soi était une entité. En tant que psychothérapeute opérant dans une perspective bouddhique, je dois constamment me souvenir de cet enseignement du Bouddha, quelle que soit la difficulté à l'assimiler. Les gens qui viennent en thérapie toujours sont à la recherche de leur « véritable soi » et exigent du thérapeute quelque chose de très proche de ce que Vacchagotta exigeait du Bouddha.

Conséquences pour la thérapie

Une grande part de la confusion en matière d'identité qui mène en thérapie (ou qui se produit au terme d'une thérapie) peut se comprendre dans cette optique. Les gens qui viennent se faire soigner souvent apportent dans leurs bagages un sentiment d'inauthenticité dont ils espèrent, on ne sait comment, se débarrasser. Si le thérapeute et le patient veulent trop vite combler le fossé que décrit le second, une occasion très favorable, dans une perspective bouddhique, peut être perdue. Dans une tentative pour donner forme au soi (ce que la plupart des gens influencés par la thérapie occidentale penseront de leur devoir), la possibilité offerte de travailler en utilisant la polarité définie par le Bouddha peut être négligée. Plutôt que de chercher à augmenter les chances de découvrir le vrai soi, la démarche bouddhique consiste simplement à faire bien voir les deux extrêmes, délivrant du même coup de l'emprise qu'ils exercent dans l'inconscient. C'est là une ligne directrice dans une grande partie du travail thérapeutique que j'entreprends.

Quand j'ai affaire, par exemple, à un patient qui souffre d'un sentiment permanent de doute ou d'insécurité, je suis bien davantage porté à chercher comment il se réfugie dans des sentiments de non-dépendance et de vide qu'à tenter d'arrêter prématurément pour lui une identité. Cette approche vient en droite ligne de l'enseignement bouddhique de la deuxième des Nobles Vérités, car les manifestations du faux soi peuvent toujours se repérer à travers les différentes manières dont quelqu'un se raccroche aux deux mondes de l'existence et de la non-existence. En faisant apparaître aux yeux du patient ces attachements, on crée une chance de libération.

C'est ainsi que récemment l'une de mes patientes, une avocate de trente-cinq ans que je prénommerai Dorothy, exprimait la forme qu'avait prise pour elle cette situation embarrassante à travers un rêve très impressionnant, tout en demeurant relativement banal :

> *J'étais avec les parents d'une certaine personne. Je ne leur plaisais pas beaucoup. J'essayais de dire quelque chose, mais sans y parvenir. Il m'était tout simplement impossible d'émettre un son, de trouver les mots. J'ouvrais la bouche : les mots ne venaient pas. Ma frustration ne faisait que grandir. Je voulais crier, hurler, mais rien à faire, si bien que je tournai les talons et partis.*

Le faux soi souvent se matérialise symboliquement de cette façon, comme une incapacité à exprimer ce qu'on voudrait dire en réalité. Dorothy avait dû veiller principalement pendant son enfance, elle s'en souvenait, à ne jamais laisser paraître ses émotions, à ne jamais confier à ses parents ce qui la tracassait, à cause de leur attitude de crainte devant un déploiement émotionnel. Il lui fallait être « parfaite » : elle se paralysa donc. Par peur de devenir « trop émotive », elle n'établit pas de lien avec elle-même et, dans la vie adulte, ne se lia pas non plus avec les autres. En se pliant aux exigences de ses parents, elle perdit contact avec sa propre vie émotionnelle, et elle était terrifiée à l'idée de rétablir ce contact. Devenue la proie de sentiments d'irréalité qui la figeaient, elle avait bien failli se suicider l'année précédente. Aux personnes de son entourage elle donnait l'impression d'être indépendante et distante. Pourtant, intérieurement elle se sentait vide, désespérée et n'hésitait pas à reconnaître qu'elle ne savait plus très bien qui elle était. En fait, cela paraissait constituer un élément à ne pas négliger de son identité. Par sa non-dépendance de façade et son refus de toute manifestation d'émotion, Dorothy incarnait la nuance de supériorité à une extrémité du prisme bouddhique ; par son désespoir secret, elle était l'illustration de l'autre, celle de la vacuité.

Lors de mon travail sur le rêve de Dorothy, il apparut clairement que, malgré mes incitations, il lui demeurait impossible de trouver les mots ou les émotions à communiquer à ses parents : ses sentiments n'étaient pas à sa disposition. Ce dont elle pouvait disposer était la double possibilité qu'elle avait élaborée pour satisfaire aux exigences parentales : elle pouvait se transformer en automate entièrement dénué d'émotion ou en quelqu'un de vide et d'aliéné évitant avec soin tout contact humain. En saisissant mieux le sens de ces possibilités, Dorothy commença de cesser de s'identifier à elles. Or, cela est en accord avec les enseignements du Bouddha : la souffrance du faux soi provient d'un attachement aux deux pôles de la non-dépendance et de la vacuité. Si l'on obtient une prise de conscience de ces attachements-là, on peut s'en délivrer. Dorothy, en fait, fut laissée avec une notion beaucoup moins claire de ce qu'elle était, mais elle se mit à ressentir en elle plus de vitalité.

Son histoire est loin d'être un cas isolé. Enfants, nous avons tous été contraints de nous soumettre aux exigences égoïstes de parents qui réclamaient que nous *agissions* d'une certaine façon pour la satisfaction de besoins personnels. Nous en avons tous eu le sentiment, dans ces moments-là, que d'une façon ou d'une autre, il n'était pas bien d'être qui nous étions, et qu'il valait mieux chercher à compenser. Comme Dorothy, nous avons fait de notre mieux pour donner à nos parents ce dont ils avaient besoin, et nous avons procédé sur nous-mêmes à un ajustement en utilisant l'un des deux moyens (ou les deux à la fois), une surestimation ou une négation du soi compensatoires. Dans les deux cas, nous avons échappé à l'indifférence des personnes aimées mais, en leur donnant satisfaction, nous nous sommes séparés de nous-mêmes. Comme la psychologue Alice Miller l'a si remarquablement décrit dans *Le Drame de l'enfant doué* :

> *L'un des tourments de la thérapie est quand la patiente comprend soudain avec émotion que tout l'amour qu'elle a réussi à obtenir, au prix de tant d'efforts et de sacrifices, n'était pas destiné à qui elle était vraiment, que l'admiration que lui ont value sa beauté et ses résultats allaient à cette grâce et à ces succès, et non à l'enfant elle-même. En thérapie, ce petit enfant solitaire caché derrière ses hauts faits s'éveille alors et demande : « Que se serait-il donc passé si je m'étais montré devant vous triste, indigent, coléreux, furieux ? Que serait-il advenu de votre amour ? Mais j'étais aussi toutes ces choses-là. Cela signifie-t-il que ce n'était pas moi en réalité que vous aimiez, mais seulement ce que je faisais semblant d'être, l'enfant bien élevé, fiable, empathique, compréhensif, et commode, qui en fait n'était pas un enfant du tout ? Qu'est-il advenu de mon enfance ? N'en ai-je pas été frustrée ? Impossible de revenir en arrière. Rien ne compensera jamais cette perte. Dès le début, j'ai été une adulte en miniature [4]. »*

Le résultat d'un scénario comme celui-ci est invariablement un sentiment de vide ou de creux, de panique devant son inauthenticité, qui perce et déchire la belle image qui s'était constituée à partir de l'admiration parentale pour les résultats acquis par l'enfant. La force de la psychologie du Bouddha est telle qu'elle impose son message à cet aspect, sur lequel les témoignages abondent, de l'expérience contemporaine, mais elle le fait sans rejeter la faute sur les parents. En effet, il apparaît que si nous, en Occident, nous ne découvrons que maintenant la tendance qu'a la psyché à osciller d'un extrême à l'autre, le Bouddha depuis longtemps avait su le faire remarquer.

Méprise sur le soi

La psychanalyse a pour ainsi dire placé toute la responsabilité de ce résultat sur les déficiences parentales, en attribuant ces sentiments partagés entre la grandeur et le vide aux succès très mitigés de l'enfant quant à sa capacité d'affronter des parents tantôt curieux, tantôt indifférents. L'expression de *narcissisme pathologique* a finalement été retenue pour distinguer la vacuité débilitante et l'estime de soi fragile de quelqu'un comme Dorothy du *narcissisme sain* de personnes manifestement moins perturbées. Pourtant, l'idée même d'un « narcissisme sain » aux yeux d'un maître bouddhiste est en quelque chose un oxymore. Ce sont toutes les formes du narcissisme que contient en germe cette adhésion aux deux extrêmes, et tous nous en faisons l'expérience dans une plus ou moins grande mesure. C'est la conséquence inévitable du passage du principe de plaisir au principe de réalité, parce que nous gardons tous au fond de nous-mêmes le désir de voir nos souhaits comblés sans avoir de vœu à émettre, nos besoins satisfaits comme par magie. Cela ne se produisant pas, nous sommes contrariés et donnons à la réalité un tour personnel : nous l'éprouvons comme un rejet ou comme une menace pour notre stabilité émotionnelle. C'est face à une situation comme celle-là que nous cherchons refuge dans une attitude hautaine ou dans un sentiment de futilité, pour nous protéger du risque d'une déconvenue.

En réalité, le Bouddha, dans ses enseignements sur la deuxième des Nobles Vérités, ne réserve pas les aspirations à l'existence ou à la non-existence aux gens qui sont dans un état pathologique. De même que l'appétit de plaisirs sensuels, elles sont présentées comme des phénomènes universels. Le Bouddha n'impute pas les airs supérieurs ou le sentiment de vide auxquels on ne peut se soustraire aux défauts de l'éducation. Il n'existe pas de recette dans le bouddhisme pour élever un enfant illuminé à l'abri du narcissisme. Selon la psychologie bouddhique, le narcissisme est un mal inhérent à la condition humaine; c'est quelque chose d'inévitable, bien qu'illusoire, qui accompagne le processus de la maturation. Les psychologues bouddhistes considèrent le narcissisme essentiellement comme autogène, encore qu'ils ne feraient aucune difficulté à admettre qu'il puisse être exacerbé par des déficiences parentales. C'est une tendance qu'a l'esprit en cours de développement à s'imposer une fausse cohérence, à s'éprendre de l'*image* du soi, à vouloir se saisir d'une identité en s'identifiant à quelque chose ou à rien, à faire du soi *autre chose* que ce qu'il est vraiment. C'est cette soif de certitude, cette méprise sur le soi qui est à l'origine de tant de confusion en l'esprit. L'ego, en tant que sujet, voudrait être sûr de ce qu'il est, mais ne le peut pas. Il est donc amené à faire semblant, non seulement à satisfaire aux exigences des parents mais aussi aux siennes propres. Dans ses efforts pour préserver cette illusion de sécurité, il court dans un sens et dans l'autre entre les deux extrêmes de la plénitude et de la vacuité, en espérant que l'un des deux lui procurera le refuge nécessaire.

La transparence mentale

Les philosophes et les psychologues bouddhistes ont de tout temps reconnu à quel point il est difficile d'empêcher l'esprit d'essayer de trouver la certitude à travers une image de supériorité ou de vacuité. Même lorsqu'on s'est débarrassé des extrêmes manifestes du faux soi, il existe une tendance à les remplacer par une forme plus subtile des mêmes pulsions. Des concepts tels que l'esprit universel, la réalité absolue, le vrai soi, la conscience cosmique ou le vide sous-jacent ont tous vu le jour dans différentes écoles de pensée bouddhistes, pour n'être abandonnés que lorsque se reconnaissaient en eux les tendances subtiles de l'attachement. Le désir d'une *essence* quelconque du soi était aussi fort du temps du Bouddha que maintenant. Comme le psychanalyste Adam Phillips le fait observer dans *On Kissing, Tickling, and Being Bored (Baisers, caresses et ennui)*, il est excessivement difficile de conserver le sentiment d'une *absence* sans transmuer cette absence en une sorte de *présence* [5]. Effectivement, l'école de pensée la plus influente de l'Inde bouddhiste, l'école Madhyamika, qui se développa au IIe siècle de notre ère grâce à un savant lettré du nom de Nāgārjuna et subsiste encore de nos jours dans le bouddhisme tibétain, reconnaît précisément l'existence de cette difficulté. Nāgārjuna et les lettrés de l'école Madhyamika qui marchèrent sur ses traces soutiennent que *toute* affirmation au sujet du soi est vouée à être déformée, parce qu'il est dans la nature de la conscience conceptuelle de matérialiser ce qu'on essaie de comprendre. Une de mes patientes, dans ses efforts pour habituer son esprit à l'idée qu'aucun *agent* substantif n'était à l'œuvre dans son être, concluait : « Je suis un gérondif. » L'esprit cherche à former des noms, même à partir des verbes.

À mesure que le bouddhisme se développa et se propagea, il devint extrêmement difficile de s'en tenir à pareille discipline dans la façon d'envisager les choses. L'idée d'une « nature de bouddha » sous-jacente, ou d'un « esprit » incolore et universel pénétrant et unissant tous les êtres, parut rendre les enseignements bouddhiques beaucoup plus accessibles et permit à des notions sur le soi de revenir sans cesse s'insinuer dans la pensée bouddhiste. En fait, le *Lankavatara Sutra*, qui atteignit à la célébrité après sa traduction en chinois en l'an 443, consacre des pages entières à réfuter des conceptions répandues du nirvana telles que la vacuité, l'esprit immatériel, la force vitale, la substance primaire, la félicité suprême, ou la délivrance. Toutes ces notions, dit le sutra, « conçoivent le nirvana de manière dualiste. Leur seul effet est d'inciter l'esprit à vagabonder et à tomber dans la confusion, puisque le nirvana ne se rencontre nulle part [6] ».

L'abandon de l'idéal du vrai soi

La psychanalyse a beaucoup fait pour détacher une à une les enveloppes recouvrant le faux soi en montrant la complexité de la dynamique au moyen de laquelle nous nous construisons des identités qui nous contraignent plus qu'elles ne nous propulsent. Mais elle ne s'est pas encore défaite de tendances qui effrayaient considérablement les maîtres bouddhistes il y a des siècles. De même que des notions d'esprit universel ne cessèrent de vouloir revenir se glisser au sein du bouddhisme, de même l'idée d'un vrai soi sous-jacent continue à refaire surface dans la théorie psycho-dynamique. Le « vrai soi » est difficile à trouver, mais les psychothérapeutes persistent à se considérer comme leur gardien.

Bien que D.W. Winnicott ait clairement exprimé qu' « il n'y a que peu d'intérêt à formuler une conception du vrai soi, si ce n'est pour essayer de comprendre le faux soi [7] », à sa suite les psychanalystes n'ont pas dans leurs spéculations maintenu une ligne de conduite aussi stricte. C'est ainsi que l'analyste néo-winnicottien Christopher Bollas écrit :

> *Le vrai soi [est ce qui est capable de spontanéité].... Le vrai soi écoute une sonate de Beethoven, va se promener, lit la rubrique des sports dans un journal, joue au basket, rêve à des vacances* [8].

Pour un bouddhiste, un être qui a atteint à la réalisation a compris l'*absence* en lui du vrai soi. C'est d'être absent qui lui permet d'être présent, et en mesure de fonctionner dans le monde efficacement et spontanément, précisément à cause de sa faculté de voir le soi comme quelque chose de déjà brisé. Il n'est pas nécessaire de se référer à un vrai soi pour imaginer des qualités susceptibles d'être associées à la maturité émotionnelle. En réalité, il se peut que ce soit l'absence d'effort pour saisir ce noyau essentiel qui libère le flot d'affects nous donnant le sentiment le plus aigu de notre réalité. C'est là le genre de paradoxe qui nourrit la réflexion, tant de Winnicott que des maîtres de l'enseignement traditionnel du zen : cette expérience du vrai soi qui a fini par préoccuper les analystes occidentaux, on peut y parvenir le plus aisément en reconnaissant ce que les bouddhistes appelleraient la vacuité du soi.

Comme le montrera la fréquentation de n'importe quel maître bouddhiste parvenu à la réalisation, les actions d'une personne qui a compris ce qu'était *le vide* ressemblent étrangement à ce qu'en Occident nous attendons de ceux qui possèdent un sentiment très élaboré du soi. D'un point de vue bouddhiste, cela devient possible grâce à une compréhension qui n'est pas synonyme de régression, qui n'est pas un retour au sein ou au ventre maternel, et qui n'est pas non plus une manifestation du vrai soi. Une telle expérience, nous enseigne le Bouddha, élimine beaucoup de confusion. L'illustre maître zen Hakuin (1685-1768), adepte du « grand doute », a défini sa réalisation comme ressemblant à l'expérience soudaine de « la rupture d'une couche de glace à la surface de l'eau, ou l'effondrement d'une tour de cristal ». « La joie est si grande, dit-il, que rien de tel n'a été vu ni entendu en quarante ans [9]. »

L'effritement du faux soi survient après une prise de conscience de ses manifestations, et non grâce à la substitution d'une quelconque personnalité plus « authentique ». La faculté de prendre conscience de représentations de soi-même sans en créer de nouvelles, psychologiquement parlant, constitue un grand soulagement. Cela ne signifie pas que nous abandonnions notre perception quotidienne de nous-mêmes en tant qu'individus uniques et, d'une certaine manière, permanents, mais cela veut dire que, à chaque fois que nous nous découvrons en train de pénétrer sur un territoire narcissique, nous sommes en mesure de reconnaître le terrain sans aussitôt nous mettre en quête d'une solution de rechange. Le dalaï-lama, bien au fait, aujourd'hui encore, de la logique compliquée du système Madhyamika, compare celui qui a compris la véritable nature du soi à l'expérience d'une personne qui porte des lunettes de soleil. L'apparition même de la couleur altérée, dit-il, nous informe que cette couleur n'est pas la bonne. Il est possible, à ce qu'il laisse supposer, de ne pas subir la contrainte de la polarité narcissique de la grandeur et de la futilité, même si c'est là notre manière habituelle de penser.

La troisième des Nobles Vérités du Bouddha cherche à montrer la même chose.

Chapitre 4

LA LIBÉRATION : LA TROISIÈME DES VÉRITÉS DU BOUDDHA

Après six années d'efforts, aboutissant à une nuit de contemplation ininterrompue, on dit que le Bouddha obtint l'Illumination à l'aurore, lorsque l'étoile du matin parut dans le ciel. La troisième de ses Nobles Vérités proclame que cette expérience est aisément accessible à tous ceux qui cultiveront certaines qualités d'esprit essentielles. En atteignant à la compréhension, spontanément le Bouddha fit entendre l'hymne joyeux que voici, tel qu'il nous a été conservé dans le recueil de vers bouddhiste bien connu, le *Dhammapada* :

J'ai erré par les cycles des naissances innombrables,
Cherchant l'architecte de cette demeure, mais sans jamais
[le trouver.
Quelle affliction d'avoir sans cesse à naître et à renaître !
Oh ! architecte, maintenant tu as été vu.
Tu ne construiras plus la maison,
Tous tes chevrons ont été brisés,
La poutre maîtresse a volé en éclats.
Mon esprit a atteint à la liberté sans condition.
Le désir a été comblé [1].

Toute la psychologie bouddhique est contenue dans ces vers, simples en apparence, et pourtant le message du Bouddha n'a jamais été facile à approfondir. À quoi le Bouddha fait-il ici allusion ? Que cherchait-il, qu'a-t-il cassé, qu'est-ce qui a été mis en pièces ? À quoi devons-nous cet accès insolite d'agressivité brutale chez un homme si réputé pour son équanimité ?

Errant d'un lieu à l'autre dans la Roue de la Vie, parmi le cycle des renaissances ou les détours de sa propre expérience psychologique, le Bouddha a cherché sans le trouver l'architecte de son corps et de son esprit. Quel est le lieu d'où je viens, se demande-t-il, quelle est l'origine de ce sentiment que j'ai d'un moi ? Quelle est la source de ces notions vaguement romantiques d'un soi en tant qu'entité distincte, auxquelles tous inconsciemment nous souscrivons ? Cette source, ou cet architecte, s'exclame le Bouddha, c'est le *désir*, comme il l'indique clairement dans la deuxième des Nobles Vérités. « Oh ! architecte [le désir], s'écrie-t-il, maintenant tu as été vu. Tu ne construiras plus la maison. » Uniquement en percevant son propre désir, il semble lui avoir ôté sa force. On retrouve ici l'idée bouddhique fondamentale selon laquelle la prise de conscience est en soi curative. En prenant conscience de mes appétits, nous dit le Bouddha, je me suis libéré de leurs conséquences, de l'affliction de la naissance et de la mort.

« Tous tes chevrons ont été brisés, poursuit-il, la poutre maîtresse a volé en éclats. » Le Bouddha fait l'éloge du pouvoir destructeur de la sagesse, semblable au diamant par la puissance et la précision. Les chevrons font explicitement référence aux forces de l'avidité et de la haine, représentées au centre de la Roue de la Vie sous l'aspect du serpent et du coq. Ces forces sont brisées, affirme-t-il ; elles ne peuvent plus soutenir une structure dont on a su montrer le caractère chimérique. La poutre maîtresse elle aussi, qui soutient ou permet d'élever les chevrons, a volé en éclats. On se réfère ici à la cause première des émotions désolantes, l'ignorance, qui apparaît dans la Roue de la Vie au cœur du mandala sous la forme d'un pourceau noir. Ignorance signifie méprise : en termes boud-

dhiques, cela veut dire qu'on investit les personnes
et les choses d'une solidité qu'elles ne possèdent
pas nécessairement.

À cause de notre désir, nous dit le Bouddha,
nous voulons que tout soit compréhensible. Nous
réduisons, concrétisons ou donnons une substance
propre à des expériences ou à des sentiments qui,
de par leur nature même, sont éphémères et éva-
nescents. Ce faisant, nous nous définissons par nos
états d'esprit et nos pensées. C'est ainsi que nous
ne nous satisfaisons pas d'éprouver du contentement ou du mécontentement : il nous faut devenir
quelqu'un de joyeux ou de triste. C'est là une tendance chronique de l'esprit ignorant ou dans
l'erreur : il fabrique « des choses » avec ce qui n'est
rien. La perception du désir anéantit cette prédis-
position ; il devient absurde d'essayer de voir une
substance où il n'en existe aucune. Les matériaux
qui nous servent à construire notre identité
perdent leur usage et leur solidité, une fois brisée la
poutre maîtresse de l'ignorance. Le Bouddha nous
rapporte que son esprit atteignit spontanément à
« une liberté sans condition » quand il vit clairement son désir, cessant d'être soumis aux forces de
l'avidité, de la haine et de l'ignorance, et par
conséquent devenu libre.

La sublimation

C'est cette liberté inconditionnelle que promet le
Bouddha en énonçant la troisième de ses Nobles
Vérités. La fin de la souffrance est possible, sug-
gère-t-il, non au moyen de cet amour sans restric-
tion dont beaucoup d'Occidentaux ont imaginé
qu'il pourrait atténuer leur sentiment d'insatisfaction, non en retrouvant une perfection imagi-

née, mais par la liberté non soumise à condition de l'esprit illuminé. « Quelle est donc, maintenant, la Noble Vérité de l'Extinction de la Souffrance ? demande le Bouddha. C'est la complète disparition et l'extinction de ce désir, c'est renoncer à lui, l'abandonner, s'en libérer et s'en détacher [2]. »

Le Bouddha propose ici une solution très radicale. Il suggère qu'il est faisable d'isoler en son esprit les forces du désir, de s'en libérer et détacher, uniquement en percevant ce désir pour ce qu'il est. À première vue, le contraste avec la psychanalyse occidentale semble particulièrement frappant. Après tout, l'une des notions fondamentales de la théorie psychanalytique est que les pulsions, ou les forces instinctuelles (érotiques, agressives ou narcissiques), sont innées, inhérentes, inévitables. Le psychanalyste considère qu'il nous faut nous réconcilier avec cette donnée incontournable. Là où les psychanalystes sont le plus près de s'intéresser à l'examen du genre de transformation mentale défini par le Bouddha, c'est lorsqu'ils parlent de sublimation. Dans la *sublimation*, selon les explications proposées par Freud, « l'énergie des motions de souhait infantiles ne se voit pas barrer la route, mais reste au contraire exploitable, un but plus élevé, qui n'est éventuellement plus sexuel, étant assigné à chacune des motions, au lieu du but inutilisable [3] ». La sublimation pour Freud offre la possibilité d'échapper aux demandes irréalisables des « pulsions du désir infantile ».

Dans l'optique du Bouddha, les aspects névrotiques de l'esprit (incarnés par le porc, le serpent et le coq de l'ignorance, de la haine et de l'avidité) ne sont pas indispensables au continuum mental. Ils peuvent être innés, ou même instinctuels, mais ne font pas partie de la nature même de l'esprit. Ils peuvent être éliminés ou bien, dans le vocabulaire de la psychanalyse, sublimés au point de cesser d'être. En fait, la psychologie bouddhique s'intéresse principalement à démontrer comment les tendances narcissiques à s'identifier à l'expérience ou à s'éloigner d'elle peuvent se transformer en sagesse concernant la véritable nature du soi. Cela est une sublimation d'une sorte que Freud n'a pas souvent prise en considération et, nous le verrons, s'effectue non seulement grâce à l'analyse mais aussi à des méthodes d'entraînement mental clairement enseignées par le Bouddha.

Déjà brisé

J'en fus convaincu pour la première fois alors que je voyageais en Asie en 1978, le but de mon voyage étant un monastère au nord-est de la Thaïlande, Wat Ba Pong, à la frontière du Laos. J'y étais conduit par mon maître en méditation, Jack Kornfield. Il escortait notre petit groupe pour aller rencontrer le moine qui avait dirigé ses études dans cet ermitage perdu dans les bois. Cet homme, Achaan Chaa, se définissait comme « un simple moine vivant en forêt » et régnait au milieu des cinquante hectares de cette forêt sur un monastère, simple et vieillot, à une exception près qui était d'importance. À la différence de la plupart des monastères bouddhistes qu'on trouve de nos jours en Thaïlande, et où la pratique de la méditation telle que le Bouddha l'enseignait a presque disparu, celui d'Achaan Chaa exigeait une pratique soutenue de cette méditation et une attention lente, réfléchie, vigilante, aux détails profanes de la vie quotidienne. Il s'était acquis la réputation d'un grand maître en l'art de méditer. Dans cet environnement paisible, mes premières impressions ne pouvaient se dissocier de la guerre du Vietnam qui venait de s'éteindre. Certaines des scènes de cette guerre s'étaient gravées dans ma mémoire durant des années d'attention prêtée aux médias. Tout en ces lieux me paraissait extrêmement fragile.

Le premier jour, je fus réveillé avant l'aube pour accompagner les moines dans le tour qu'ils accomplissaient aux premières heures de la matinée à travers la campagne environnante pour demander l'aumône. Dans leurs robes couleur safran, serrant entre leurs doigts des bols d'aumônes de couleur noire, ils allaient en file indienne parmi les champs de riz verts et bruns selon un parcours sinueux. La brume se levait, les oiseaux chantaient, tandis que femmes et enfants s'agenouillaient, courbant la tête, le long des sentiers et tendaient des offrandes de riz gluant ou de fruits. Les maisons que nous rencontrions étaient des constructions de bois, souvent montées sur pilotis, avec des toits de chaume. Malgré la présence des enfants qui couraient de-ci de-là en riant de tous ces Occidentaux bizarres qui suivaient les moines, le jour naissant semblait enveloppé de silence.

Quand nous eûmes déjeuné de la nourriture qui avait été recueillie, nous eûmes droit à une audience de la part d'Achaan Chaa. D'aspect sévère, mais avec la bonté brillant au fond des yeux, il attendait patiemment que nous formulions la question qui nous avait amenés de si loin pour le voir. Finalement, nous nous jetâmes à l'eau : « De quoi parlez-vous exactement ? Que voulez-vous dire par *éradication du désir* ? » Achaan baissa les yeux, et il eut un petit sourire. Il prit le verre d'eau qui était à sa gauche. Nous le montrant, il se mit à parler dans le dialecte lao chantant qui était sa langue d'origine. «Vous voyez ce gobelet? Pour moi, ce verre est déjà cassé. Je l'aime bien, je bois dedans, il retient de manière admirable l'eau que je bois. Parfois même il reflète l'éclat du soleil en de beaux dessins. Si je le frappe, il donne un joli son, mais que je le pose sur une étagère, que le vent le renverse ou que mon coude en passant l'écarte de la table, il tombera sur le sol et se brisera en mille morceaux. Je dirai alors : " Bien sûr. " Cependant, lorsque je comprends que ce verre est déjà cassé, tous les moments que je passe avec lui en deviennent précieux[4]. »

Bien entendu, Achaan Chaa ne parlait pas seulement du verre, ni même uniquement du monde des phénomènes, du monastère dans les bois, du corps ou du caractère inéluctable de la mort. À chacun de nous il parlait aussi du soi. Ce soi que vous tenez pour être réel, disait-il, il est déjà brisé.

Un résidu amoindri

La psychanalyse explique très clairement pourquoi cette façon de voir les choses d'Achaan Chaa est si difficile à accepter : nous ne souhaitons pas percevoir le verre comme d'ores et déjà cassé. Notre énergie vitale, ou *libido*, découle à l'origine de l'union sans entrave de la mère et de l'enfant que les psychanalystes ont appelée « narcissisme primaire ». Selon Freud, le moi au commencement englobe tout ; il considère comme sien l'entier conglomérat mère-enfant. Ce n'est que plus tard que le moi détache de lui-même un monde extérieur et se réduit à un « résidu amoindri[5] » de l'ensemble beaucoup plus vaste qu'il comprenait autrefois. Pourtant, l'état paradisiaque précédant l'émergence du désir d'un soi conscient de lui-même continue à fausser notre perception de la manière dont les choses se passent. Son influence ne disparaît pas.

Le sentiment originel d'unité persiste dans la psyché sous la forme d'une force vers laquelle la personne se sent portée dans la vie adulte. Tant dans nos relations amoureuses que dans le sentiment subjectif que nous avons de nous-mêmes, nous tentons de recréer ou de retrouver cette impression première de perfection infantile dont nous avons tous dû inexorablement nous séparer. En termes de psychanalyse, cette énergie originelle de l'union mère-enfant, fondement du principe de plaisir, on croit qu'elle bifurque dans l'enfance au cours du développement. D'un côté, il y aura ce qu'on appelle la libido du moi, dans laquelle le soi devient réceptacle des espoirs et des rêves enfantins. De l'autre, on trouvera ce qu'on nomme la libido d'objet : les autres y sont ressentis comme détenteurs de la clef du bonheur, et donc recherchés dans l'attente d'une sorte de ré-union. Ce clivage entre le soi subjectif aspirant à la complétude et le soi objectif, entité se suffisant à elle-même, préfigure la confusion qui va suivre.

Dans une perspective analytique, toute sublimation constitue en réalité une tentative pour transformer ces énergies de la libido du moi et de la libido d'objet en un « état ou niveau d'existence plus élevé », où « quelque chose [...] de l'unité originelle est en train de se reconstituer [6] ». Faisant étrangement écho aux philosophes bouddhistes de l'Inde médiévale, la théorie analytique prétend que la sublimation en réalité pousse l'individu à se réconcilier avec une quête sans fin de la perfection. Nous sommes hantés par la perfection perdue qui contenait tout, et cette perfection est l'étalon qui nous sert à nous mesurer, aussi bien que nos partenaires. Nous en recherchons la reproduction dans des satisfactions extérieures, nourriture, confort, sexualité, succès mais, peu à peu, nous apprenons, par le processus de la sublimation, que la meilleure approximation de ce sentiment perdu se trouve dans des actes créateurs qui produisent des états où la conscience de soi est temporairement suspendue. Ainsi se définissent les états de l'artiste – écrivain, savant, musicien –, tel le Léonard de Vinci de Freud, dissous dans l'acte créateur.

La perfection de la sagesse

Si nous nous servons de ce vocabulaire, il nous devient possible de comprendre la vérité du Bouddha sur la cessation de la souffrance d'une nouvelle manière. En effet, dans le bouddhisme comme en psychologie, on dit qu'il existe deux courants principaux de l'énergie vitale, la sagesse et la compassion. Ce sont les deux qualités distinctives de l'esprit illuminé, les deux forces cultivées par la méditation et qui se libèrent spontanément lorsque l'illumination se produit. Dans les pratiques mystiques du tantrisme qu'ont maintenues les écoles de bouddhisme du Tibet, ces deux courants primaires d'énergie du système nerveux psychique, réunis dans l'apprentissage avancé de la méditation, sont toujours identifiés clairement avec les forces de la sagesse et de la compassion. La psychanalyse définit ces deux courants à l'état infantile comme libido du moi et libido de l'objet, tandis que le bouddhisme en fait l'éloge, sous leur forme sublimée, en les nommant sagesse et compassion. La sagesse, après tout, est une libido du moi sublimée ; c'est l'investissement dans le soi, mais inversé, la transformation du narcissisme et l'éradication de l'ignorance sur la nature du soi. Quelle vanité est possible, en fin de compte, lorsque le soi, comme dans la façon de voir les choses d'Achaan Chaa, est perçu comme déjà brisé ? Il s'ensuit que la compassion est une libido d'objet sublimée : désir et fureur sont transformés lorsqu'on voit qu'il n'existe pas de sujet distinct requérant une réunion magique avec un Autre, qui peut vous satisfaire ou vous frustrer.

L'appréhension par le Bouddha du nirvana fut en réalité la découverte d'une chose qui avait toujours été là. Le Bouddha ne pénétra pas sur quelque territoire nouveau : il vit les choses telles qu'elles étaient. Ce qui s'évanouit fut seulement la *fausse vision* du soi. Ce qui avait toujours été illusoire fut compris comme tel. Rien ne changea que le point de vue de l'observateur. Lorsqu'un prétendu disciple, frappé de respect, demanda au Bouddha : « Mais qu'êtes-vous ? », il se contenta de répondre : « Je suis éveillé. » Comme l'exprime un important sutra Mahayana : « Quand nous ne sommes pas gênés par une subjectivité troublée, la vie que nous menons sur cette terre est activité du nirvana lui-même [7]. »

Le souhait

Les concepts clefs de la psychologie bouddhique – désir, ignorance, et *anatta* (absence d'âme, ou absence de soi) – sont tous liés de près à la troisième des Nobles Vérités du Bouddha. Ce sont les concepts les plus difficiles à comprendre de tout le bouddhisme, parce qu'ils essaient d'atteindre au plus profond les idées fausses que nous nous faisons de nous-mêmes. Fondamentalement, les enseignements bouddhiques l'affirment, nous ne cessons d'être soumis à ce que les psychologues d'aujourd'hui désigneraient sous le nom de pensée en processus primaire, une tendance primitive à croire que les choses sont ce que nous voudrions qu'elles fussent, sans égard à la réalité, à la logique ou même aux données de nos propres sens. Qu'est-ce que le désir, après tout, si ce n'est un souhait, celui de la satisfaction, de la gratification, de la mainmise, de la sécurité, ou de la solidité, le souhait d'un retour à la perfection infantile ?

Les jeunes enfants montrent des signes indubitables de ce mode primitif de pensée. Ils considèrent leurs parents comme invulnérables, sacrés, immortels et immuables ; la relation qui les unit n'est pas vue sous un angle bien différent. À juste titre, nous essayons de permettre à nos enfants de continuer dans cette voie. Rien n'est plus dommageable pour l'un d'eux que de devoir se rendre compte prématurément de la vulnérabilité de ses parents. Pourtant, le résultat de ce mode de pensée est que l'enfant au cours de son évolution persiste à associer l'idée de solidité, tant à d'autres personnes qui ont de l'importance à ses yeux qu'à lui-même. Il semble qu'il n'existe pas d'autre solution au problème, compte tenu du développement, car, s'il n'y a pas ainsi attribution d'une solidité, l'enfant tombe dans la dépression, ou est d'une autre manière émotionnellement perturbé. Lorsque ce sentiment de solidité est bel et bien intériorisé, cependant, il demeure sous la forme de la persistance d'un processus primaire de pensée au cours duquel, fréquemment et inconsciemment, nous attribuons les propriétés d'une substance solide à des *processus* qui « en eux-mêmes ne sont pas des choses [8] ».

Je me souviens à mon arrivée à New York

111

d'avoir arpenté les rues de Manhattan, et soudain d'avoir songé qu'il n'y avait de solidité nulle part là où je marchais. Sous les trottoirs couraient plusieurs tunnels superposés. Je pensai : « Mais où est donc le sol ? Est-ce que tout ça ne va pas s'effondrer ? » J'ai connu un désenchantement du même ordre en mon enfance, lorsque je compris pour la première fois que le fait de remonter le thermostat dans la salle de séjour ne suffisait pas à réchauffer immédiatement la pièce. Il y avait au sous-sol un objet nommé chaudière auquel il fallait faire appel, et cela, je ne le comprenais pas. À ma façon, je supposais inconsciemment une solidité aux choses ; je voulais qu'elles fussent semblables à ce qu'elles étaient dans mon imagination.

C'est à Freud que revient le mérite d'avoir reconnu la primauté du souhait dans notre vie inconsciente. Ainsi qu'il l'a démontré, ce mode de pensée apparaît le plus communément dans nos relations d'ordre intime ou érotique. L'attachement depuis longtemps enfoui au fond de nous à un état perdu de perfection souvent sort brutalement de l'ombre quand nous aimons, en particulier quand il se heurte à une première déception. Nous en voyons fréquemment des exemples en thérapie, où de telles déceptions peuvent être mises à profit, représentant une occasion unique de nous confronter à notre attente de la perfection.

Ce fut précisément ce genre d'expérience que vécut un ami que je connais depuis la faculté, un docteur que je prénommerai Dave, quand il tomba amoureux pour la première fois, et il eut besoin de pas mal de séances de thérapie pour venir à bout des fâcheux effets. Au début de sa relation, Dave fut rempli d'émerveillement. Tant sa future épouse que lui-même étaient persuadés d'avoir trouvé l'amour de leur vie, et ils ne tardèrent pas à se marier. Après plusieurs années de vie commune dans un bonheur sans nuage, avec des rapports sexuels profondément satisfaisants, ils voulurent avoir un enfant. Aux yeux de Dave, sa femme incarnait la perfection. Il l'adorait, aimait beaucoup être avec elle, et plus particulièrement aux moments d'union sexuelle, au cours desquels il se sentait uni avec ce que les psychanalystes appelleraient son idéal du moi, le reflet de son souvenir particulier de la perfection. Ainsi que le dit un psychanalyste en décrivant des situations de ce type, dans leurs rapports Dave sentait se répandre sur son ego « le rayonnement » de l'amour de sa femme, l'absorbant, le dévorant [9]. Quand il m'en parla, Dave s'exprima un peu différemment, mais le sens était le même.

Lorsque sa femme fut enceinte, cependant, les désirs sexuels qu'elle éprouvait diminuèrent sensiblement. Dave en fut à la fois anéanti et furieux. Cessant d'être parfaite, elle devint uniquement pour lui une source de frustration. Quand elle ne put représenter plus longtemps son idéal, elle ne réussit plus à l'intéresser. Le manque d'intérêt de sa femme pour leurs rapports sexuels fut ressenti par lui comme une blessure d'amour-propre et, privé d'une possibilité d'accès à l'état délicieux d'union auquel il aspirait, il lui fut impossible de continuer à se sentir lié le moins du monde à une épouse nouvellement enceinte (et en proie à la nausée). Le travail de Dave en thérapie consista à séparer son image de perfection de la personne de chair et d'os qu'il avait épousée. Ce qu'il eut le plus de mal à accepter fut toute l'anxiété et tout le sentiment de vide qu'il éprouvait à chaque fois que se manifestaient les « imperfections » de sa femme. Il ressentait le besoin de cette perfection, ou sa vie n'avait plus de sens.

Le besoin de Dave n'avait rien d'extraordinaire. Ce qui était peut-être plus rare était qu'il était parvenu à un point où il était très près de le satisfaire. L'anxiété dont il prit conscience, cela fait des siècles que les maîtres bouddhistes ont reconnu son importance dans les malheurs de la condition humaine. C'est seulement lorsque nous reconnaissons notre idéal pour être un fantasme que nous pouvons réussir à atténuer cette anxiété. Comme le dit le troisième patriarche zen, Seng-tsan, un grand maître chinois, dans ses *Versets sur l'esprit dans la foi*, la cause qui produit le plus d'anxiété chez l'homme est son expérience de la non-perfection. Pareil sentiment d'insécurité ne peut être surmonté que lorsqu'on voit que la perfection est un fantasme ; alors seulement on peut vivre « sans angoisse devant la non-perfection [10] ».

L'aspiration à la sécurité ou à la perfection, à un retour à l'état pré-anxieux, est l'un des souhaits inconscients les plus astreignants que nous entretenions. Selon le bouddhisme, c'est lui qui nous incite à considérer autrui et nous-mêmes comme des objets fixes, immuables, permanents, susceptibles d'être possédés ou maîtrisés, et d'une certaine manière de détenir quelque chose de la sécurité originelle. Si le noyau de notre être, comme le dit Freud, est fait de ces pulsions inconscientes du désir, imaginez quel effet on peut attendre de l'identification de cela à un véritable centre. Un pareil noyau de l'être peut tout simplement partir en fumée.

L'ignorance

La satisfaction originelle du narcissisme primaire, nous dit Freud, se fixe dans la psyché sous la forme d'un souvenir, qui par la suite devient modèle ou schéma, conservé en tant qu' « idée », pour ce que l'on recherchera plus tard. Dans ce que décrit Freud, le souvenir de cette satisfaction prend place en l'esprit comme « une chose » concrète ; la personne s'identifie à cette chose-là, ou tente de la recréer. Cette concrétisation de l'expérience, que l'esprit pensant est si expert à exécuter, correspond à ce que les bouddhistes appellent l'ignorance. Ses effets nocifs apparaissent dans nos relations amoureuses, mais elle se montre tout aussi insidieuse à travers les idées fausses que nous nous faisons de nous-mêmes. Nous attendons de notre part une certaine solidité ; nous la considérons comme acquise, en fait, fondant notre confiance sur le sentiment particulier de l'ego que nous avons jadis connu au sein maternel et que nous avons concrétisé plus tard sous la forme d'une perfection perdue.

Cependant, le soi, selon les propos tenus par le Bouddha dans les anciens sutras, est une fiction, un mirage, une ombre, un rêve. Dans la langue actuelle de la psycho-dynamique, nous le baptiserions fantasme, ou simulacre, ou souhait. « L'esprit, dit en écho le sixième patriarche zen, Hui-neng, au VIIe siècle de notre ère, est foncièrement un produit de l'imagination. Et, puisque imagination signifie illusion, conclut-il, il n'existe rien à quoi s'attacher [11]. »

L'objet essentiel de la méditation est de faire apparaître les conceptions inconsciemment souhaitées du soi, les désirs fondamentaux, de montrer qu'ils ne sont que fantasmes et par là de chasser l'ignorance et de faire paraître que le soi est pure imagination. La troisième des Nobles Vérités du Bouddha affirme que c'est tout à fait possible. Il faut nous tourner vers la quatrième pour voir comment faire nôtre cette prise de conscience.

Chapitre 5

« IL NE SE TIENT NULLE PART » :
LA QUATRIÈME DES VÉRITÉS
DU BOUDDHA

On trouve dans la tradition chinoise du zen, rapporté dans le sutra du sixième patriarche, un récit célèbre qui illustre bien l'importance capitale d'une pensée claire lorsqu'on pratique la méditation. Cela vaut tout autant dans les conditions que nous connaissons aujourd'hui qu'il y a treize cents ans, car les erreurs sur la nature de la méditation continuent à jeter la confusion dans l'esprit des adeptes contemporains. Cette histoire, qui va nous servir à introduire la quatrième des Nobles Vérités du Bouddha, souligne combien il importe de posséder les concepts nécessaires à une juste vision des choses quand on suit l'exemple du Bouddha et tente de s'occuper de sa vie émotionnelle.

Toujours attentif à la propension de la psyché humaine à substituer à la vraie compréhension un état de perfection imaginaire quelconque, Hung-jen, le cinquième patriarche, à l'instant de quitter ses fonctions, demanda à ses étudiants et à ses disciples, au VIIe siècle de notre ère, de composer un verset montrant qu'ils avaient compris les enseignements du Bouddha. Le verset le plus satisfaisant désignerait son successeur. Son disciple le plus éminent, Shen-hsiu, qu'on s'attendait à voir prendre la suite du maître, présenta ceci :

Le corps est l'arbre Bodhi,
L'esprit se tient comme un miroir sans tache.

Prends soin de toujours l'essuyer,
Ne permets pas d'y adhérer au moindre grain de poussière.

Le verset de Shen-hsiu constituait une réponse fort acceptable. Il faisait une vertu à l'esprit d'être vide et de refléter, ce qui est un leitmotiv de la littérature bouddhiste. Mais le clair miroir, comme le vrai soi, devient trop facilement l'objet d'une vénération. Une conception comme celle-là substitue au soi concret une autre forme plus rare, qu'on imagine ensuite encore plus réelle que la première.

Un garçon de cuisine illettré, Hui-neng, comprit ce qu'il y avait d'imparfait dans la réponse de Shen-hsiu et offrit ceci à la place :

Le Bodhi n'est pas un arbre,
Le clair miroir ne se tient nulle part.
Fondamentalement, rien n'existe ;
Où donc trouverait-on le grain de poussière qui puisse s'y
[attacher [1] ?

La réponse de Hui-neng, qui était en accord avec les enseignements de Nāgārjuna et de l'école Madhyamika en se gardant de recourir à l'absolu comme au nihilisme, évitait le piège de l'idéalisation dans lequel tombait le poème de Shen-hsiu. Hui-neng ne faisait pas l'erreur commune de considérer la libération comme le fait pour l'esprit d'être vidé de son contenu, ou pour le corps de ses émotions. L'esprit, ou soi, que nous concevons n'existe pas tel que nous l'imaginons, dit Hui-neng ; si tout est vide, à quoi nous agripper ? Si l'esprit lui-même est déjà vide, pourquoi nous faudrait-il le purifier ? Si les émotions sont vides, pourquoi est-il indispensable de s'en défaire ?

Même dans une communauté bouddhiste, pareille vision des choses contestait la validité de la pensée conventionnelle. C'est pourquoi le cinquième patriarche, qui abandonnait ses fonctions, jugea nécessaire de faire publiquement l'éloge de la réponse de Shen-hsiu, tout en y ajoutant des reproches en privé. Le patriarche devant tout le monde dénonça Hui-neng, mais secrètement le nomma sixième patriarche, puis le pressa de fuir sous le couvert de l'obscurité. Cependant, Hui-neng, à sa façon, exprimait ce qui a toujours été l'un des éléments majeurs de l'enseignement du Bouddha, et qui est maintenant connu sous le nom de *Juste Vision des Choses*.

La Voie du Milieu

La quatrième des Nobles Vérités qu'énonça le Bouddha dans son premier enseignement à Sarnath fut celle de la Voie qui mène à la Cessation de dukkha. On la connaît sous le nom de Voie du Milieu. Elle évitait, disait-on, les deux extrêmes qui consistent à céder à ses émotions et à se mortifier ou, dans une langue plus moderne, à idéaliser et à s'opposer un refus. Après avoir fait l'essai des deux manières de se comporter, le Bouddha comprit que chacune contribuait d'une façon subtile à renforcer les idées mêmes de « moi » et de « mien » qui avaient d'abord donné naissance à l'impression de souffrance ressentie. Il qualifia la quête du bonheur par le biais des plaisirs sensuels de « basse, vulgaire, sans profit et le fait de personnes ordinaires », et la même quête à travers la privation ou l'ascétisme de « pénible, indigne et ne servant à rien [2] ». Desserrer la contrainte des frontières de l'ego et dissoudre le sentiment du soi dans des expériences agréables, ou même extatiques, n'atténuait pas la souffrance, pas davantage que laisser aux émotions la bride sur le cou. S'en prendre au corps et assujettir le soi, forcer l'ego d'une certaine manière à capituler, était aussi sans effet sur la souffrance; tenter de refuser les émotions n'avait pas plus d'efficacité.

La bonne démarche, enseigne le Bouddha, se situe entre ces deux extrêmes. Elle implique l'action conjuguée de huit facteurs spécifiques de l'esprit et du comportement : compréhension, pensée, parole, action, moyens d'existence, effort, vigilance et concentration. Quand ces différents éléments ont été mis en place comme il convient, dit le Bouddha, ils constituent la Voie de la Cessation. Collectivement, ces huit facteurs sont connus sous le nom du Sentier Octuple : les catégories comportementales de la Juste Parole, de l'Action Juste et des Justes Moyens d'Existence représentent la base éthique ; les catégories qui se rapportent à la méditation (Juste Concentration et Juste Vigilance) sont le fondement d'une discipline mentale traditionnellement liée à la pratique conventionnelle de la méditation. Quant aux catégories de la sagesse (Juste Compréhension et Juste Pensée), elles donnent le fondement conceptuel, ailleurs nommé Juste Vision des Choses. C'est ce fondement conceptuel qui reçoit souvent une attention insuffisante de la part de ceux qui brûlent de s'engager sur la voie de la méditation et qui, dans le meilleur des cas, ne sont capables que de réponses semblables à celle de Shen-hsiu.

En accord avec la méthode bouddhique qui consiste à aborder une juste conception du soi en faisant d'abord prendre conscience des manifestations du faux soi, le moyen le plus efficace d'amener la Juste Vision des Choses qui reçut l'encouragement du Bouddha est d'examiner les diverses manifestations de la Fausse Vision des Choses. En procédant ainsi, nous voyons à quel point notre incertitude sur la nature de nos émotions rejaillit sur le sens que nous prêtons à des mots-clefs comme l'*ego* ou le *self*. Nous ne savons pas quelle valeur attacher à nos émotions, et c'est en fonction de nos efforts à maîtriser nos émotions que nous comprenons l'enseignement du Bouddha. Pour véritablement suivre le Sentier Octuple, il faut inverser le processus. Au lieu de laisser nos idées fausses concernant nos sentiments influer sur notre compréhension, nous devons donner à notre compréhension la possibilité de changer notre façon de percevoir nos émotions.

Le cri primal

En tant que thérapeute, il m'est souvent donné d'aider quelqu'un à découvrir un sentiment gênant, tel que la colère, puis de l'entendre me demander : « Que dois-je faire maintenant ? Faut-il que je rentre chez moi et l'exprime franchement ? » Parfois nous avons l'impression que la seule solution consiste à traduire par des actes toutes les émotions que nous pouvons appréhender. Nous pensons qu'il nous faut les faire connaître à tous ceux qui les ont causées, sinon d'une certaine manière nous ne serions pas honnêtes avec nous-mêmes. L'idée de nous borner à *faire la connaissance* du sentiment ne nous effleure même pas. Cette façon d'envisager les choses, selon laquelle, si nous ne nous en débarrassons pas, les émotions vont nous salir, est solidement implantée, et elle a des incidences certaines sur l'incompréhension qui guette fréquemment les enseignements du Bouddha sur l'absence de soi.

C'est ainsi que beaucoup de méditants sont déconcertés par ces enseignements et commettent l'erreur de vouloir se défaire de ce qu'ils comprennent être leur ego à base freudienne. Les idées reçues sur l'ego (comme celle d'un moi qui module les pulsions sexuelles et agressives) ont conduit beaucoup d'Américains à confondre l'évacuation du soi avec une sorte de « cri primal » saluant la libération de toutes les contraintes venues de la pensée, de la logique ou de la rationalité et permettant l'abandon complet aux émotions ou leur expression à travers le comportement. L'absence de soi est confondue ici avec la puissance organique dont parle Wilhelm Reich, et l'ego identifié à tout ce qui tend le corps, affaiblit la faculté d'une décharge agréable ou s'oppose à l'expression des émotions. Popularisée dans les années soixante, cette conception est restée profondément ancrée dans les imaginations. Elle voit le chemin qui mène à l'illumination dans un processus qui consisterait à désapprendre, à se libérer des chaînes de la civilisation et à en revenir à une manière enfantine d'aller droit au but. Elle tend également à conférer un caractère romantique à la régression, à la psychose, et à toute libre expression des émotions.

Une conception comme celle-là représente en fait un retour au processus primaire, à partir duquel, nous l'avons vu, est forgé le soi fantasmatique. En rejetant l'activité mentale et la pensée qui caractérisent l'ego freudien (ce qu'on appelle le processus secondaire), les gens qui commettent cette erreur renoncent au savoir-faire de l'ego, indispensable à une méditation réussie, qui est essentiellement un exercice des fonctions du moi : imposer une discipline consciente à l'esprit et au corps ne peut être que du ressort de l'ego freudien. Ainsi donc, la méditation n'est pas un moyen d'oublier l'ego ; c'est au contraire une méthode pour s'en servir, afin d'observer et de maîtriser ses manifestations. Réussir à bien fixer son attention sur la façon dont les choses se passent en l'esprit, moment par moment, permet de percevoir le soi sans les déformations introduites par l'idéalisation ou le fantasme. Plutôt que d'encourager l'idée d'un soi solide assuré de sa propre solidité, la démarche bouddhique se propose une souple capacité à intégrer des expériences potentiellement déstabilisantes d'irréalité et de fugacité.

C'est là une distinction d'importance à opérer pour marquer la différence entre la conception bouddhique et celle qu'on adopte conventionnellement en Occident. Chez nous, l'on imagine souvent le soi au terme de son développement sous les traits d'un champion de boxe, fort, musculeux, confiant et intimidant. La conception bouddhique conteste cette idée-là, un peu comme le jeune Muhammad Ali défiait les boxeurs de son temps. Pour le Bouddha, la vision juste peut s'accommoder des comparaisons trouvées par le champion : « voleter comme un papillon pour piquer comme une abeille ». Certes, la force n'est pas la même, mais elle reste la force. Vouloir jeter l'ego freudien par-dessus bord revient à saper les ressources qui lui sont afférentes et qui sont nécessaires au succès d'une pratique de la méditation.

L'union

Une autre erreur largement répandue consiste à croire que l'absence de soi est une sorte d'unification ou de fusion ; on oublie le soi cependant qu'on s'identifie à ce qui vous entoure ; c'est un état de transe, ou encore d'union extatique. Selon les tenants de cette théorie, l'aspiration vous sépare de l'ultime objet de votre passion si bien que, si vous renoncez à vos émotions, vous pouvez espérer atteindre à une sorte d'ultime satisfaction. Cette façon de considérer l'effacement du soi comme étant l'union est fortement ancrée dans les esprits (à titre d'exemple, elle doit quelque chose à l'usage des drogues psychédéliques), et c'est aussi l'explication psycho-dynamique traditionnelle, qui remonte à l'idée que se faisait Freud du sentiment « océanique ». De la sorte, l'absence de soi est identifiée à l'état infantile précédant le développement de l'ego, celui du bébé au sein de la mère, plongé dans une symbiose sans différenciation et qui n'éprouve nul besoin d'une émotion perturbatrice.

Ce qu'on recherche en adhérant à cette idée fausse est la disparition de toutes les émotions gênantes. On s'imagine qu'on pourra, soit les remplacer par des émotions contraires, soit produire un état d'engourdissement dans lequel il ne sera plus utile de ressentir quoi que ce soit. L'union est censée apporter l'anéantissement des émotions; on pourra s'en défaire lorsque l'individu s'abîmera dans un état où il ne fera qu'un avec le monde ambiant.

Les gens qui tentent de remédier à leur irritabilité en se montrant constamment doux et aimables font usage d'une protection du même genre, comme le font aussi ceux qui cherchent l'oubli dans la drogue ou l'alcool. L'une des actions thérapeutiques les plus difficiles à mener pour secourir les gens qui veulent guérir d'un abus de la drogue ou de l'alcool est de les aider à trouver le moyen de vivre avec leurs soucis sans courir aussitôt les noyer. L'évasion loin des émotions à laquelle ils aspirent est une vacuité équivalant en termes de psychisme au désir du Bouddha d'une non-existence.

Il y a, en réalité, des états que permet la méditation et qui induisent des sentiments d'harmonie, de fusion, d'abandon des frontières de l'ego, mais ce ne sont pas les états qui définissent le concept d'absence de soi. Par ailleurs, lorsqu'on utilise avec quelque persévérance certaines techniques de méditation, qui consistent à fixer son attention sur un point, invariablement elles amènent des impressions de détente et de calme, qui charment et tranquillisent l'esprit ; les émotions les plus troublantes se taisent momentanément. Pourtant, le bouddhisme insiste toujours sur le fait que des états comme ceux-là ne constituent pas la réponse au problème des émotions. La stratégie de l'attention qui est particulière au bouddhisme n'est pas celle de la fixation sur un point mais la vigilance (ou *attention nue*), au cours de laquelle on cultive une prise de conscience instant par instant des objets changeants proposés à la perception. C'est cette pratique qui concentre l'attention sur l'idée du soi et enseigne une manière différente de percevoir ses sentiments.

Cependant, les interprètes psychanalystes, ainsi que les méditants naïfs qui suivent leurs brisées, ont recherché une inspiration dans les seules méthodes de concentration et non dans celles, plus importantes, de ce qu'on appelle le Grand Doute. Ils ont mis l'accent sur l'expérience océanique, mais non sur l'absence, plus terrifiante, d'une identité propre. Les médecins qui ont popularisé l'idée que la méditation était une technique pour réduire le stress ont dépeint cette méditation uniquement en se fondant sur le récit de pratiques de concentration, si bien que des générations d'apprentis méditants ont cherché à faire disparaître leurs tensions (et leur esprit du même coup) dans l'eau calme d'une félicité susceptible de les fondre dans l'univers – ou dans le grand Néant.

Pourtant, l'absence de soi n'est pas un retour aux impressions de la petite enfance, l'expérience d'un bonheur sans nuage dans la non-différenciation, ou encore une fusion avec la Mère – même si bien des gens peuvent être en quête d'une expérience de ce type quand ils commencent à méditer, et même si certains d'entre eux réussissent parfois à atteindre à quelque chose qui y ressemble. L'absence de soi ne demande pas qu'on annihile ses émotions, seulement qu'on apprenne à les percevoir différemment.

La sujétion

Nous sentons bien que nos émotions doivent être ou bien exprimées, ou bien réprimées, mais parfois aussi nous imaginons une troisième possibilité : il faudrait les contrôler, bien les tenir, ou encore les empêcher de nuire. Lorsque cette idée-là prévaut, les émotions font l'objet d'une figuration. Elles deviennent des bêtes sauvages tapies dans la jungle de l'inconscient, des animaux dont il importe de se protéger, ou qu'on doit maîtriser, dans toute la mesure du possible. Un de mes amis se rappelle, lorsqu'il avait appris à nager, avoir hésité à plonger dans le grand bassin de peur d'être entraîné au fond par les forces qui s'y trouvaient cachées. Ce n'est que plus tard dans la vie qu'il comprit que ce qu'il avait redouté était la puissance de ses propres émotions. Cette peur est à la source de l'erreur qui fait de l'absence de soi le résultat d'une sujétion. Dans cette façon d'envisager les choses, les émotions ne sont jamais considérées comme intrinsèquement dépourvues de substance. On les perçoit comme des entités réelles, sur lesquelles la personne ne possède qu'un contrôle limité, et qui doivent être maintenues en bon ordre constamment pour éviter une catastrophe.

À cause de pareilles idées, on en arrive à croire que le soi est une chose qu'il faut soumettre à une autorité plus haute. On a vite fait alors de tomber dans un masochisme à peine déguisé, car la tendance qu'on y décèle consiste à rechercher un Être supérieur auquel on s'en remet, en jugulant ses propres émotions dans une expérience de fusion idéalisée où les frontières de l'ego sont temporairement levées. Le problème est qu'ici la réalité de l'autre est acceptée, et même révérée, tandis que celle du soi est refusée.

La psychanalyste Annie Reich, dans un article qui fait autorité sur l'estime de soi chez les femmes, décrit cela très bien. « La féminité, dit-elle, est souvent confondue avec une complète annihilation[3]. » La seule façon qu'elles ont de retrouver une estime pour elles-mêmes qui leur est nécessaire est de se confondre, ou de se fondre, avec un autre, glorifié ou idéalisé, dont elles pourront ensuite faire leur le pouvoir ou la grandeur. Quelque chose du même genre peut apparaître dans les cercles de la spiritualité comme la seule solution, et ce pour les personnes des deux sexes : le besoin d'avoir devant soi l'image de quelqu'un qui incarne les qualités idéalisées de l'esprit éveillé, ouvert à la compassion, peut se révéler très intense. Le souhait, en ce cas, est (là encore) celui d'un objet, ou d'une personne, ou d'un lieu, qui puisse représenter concrètement les qualités d'esprit recherchées. Les méditants qui s'abusent ainsi sont vulnérables à une forme d'attachement érotique envers maîtres, gourous, ou autres personnes qui leur sont proches. Leur désir de délivrance prend ces gens-là pour objet et se mue en abandon. Dans plus d'un cas, ils persistent en outre de manière masochiste à ne pas vouloir se détacher de ces personnes-là, en faveur desquelles ils voudraient abdiquer leur liberté.

Le désaveu

Une autre erreur commune, répandue dans ce qu'on appelle à présent la psychologie transpersonnelle, consiste à croire que l'absence de soi est un stade du développement *au-delà* de l'ego, que l'ego doit d'abord exister, puis être abandonné. C'est l'inverse de l'idée qui veut que l'absence de soi précède le développement de l'ego ; dans ce cas, au contraire, elle est supposée lui être postérieure. La stratégie retenue pour aboutir à une solution, et qui définit le mieux l'erreur en question, est une stratégie de désaveu. Les émotions gênantes sont mises de côté, ou désavouées, comme si elles ne présentaient plus d'intérêt. On les traite comme si elles n'étaient qu'un stade à franchir pour la personne.

Cette façon de voir sous-entend que l'ego, bien qu'important dans le développement, peut d'une certaine manière être transcendé, ou laissé en arrière. En l'occurrence, nous nous heurtons à une regrettable confusion dans le choix des mots. Écoutons pourtant à ce propos le dalaï-lama : « L'absence de soi ne suppose pas que quelque chose a existé dans le passé et est ensuite devenu non-existant. Ce genre de *soi* est plutôt quelque chose qui n'a jamais existé. Ce qui importe est d'identifier comme non-existante une chose qui a toujours été non-existante[4]. » Ce n'est pas l'ego, au sens freudien du mot, qui fait en réalité la cible de la clairvoyance bouddhiste, mais plutôt le concept de soi, la composante de l'ego *que l'on se représente*, l'expérience interne *effectivement* vécue du soi.

La question est que la totalité de l'ego *n'est pas* transcendée ; on découvre que l'image que l'on se fait du soi n'a pas d'existence concrète. Il ne s'agit pas de l'élimination de quelque chose de réel ; on voit apparaître seulement une absence de fondement essentielle, telle qu'elle a toujours été. Les méditants qui éprouvent de la difficulté à comprendre cela souvent ont l'impression qu'on veut les contraindre à désavouer des aspects vitaux de leur être qui sont assimilés à l' « ego » malsain.

Très fréquemment, sexualité, agressivité, esprit critique, ou même l'emploi actif de la première personne du singulier, sont abandonnés, l'idée générale étant que renoncer à tout cela, ou le laisser aller, c'est atteindre à l'absence de soi. Les méditants se font un ennemi d'aspects du soi, puis tentent de s'en distancier. Le problème, c'est que les éléments qui sont identifiés comme malsains prennent en réalité de la vigueur de ce qu'on veut les répudier. Il n'est pas rare en thérapie de rencontrer des méditants qui soutiennent ne pas avoir besoin de rapports sexuels, d'orgasme, ou qui refusent d'admettre qu'une frustration donnée est associée par eux à de la colère. Plutôt que d'adopter une attitude de prise de conscience sans volonté de juger, ces méditants cherchent telle-ment à lâcher *cela* (leurs sentiments malsains) qu'ils restent constamment fermés à l'expérience de l'insubstantialité de leurs sentiments. Durant tous leurs efforts pour les désavouer, ils continuent à s'identifier à eux.

De la même manière, les personnes qui se méprennent ainsi sur l'absence de soi tendent à surestimer l'idée de « l'esprit vide », sans pensée aucune. La pensée elle-même, en ce cas, est identifiée à l'ego; ces gens-là paraissent cultiver une sorte de vacuité intellectuelle, où l'absence d'esprit critique est considérée comme le but suprême. Comme l'a écrit l'expert en bouddhisme Robert Thurman, pour dénoncer cette erreur : « On refuse en fait toutes les idées, on refuse un sens aux mots, et on suppose que tant qu'on restera dépourvu de toute conviction, ne défendra pas d'opinion, ne saura rien et réussira à oublier ce qu'on a appris, on sera en plein dedans, dans *le silence des sages* [5]. »

Contrairement à ce que ces gens-là imaginent, la pensée conceptuelle ne disparaît pas, suite à la clairvoyance du méditant. Ce qui s'efface est uniquement la croyance en la solidité de l'ego. Pourtant, cette perspicacité ne vient pas facilement. Il est beaucoup plus tentant (et plus commode) de se servir de la méditation pour s'abstraire de la confusion que nous entretenons sur nous-mêmes, demeurer dans la stabilité tranquille qu'elle nous offre, et considérer que le résultat obtenu n'est pas éloigné de ce qu'on enseigne sur l'absence de soi. Mais ce n'est pas ce que le Bouddha entendait par une Juste Vision des Choses.

Le vide

Pour combattre de pareilles tendances, Nāgārjuna, le fondateur de l'école de bouddhisme Madhyamika, a enseigné la doctrine du vide, ou *sunyata*. Le vide, à ce qu'il comprend, n'est pas une chose en soi, mais est implicitement contenu dans toute croyance en quelque chose. Faisant référence à l'absence de non-dépendance, ou de substantialité, chez les personnes, les émotions ou les objets, le vide exprime le défaut justement de ces qualités d'indépendance et d'identité individuelle que nous avons si vite fait d'attribuer. Comme l'image dans le rétroviseur, le vide n'est pas une chose en soi, pourtant ce n'en est pas moins le moyen de bien voir en permanence la route qui est devant nous.

La propension de l'esprit humain, enseigne Nāgārjuna, est soit de réifier, soit de nier, soit de prêter une signification absolue, soit de n'en voir aucune. Le vide est pour lui une façon de ne faire ni l'un ni l'autre, de suspendre son jugement tout en maintenant le contact avec la matière de l'expérience. Il est aussi indispensable pour diriger nos mouvements sur le terrain de nos émotions que le rétroviseur dans nos voyages sur la grand-route parce que, lorsque nous essayons de conduire sans nous servir du rétroviseur, nous devenons anxieux, ne sachant pas s'il est prudent ou non d'obliquer à gauche ou à droite, ou s'il y a quelqu'un qui nous suit. Quand nous procédons en tenant compte du vide, enseignent les bouddhistes, nous sommes garantis des extrêmes de droite et de gauche (du sentiment de supériorité comme du désespoir) et, quand nous sommes en danger d'être dépassés par nos réactions au monde extérieur, nous pouvons brutalement nous rattraper.

Selon l'expert en bouddhisme Herbert Guenther, le vide est l'expérience qui « sert à anéantir l'idée d'une nature individuelle permanente [6] », mais ce n'est pas une fin en soi. Il est particulièrement utile pour traiter la question épineuse des émotions, parce qu'une intelligence correcte de la vacuité offre une troisième solution à opposer à l'alternative des deux extrêmes que sont le laisser faire et le refoulement en présence de ces émotions. Dans la pratique de la méditation, nous sommes amenés à examiner ces stratégies pour nous tirer d'affaire, et à nous initier à l'existence d'une possibilité différente.

L'expérience émotionnelle demeure génératrice de problèmes pour la plupart des gens. Tous, nous pouvons être incommodés par l'intensité de nos sentiments, et nous élaborons différents procédés pour nous protéger contre cette intensité. Le vide bouddhiste est la clef qui débloque le problème de nos émotions. Il ne signifie pas l'existence d'un creux, ou l'absence de sensibilité. Il implique la compréhension du fait que les apparences concrètes auxquelles nous sommes accoutumés n'ont pas l'existence que nous leur prêtons, expérience que le lama tibétain Kalou Rimpoché appelait « intangible », très comparable à celle d' « un muet qui goûterait du sucre [7] ». Il signifie en particulier que ces émotions dont nous pensons qu'elles sont si réelles et qui nous embarrassent tant n'existent pas telles que nous le croyons. Elles existent bien, certes, mais nous pouvons les *connaître* autrement qu'en les exprimant ou en les réprimant. Les méditations bouddhistes sur le vide ne sont pas conçues comme un retrait d'émotions qui n'ont pas lieu d'être, mais comme un moyen de *reconnaître* les erreurs qui sont faites à leur sujet, et par là de changer du tout au tout notre façon de les percevoir. La Voie du Milieu dont parle le Bouddha concerne tout particulièrement notre vie émotionnelle.

Une des grandes leçons contenues dans la quatrième des Nobles Vérités, et dans les enseignements bouddhiques en général, est qu'il est possible d'apprendre une façon différente de se comporter avec ses sentiments. Le Bouddha enseigne une méthode pour *tenir* pensées, sentiments, sensations en équilibre dans l'impassibilité de la méditation, de manière à les voir en pleine lumière. Sa méthode enlève aux émotions les identifications et les réactions qui d'ordinaire s'y attachent, comme la mousse adhère à la pierre, et permet l'émergence d'une compréhension du vide. Cette compréhension a de grandes implications dans le domaine de la psychothérapeutique, parce qu'elle promet beaucoup de soulagement, même dans le cas d'une souffrance banale. Comme le troisième patriarche zen, qui écrivait au début du VIIe siècle de notre ère, l'a si clairement exprimé :

> *Lorsque l'esprit existe sur le Chemin sans être troublé,*
> *Rien au monde ne saurait offenser,*
> *Et quand une chose ne peut plus offenser,*
> *Elle cesse d'exister de la même façon qu'avant...*
> *Si tu veux avancer sur le Chemin unique,*
> *Ne te détourne pas, même du monde des sens et des idées.*
> *En réalité, les accepter pleinement*
> *Est la même chose qu'être véritablement illuminé* [8].

Obtenir par l'entraînement cette attitude d'esprit est le but que se fixe le méditant.

Deuxième partie
MÉDITATION

Alors le Licchavi Vimalakirti vit le prince héritier Manjuri et lui parla en ces termes : « Manjuri ! Sois le bienvenu, Manjuri ! Tu es tout à fait le bienvenu ! Tu es là, sans que jamais tu arrives. Tu parais, sans qu'on te voie. Tu es entendu, sans qu'on t'entende. »

Manjuri alors dit : « Occupant de la maison, tu dis vrai. Qui arrive en réalité n'arrive pas. Qui part en réalité ne s'en va pas. Pourquoi ? Celui qui vient, on ne l'a pas vu venir. Celui qui part, on ne l'a pas vu partir. Celui qui apparaît n'est finalement pas fait pour être vu. »

Robert A.F. Thurman,
Le Saint Enseignement de Vimalakirti.
[Texte sacré du Mahāyana.]

Le radeau

Il n'existe pas de mot qui corresponde vraiment à « méditation » dans aucune des langues où s'exprime traditionnellement le bouddhisme. Ce qu'il y a de plus proche est *bhavana*, qu'on rend le mieux par quelque chose comme « développement mental ». L'absence d'un terme approprié n'est sans doute pas un hasard, car ce n'est pas la méditation en soi qui est importante dans la psychologie bouddhique ; c'est l'esprit, au-delà de ce que nous considérons comme la norme, qui compte le plus dans l'enseignement du Bouddha.

Ainsi, dans la littérature bouddhiste, on trouve une parabole célèbre, dans laquelle le Bouddha nous montre un homme qui part en voyage. Avec de l'herbe, des bâtons, des feuillages, des branchages, il confectionne un radeau, afin de traverser une grande étendue d'eau qui lui barre le chemin. Lorsqu'il atteint l'autre rive, il songe que ce radeau lui aura été très utile, et il se demande s'il ne ferait pas mieux de l'emporter avec lui, au cas où il en aurait à nouveau besoin.

> – *Qu'en pensez-vous, moines ? demande le Bouddha. Est-ce que cet homme, s'il s'arrêtait à cela, prendrait la bonne décision en ce qui concerne le radeau ?*
> – *Non, Seigneur.*
> – *À quel parti devrait-il se ranger, moines ? Eh bien, moines, cet homme, pour bien faire, une fois qu'il serait arrivé de l'autre côté et qu'il aurait compris à quel point le radeau lui a été utile, pourrait se dire : « Et si, ayant tiré ce radeau sur la terre ferme, ou l'ayant immergé, je continuais mon voyage ? » Moines, un homme qui choisirait cette solution ferait ce que demande le radeau. Ainsi je vous ai enseigné ce* dharma – *la parabole du radeau – pour que vous passiez de l'autre côté, non pour retenir. Moines, comprenant la parabole du radeau, il vous faut*

135

rejeter même les justes états d'esprit, et à plus forte raison ceux qui ne le sont pas[1].

Le radeau de cette histoire est la méditation, qui permet de flotter là où, autrement, on se noierait. La rivière est le samsāra, la Roue de la Vie, les Six Royaumes de l'Existence, l'esprit, le corps, les émotions. Dans cette parabole, la méditation est une méthode de développement mental qui permet de traverser les eaux de l'esprit. Cette métaphore, le Bouddha s'en servit maintes et maintes fois pour définir les vertus particulières de la méditation qui en font un moyen utile d'investigation du soi. Ainsi, dans le premier des textes qui composent la *Samyutta Nikaya* (Sentences de même nature), il fait allusion précisément à cette fonction de la méditation :

> – *Comment, Seigneur, as-tu traversé le fleuve [du sam-sāra] ?*
> – *Sans rester à ne rien faire, ami, et sans me débattre j'ai traversé le fleuve.*
> – *Mais comment y es-tu parvenu, ô Seigneur ?*
> – *Lorsque je suis resté à ne rien faire, ami, j'ai coulé et, quand je me suis débattu, j'ai été emporté. Ainsi, ami, c'est en ne demeurant pas immobile et en ne luttant pas que j'ai traversé le fleuve*[2].

Ce n'est peut-être pas un hasard si Freud, ce grand explorateur des eaux profondes de l'inconscient, clôt l'un de ses rares commentaires sur les expériences faites par un ami, dont il tait le nom, en matière de yoga par une citation du poème de Schiller, *Le Plongeur*. Freud a recours à ce poème pour justifier le fait qu'il cesse bien vite de s'occuper de ce que son ami appelait une investigation « des états d'esprit originels qu'une sédimentation a depuis longtemps recouverts ». Freud, ce qui ne lui ressemble guère, ne se montre nullement intéressé par l'idée d'une recherche de ce type. « Qu'il se réjouisse, celui qui respire dans la rose lumière ! » cite Freud, rejetant la fascination éprouvée par son ami pour ce qu'il évoque comme « un certain nombre de modifications obscures de la vie mentale [3] ». Ce que Freud ne comprend pas très bien est que l'expérience de la méditation ne se ramène pas nécessairement à patauger dans les eaux profondes mais peut être une manière de traverser en flottant qui n'implique pas que l'on retienne son souffle. Une des grandes ressemblances, en réalité, que l'on puisse trouver entre la méditation et la psychanalyse est qu'elles conseillent toutes les deux ce moyen terme entre ne rien faire et se débattre comme la plus profitable des façons d'aborder son expérience personnelle.

Je me rappelle une période de retraite où je m'étais engagé, il y a quelques années de cela, en compagnie de l'un de mes instructeurs en méditation, Joseph Goldstein. Quand nous rompîmes le silence et sortîmes de plusieurs semaines de pratique suivie, les premiers mots de Joseph, prononcés avec un air d'incrédulité stupéfaite, furent : « L'esprit n'a pas d'orgueil. » Cette phrase à double sens était typique de la manière dont Joseph interprétait les enseignements du Bouddha : au cours d'une période de méditation intensive, on prend conscience de beaucoup de choses à propos de soi qui vous embarrassent mais, si l'on y regarde de suffisamment près, on ne trouve personne (aucun *penseur*) que cela gêne véritablement.

C'est ce mélange de pénétration, d'indulgence et d'humour qui m'a tellement impressionné chez les méditants expérimentés qu'il m'a été donné de rencontrer. Ce ne sont pas des qualités qu'on trouve partout, et elles ne semblent pas non plus devoir nécessairement découler du seul exercice de la psychanalyse.

Chapitre 6

L'ATTENTION NUE

Lors de ma première retraite de méditant, deux semaines passées à fixer silencieusement mon attention sur mon esprit et sur mon corps, je fus stupéfait de me retrouver assis dans le réfectoire en train de porter un jugement immédiat sur chacun de mes cent autres compagnons, jugement qui ne s'appuyait sur rien d'autre que l'air qu'ils prenaient en mangeant. Instinctivement, je voulais savoir qui me plaisait et qui me déplaisait; j'avais une remarque à faire à propos de chacun. La tâche apparemment simple qui consistait à noter les différentes sensations créées par l'inspiration et l'expiration avait pour effet regrettable de me montrer à quel point mon esprit dans son exercice quotidien échappait véritablement à mon contrôle.

La méditation est impitoyable dans sa manière de faire apparaître la dure vérité sur l'esprit tel qu'il fonctionne jour après jour. Sans cesse nous murmurons, maugréons, échafaudons des projets ou nous nous interrogeons tout bas; nous nous réconfortons, de manière perverse, au son de notre propre voix, que nul ne peut entendre. Une grande partie de notre vie intérieure se caractérise par ce mode de pensée primaire, presque infantile : « J'aime ceci – je n'aime pas cela – elle m'a blessé – comment faire pour avoir ceci? – davantage de ceci, plus de cela. » Ces pensées colorées par l'émotion sont nos tentatives pour maintenir actif le principe de plaisir. Beaucoup de notre dialogue intérieur, plutôt que d'être l'effet du processus secondaire « rationnel » qu'on associe le plus souvent à l'esprit pensant, correspond à une réaction constante à l'expérience de la part d'un protagoniste puéril et égoïste. Nul d'entre nous n'a fait beaucoup de progrès depuis le petit bonhomme de sept ans qui veillait scrupuleusement à ce que personne n'eût une part plus grosse que la sienne.

La méditation bouddhique, de manière naturelle, prend cet esprit-là, dans son fonctionnement ordinaire et n'ayant connu aucun entraînement, comme base de départ, puis demande qu'on élabore une technique particulière, celle de l'attention nue, ou attention dépouillée. Se définissant comme « la prise de conscience claire et résolue de ce qui effectivement *nous arrive et se passe en nous* aux instants successifs de la perception [1] », ce type d'attention appréhende l'esprit non examiné et le fait connaître, non en essayant de changer quoi que ce soit, mais en observant esprit, émotions, corps, dans l'état où ils sont. C'est un dogme fondamental de la psychologie bouddhique de considérer que cette sorte d'attention est, en soi, curative, que c'est par un recours constant à cette stratégie de l'attention qu'on peut accéder personnellement à tout ce qu'a trouvé la clairvoyance du Bouddha. Aussi mystérieuse que puisse paraître la littérature portant sur la méditation, aussi impossibles à saisir que semblent parfois les koans d'un maître zen, il n'y a là-dessous qu'une seule prescription essentielle pour comprendre la pensée bouddhique. Commun à toutes les écoles, du Sri Lanka au Tibet, le thème unificateur de la démarche est ce commandement significatif : « Porte une attention précise, instant après instant, à ce que tu perçois exactement, maintenant, en séparant tes réactions des données sensorielles brutes. » C'est là ce qui est entendu par une attention nue : les faits, *rien que les faits*, un enregistrement *fidèle*, permettant aux choses de dire ce qu'elles ont à dire, comme si elles étaient vues pour la première fois, en distinguant toute réaction possible de l'événement brut.

La diminution de la réactivité

C'est cette stratégie de l'attention qui est suivie tout au long du sentier de la méditation. Elle se situe à la fois au début de la pratique et à son point culminant : seuls changent les objets de la prise de conscience. Commençant par le souffle à l'inspiration et à l'expiration, poursuivant par les sensations corporelles, les sentiments, les pensées, la conscience, puis finalement la manière dont le « je » est perçu, la méditation requiert l'utilisation de l'attention nue pour des phénomènes de plus en plus subtils. Atteignant son sommet dans un état de *prise de conscience indifférenciée*, dans lequel les deux catégories de l'observateur et de la chose observée n'ont plus cours, l'attention nue peut empêcher la manifestation d'un sentiment gênant du soi et permettre cette spontanéité qui intrigue depuis longtemps les observateurs des pratiques orientales s'intéressant à la psychologie. Cette spontanéité est celle que les psychologues occidentaux confondent avec une juste idée du soi. Dans une perspective bouddhique, des actions authentiques comme celles-là se produisent spontanément sous l'effet de la perception claire amenée par l'attention nue ; il n'est nul besoin de supposer l'existence d'un agent intermédiaire qui les exécute.

La clef du pouvoir de transformation repose sur l'injonction trompeuse qui sépare nos actions du noyau événementiel. Souvent l'expérience prouve que notre esprit en son fonctionnement ordinaire est dans un état de réactivité. Nous tenons la chose pour acquise, nous ne remettons pas en cause une identification automatique à nos réactions et nous retrouvons à la merci d'un monde extérieur souvent hostile ou frustrant, ou bien d'un monde intérieur accablant ou effrayant. Avec l'attention nue, nous passons de cette identification machinale à notre peur ou à notre frustration à une position stratégique avantageuse d'où elles sont considérées avec le même intérêt exempt de passion. On gagne énormément de liberté à pareil changement. Au lieu de fuir les émotions gênantes (ou de se cramponner à celles qui séduisent), celui qui pratique l'attention nue acquiert la capacité de *contenir* n'importe quelle réaction; il lui fait de la place, mais sans s'identifier complètement à elle, à cause de la présence concomitante d'une prise de conscience sans jugement.

Un de mes patients va me fournir une bonne illustration de cela. Temporairement abandonné à l'âge de six ans par une mère victime d'une dépression nerveuse, Sid, une fois parvenu à l'âge adulte, s'éprit d'un amour obsédant, mais de courte durée, pour toute une série de femmes. Il les poursuivit sans relâche de ses assiduités, les appelant au téléphone, leur écrivant de longues lettres désespérées pour leur dire à quel point il avait été mal compris, et s'imaginant interminablement leur parler pour expliquer ses bonnes intentions et donner tout le détail des torts qu'il avait subis. Chacune de ces obsessions se prolongea près d'un an, et il rejeta comme dénuées d'utilité toutes les interprétations que je lui présentai sur un lien entre ses sentiments pour ces femmes et des réactions auxquelles il n'avait pas prêté attention, datant de l'époque où sa mère lui avait fait défaut. Nos séances le plus souvent ne donnaient pas de meilleur résultat que ces mots, revenant sans cesse dans sa bouche : « Je souffre, je souffre. » Après de nombreuses séances de ce type, finalement je commençai à l'encourager à approfondir sa douleur, à ressentir la souffrance et toutes les réactions qu'elle provoquait, sans nécessairement réagir en conséquence. Il n'y eut pas de succès immédiat mais, plusieurs mois après, Sid vint à sa séance hebdomadaire, l'esprit manifestement moins troublé.

« Vous savez, il y a une chose que vous m'avez dite qui m'a effectivement aidé, commença-t-il. Vous m'avez dit : " Contentez-vous de ressentir la douleur. " Eh bien, l'autre soir, au lieu de composer le numéro de Rachel, j'ai décidé de tenter l'expérience. J'ai décidé que, même si j'en mourais, je m'étendrais simplement là, et ressentirais la douleur. Et c'est ce que j'ai fait. »

À ce moment, il me regarda sans rien dire. Son regard exprimait tout à la fois une douleur profonde et de l'exultation. Il avait commencé à se servir de l'attention nue pour maîtriser son esprit. Cessant d'être poussé à manifester sa souffrance en appelant au téléphone de manière obsessionnelle les femmes dont il rêvait qu'elles sauraient l'apaiser, il réussit à mettre un terme à un comportement qui ne faisait que perpétuer son isolement. De cette façon, il s'engagea dans un processus d'acceptation de ses sentiments les plus embarrassants. Le plus surprenant dans l'attention nue, cependant, est qu'en acceptant, simultanément on lâche prise. L'horreur, ou la crainte, qu'il éprouvait devant sa douleur et qui l'avait incité à courir chercher refuge auprès de ces femmes avait seulement rendu cette douleur plus récalcitrante. C'est uniquement en établissant un contact direct avec ses émotions que Sid put les voir pour ce qu'elles étaient, c'est-à-dire des sentiments anciens, jamais perçus dans leur intégralité, et qui avaient conditionné toute sa vie émotionnelle. En découvrant un moyen de vivre avec ces sentiments sans continuellement réagir à leur présence, il réussit à se considérer comme autre chose qu'un simple amoureux éconduit à tort. Il était en train de passer d'une réactivité émotionnelle à une prise de conscience sans jugement, et cela non pour aider à la privation, au refoulement, ou à l'interdiction, mais au développement et à la flexibilité.

Un célèbre haïku japonais illustre bien l'état que Sid finalement découvrit en lui-même. Joseph Goldstein s'en sert depuis longtemps pour définir ce qu'il y a de particulier dans l'attitude de l'attention nue :

> La vieille mare.
> Une grenouille y plonge.
> Plouf[2] !

Comme tant d'autres choses dans l'art japonais, ce poème donne une bonne idée de toute l'importance qu'attachent les bouddhistes à l'attention nue qui se porte sur les menus détails souvent négligés de la vie quotidienne. Pourtant, il peut être lu à un autre niveau. Tout comme dans la parabole du radeau, les eaux de la mare peuvent figurer l'esprit et ses émotions. La grenouille qui saute devient alors une pensée ou un sentiment qui surgit dans l'esprit ou dans le corps, tandis que « Plouf ! » représente les réverbérations produites par cette pensée ou ce sentiment, mais qui ne sont pas l'œuvre de la réactivité. Le poème entier peut évoquer l'état de l'attention nue dans toute sa simplicité.

144

Freud conseille dans l'exercice de la psychanalyse un état qui ressemble beaucoup à celui de l'attention nue. Il donne l'impression de l'avoir découvert par hasard, un jour qu'il analysait ses propres rêves, en se souvenant de l'intérêt qu'il avait pris précédemment à l'hypnotisme. Freud fait allusion à cette stratégie particulière de l'attention dans tous ses ouvrages, lorsqu'il est question de l'interprétation des rêves, de la libre association, ainsi que de l'« attention flottante », attitude qu'il recommande en matière d'attention aux praticiens de la psychanalyse [3]. Il n'existe aucune preuve qu'il ait été directement influencé par les méthodes bouddhiques, mais on ne peut nier la ressemblance entre ses recommandations sur le sujet et celles du Bouddha.

Le progrès considérable accompli par Freud, auquel il renvoie sans cesse dans ses œuvres, tient à sa découverte qu'il est parfaitement réalisable de suspendre ce qu'il appelle l' « esprit critique ». Ce fut cette mise en sommeil de l'esprit critique qui, en fait, lui rendit possible l'exercice de la psychanalyse. Cet exploit, il l'accomplit sans aide extérieure ; selon toute apparence, il trouva seul la manière d'y parvenir, sans savoir que c'était précisément l'attitude en matière d'attention que prônaient depuis des siècles les méditants bouddhistes.

Ce que Freud a écrit en la matière met en évidence ce qui constitue la qualité première de l'attention nue : l'impartialité. Il demande instamment à maintes reprises aux psychanalystes « de suspendre [...] leur jugement et de donner une attention impartiale à tout ce qu'il y aura à observer [4] », insistant sur le fait que c'est là un état d'esprit qui offre une possibilité de comprendre les phénomènes de l'esprit comme il n'en existe pas d'autre. Tout en continuant à s'intéresser au *contenu* psychique, il incite ses disciples à pratiquer une attention flottante, une sorte de méditation embryonnaire. Ses directives ont toute la clarté que possèdent celles des meilleurs maîtres bouddhistes :

> « *Il [le médecin] devra juste écouter, et ne pas se tracasser en se demandant s'il retient* [5]. »

Cet état, dans lequel on se contente d'écouter, un état d'impartialité, est à la fois tout à fait naturel et extrêmement délicat. Il est stimulant pour le thérapeute d'avoir à faire abstraction de son désir de voir son patient guéri, des conclusions qu'il tire immédiatement de ce que ce patient lui communique, de la « connaissance intuitive » qu'il pense avoir des causes de la souffrance de son client, de manière à pouvoir continuer à entendre de sa bouche des choses qui échappent encore à sa compréhension. La tâche devient plus exaltante encore quand il s'agit de porter ce type d'attention sur soi-même, comme il est demandé dans la pratique de la méditation, de se couper de ses propres réactions, de passer d'une identité fondée sur des « j'aime » et « je n'aime pas » à une autre qui a pour fondement une prise de conscience impartiale et sans jugement. L'attention nue exige du méditant qu'il n'essaie pas d'occulter ce qui lui déplaît, mais qu'il accepte tout ce qui est offert.

La disponibilité

La qualité la plus importante qui ensuite s'attache à l'attention nue, la disponibilité, naît de cette capacité d'accepter tout ce qui se présente, parce qu'elle oblige le méditant à examiner avec un grand oculaire, et non pas un petit. Cette disponibilité crée un milieu intrapsychique réceptif, favorable à l'exploration de ce qui est personnel et privé. C'est l'ouverture d'esprit de la mère qui peut, comme D.W. Winnicott l'a fait observer dans son article bien connu « Élaboration de la capacité d'être seul », permettre à un enfant de jouer sans interruption en sa présence [6]. Ce genre de disposition, qui refuse de s'interposer, est une qualité que la méditation induit à coup sûr.

Le compositeur John Cage, récemment décédé, avait été profondément influencé par la philosophie bouddhique. Les études qu'il a consacrées aux sons et à la musique illustrent bien ce qu'est cette disponibilité :

> *Si votre oreille finit par être sensible à des sons musicaux, c'est comme si vous réussissiez le développement d'un ego. Au commencement, vous refusez les sons qui n'ont rien de musical, et ainsi vous vous coupez d'une expérience assez vaste... Le dernier changement qui s'est opéré dans mon attitude envers les sons concerne ceux qui ont de la force et de la durée, comme les signaux d'alarme sur les voitures et de dissuasion des cambrioleurs. Ils m'agaçaient, mais à présent je les accepte, et j'y prends même plaisir. Je crois que ce changement est dû à une remarque de Marcel Duchamp. Il dit que les sons qui proviennent toujours du même endroit, sans varier jamais, peuvent constituer une sculpture sonore, une sculpture à base de sons, qui demeure dans le temps. N'est-ce pas beau [7] ?*

Lorsque nous avons réussi à prendre cette attitude à l'égard des signaux d'alarme qui résonnent en nous-mêmes, il nous devient possible de sentir tout l'intérêt de la démarche du Bouddha.

Un patient qui est venu me voir récemment avait précisément ce problème-là à résoudre, des signaux d'alarme personnels qui lui donnaient des

147

envies de se boucher les oreilles. Paul était l'unique enfant d'une mère particulièrement agitée et dolente, que son mari avait abandonnée quand son fils avait six ans. Il avait passé la plus grande partie de ses années de préadolescence seul à la maison avec sa mère, dormant dans son lit et la réconfortant quand son moral était bas. De son enfance, il avait gardé un nombre singulièrement restreint de souvenirs. Néanmoins, il se rappelait bien que son père avait cassé son disque préféré, parce qu'il le passait continuellement en pleurant dans son coin. Adulte, il était devenu anxieux, déprimé le plus souvent, et il se plaignait de ne pas se sentir réel. Il parlait de lui comme d'un « paquet de nerfs », qui s'en sortait fort bien dans les moments difficiles mais sans se sentir soutenu par de l'ardeur ou de la confiance en soi quand il entreprenait quelque chose. Il avait beaucoup de mal à définir la cause de son anxiété, et il éprouva une étonnante difficulté au cours de ses premières séances avec moi à analyser son malaise. Il m'avoua qu'il avait peur de regarder ses soucis en face : ils lui rappelaient ceux de sa mère et lui donnaient l'impression d'être aussi perturbé qu'elle lui avait paru l'être.

Le travail de Paul en thérapie consista à apprendre à fixer sur ses problèmes (il ne savait que peu de chose là-dessus) une attention dépouillée. Sa première réaction fut l'appréhension, et il voulut mettre fin sans tarder à tout ce qui le tracassait. Lorsqu'il eut appris à isoler cette réaction initiale, à vivre avec sa peur, il fut en mesure d'opérer une distinction entre ses soucis et ceux de sa mère, et de comprendre que ses parents avaient été incapables d'accueillir, ou de limiter, ces mêmes inquiétudes lorsqu'elles s'étaient d'abord manifestées en lui. Tant la psychothérapie que la méditation avaient quelque chose de fondamental à lui offrir. Chacune à sa façon pouvait lui apprendre à vivre avec ses sentiments, sans porter de jugement sur eux comme ses parents l'avaient fait. Ce fut seulement en vivant ainsi, en compagnie de ces sentiments mêmes, que Paul put commencer à prendre confiance en lui en tant que personne réelle.

L'attention nue requiert une disponibilité, pour l'expérience tant intérieure que sensorielle, qui souvent s'arrête à notre enfance. L'enfant qu'on oblige, comme dans le cas de Paul, à réagir efficacement aux humeurs d'un père ou d'une mère perd contact avec ses propres processus internes. Contraint de répondre aux besoins parentaux, un enfant comme celui-là renonce à sa capacité de rester ouvert à ce qui nécessairement lui paraît moins urgent, même s'il s'agit de son propre soi. C'est ainsi que se construit le faux soi et qu'on assiste à la naissance de la personnalité narcissique, qui ne se souvient pas vraiment de la manière dont il faut user de sa sensibilité.

En obtenant une séparation entre le soi qui réagit et l'expérience brute, la pratique de l'attention nue finit par rendre le méditant à un état de disponibilité inconditionnée qui ressemble beaucoup au sentiment créé par un père ou une mère aussi attentif qu'on puisse le souhaiter. L'effet est acquis en dévoilant impitoyablement le soi qui réagit et en renvoyant inlassablement le méditant au matériau brut de l'expérience. Selon Winnicott, c'est seulement dans cet « état », où il n'est plus nécessaire de réagir, que le soi peut « commencer à exister [8] ».

L'étonnement

Comme on l'a déjà fait observer, l'attention nue est impartiale, ne juge pas et reste disponible. Elle est aussi profondément intéressée, comme un enfant en présence d'un nouveau jouet. L'expression caractéristique qui se rencontre dans la littérature bouddhiste est que cette attention demande « qu'on ne s'agrippe pas et qu'on ne condamne pas ». C'est l'attitude dont Cage fait preuve devant les signaux d'alarme des voitures, celle que Winnicott définit dans son idée de « soins maternels acceptables », que Freud conseille pour le psychanalyste au travail et que les adeptes de la méditation doivent cultiver envers leurs propres souffrances, psychiques, émotionnelles et physiques. Le plus étonnant dans une première retraite de méditant (après la découverte d'à quel point l'esprit peut échapper à notre contrôle) est de voir comment l'expérience d'une douleur peut faire place à une impression de paix, pourvu qu'on y porte attention constamment et avec calme pendant une durée suffisante. Une fois que les réactions à la douleur (horreur, indignation, peur, tension, etc.) sont évacuées de la sensation pure, celle-ci finit par ne plus faire souffrir.

Le psychanalyste Michael Eigen, dans un article intitulé « Pierres dans un torrent », décrit ses premières expériences mystiques dans les termes caractéristiques que voici :

Je me souviens d'un jour, alors que je devais avoir entre vingt et trente ans. Dans l'autobus où je me trouvais, mes émotions me mettaient au supplice. Je me recroquevillais sur ma douleur et me concentrais sur elle intensément, sans faire attention à rien d'autre. Tandis que j'étais assis là dans cet état lamentable, je fus stupéfait de voir la douleur prendre une couleur rouge, puis noire (une sorte de trou), puis s'éclairer, comme si un conduit s'était ouvert dans mon âme, et il y eut une clarté radieuse. La douleur ne disparut pas, mais mon attention fut retenue par la lumière. Abasourdi, soulevé, choqué, il me fallait reconnaître qu'il pouvait y avoir une existence plus vaste.

Bien sûr, je ne désirais pas que cette lumière s'en allât, et je craignais un peu qu'elle ne le fît, mais ce qui dominait était un sentiment de déférence, de respect : elle pouvait durer aussi longtemps qu'elle le voudrait, aller, venir, selon son bon plaisir. Ce fut un moment inoubliable. La vie ne peut plus être tout à fait la même après des expériences comme celle-là [9].

Ce genre d'expérience peut, certes, faire l'effet d'une révélation. Lorsqu'on voit que demeurer avec une douleur qui nous inspire habituellement un mouvement de recul peut amener une transformation pareille, nous devons mettre en doute la validité d'un de nos axiomes les plus fondamentaux, qui est qu'il faut rejeter ce qui crée une impression de dégoût. Au lieu de cela, nous nous apercevons que même la douleur peut présenter un intérêt.

Notre propre esprit

Cet intérêt donne naissance à une autre qualité pour l'attention nue, celle d'être inaccessible à la crainte. Le psychiatre R.D. Laing, au cours d'un des premiers entretiens sur le bouddhisme et la psychothérapie auxquels je pris part, déclara qu'il existait trois choses dont nous avions tous peur : les autres, notre propre esprit et la mort. Son opinion nous frappa d'autant plus qu'elle fut émise peu de temps avant son propre décès. Si l'attention nue peut avoir un usage quelconque, c'est précisément dans ces trois domaines qu'il faut nous en servir. La maladie du corps nous en fournit d'ordinaire l'occasion.

Il n'y a pas très longtemps, mon beau-père, juif pratiquant qui ne manifestait guère d'intérêt pour la philosophie orientale, dut se préparer à une intervention chirurgicale importante. Il me demanda conseil, parce qu'il savait que je travaillais à un ouvrage sur la réduction du stress. Il voulait apprendre à acquérir de l'emprise sur ses pensées pour le moment où il entrerait en salle d'opérations et s'inquiétait aussi de ce qu'il pourrait faire d'utile quand la nuit il ne trouverait pas le sommeil. Je lui indiquai comment fixer une attention dépouillée sur une simple prière de la liturgie juive ; peu à peu, il réussit à élargir le champ de l'état mental créé par la prière, jusqu'à lui faire englober pensées, soucis et appréhensions. Même dans le service de réanimation, une fois l'opération terminée, alors qu'il ne pouvait ni distinguer la nuit du jour, ni remuer, ni avaler, ni parler, il put utiliser l'attention nue pour se reposer dans l'instant présent, dissoudre ses craintes dans l'espace où méditait son esprit. Plusieurs années après, il assistait aux offices du Yom Kippour quand il me montra un passage de son rituel qui lui rappelait ce qu'il avait appris dans son épreuve. Il n'aurait pas pu trouver un verset plus bouddhique :

> *L'homme naît de la poussière, et son destin est de retourner à la poussière, au risque de sa vie il gagne son pain. On peut le comparer à un vase brisé, à l'herbe qui flétrit, à une ombre qui passe, un nuage qui se dissipe, un souffle de vent, de la poussière qui vole, un rêve éphémère.*

L'imperturbabilité de l'attention nue est également nécessaire dans les lieux mêmes consacrés à la psychologie, la pratique de la psychothérapie ayant révélé à quel point les défenses de l'ego peuvent s'y montrer ingénieuses et intransigeantes. Même lorsqu'ils sont en thérapie, les gens ont peur de dévoiler sur eux-mêmes des choses qu'ils préféreraient ignorer.

Une artiste peintre de talent, que je prénommerai Maddie, m'en apporta la preuve récemment dans son traitement au cours de nos séances. « Je n'ai aucune envie d'être ici, me lança-t-elle. Je ne veux pas être votre patiente. Je trouve cela humiliant. J'aimerais mieux n'être que votre amie. » Maddie se refusait à aborder avec moi le seul sujet qu'elle devait évoquer dans un but thérapeutique, à savoir la façon dont elle interdisait à sa partenaire de l'approcher. « C'est la même chose avec vous qu'avec elle – c'est trop d'embarras », me disait-elle.

Je ne sais trop comment, je parvins à amener Maddie à porter son attention sur sa répugnance à être ma cliente. En en faisant non pas un obstacle mais un sentiment venu d'elle-même, elle se mit à pleurer. Elle trouvait cela terriblement gênant et en même temps curieusement satisfaisant. Son envie de pleurer, semblait-il, était une chose qu'elle vivait dans la peur de ressentir. Toutes sortes de voix se faisaient entendre dans sa tête à ce sujet-là : c'était une faiblesse que de pleurer, quelque chose d'inacceptable, d'inconvenant, d'humiliant, à ne pas se permettre, et tout désir d'aborder son amie était automatiquement étouffé par crainte d'une défaillance de même nature devant elle. Maddie s'était réfugiée dans une attitude de défense, faite de colère et d'insolence. Toute tentative pour l'en sortir faisait naître des sentiments de peur.

Cette peur, en psychanalyse, est souvent appelée résistance. Dans son imperturbabilité, l'attention nue doit faire d'elle un objet, si bien qu'en la touchant, le patient peut devenir davantage réel. Dans l'attention nue, le courage, ou l'impassibilité, qui peut regarder en face toute manifestation de cette insécurité s'allie toujours à une patience, ou tolérance, également grande envers ce même sentiment. Certaines écoles de psychanalyse ont commis l'erreur d'attaquer sans relâche cette résistance, dans l'idée de libérer le vrai soi sous-jacent. À cette approche fait défaut la qualité de la tolérance, qui permet aux gens de finir par avouer leur résistance, du même coup faisant apparaître une manière de respect, accordé à regret, pour la part qu'ils ont prise à son élaboration.

Du point de vue bouddhiste, il n'y a en réalité *rien* à analyser en l'espèce *que* de la résistance ; nul vrai soi n'attend en coulisse le moment d'être libéré. C'est seulement en mettant en évidence l'insécurité qu'on peut espérer une certaine liberté. Lorsque nous connaissons notre peur pour telle, et l'entourons de toute la patience du Bouddha, nous pouvons commencer à trouver un peu de repos en notre esprit *et* aller vers ceux dont nous aimerions nous sentir proches.

C'est en me souvenant de cela que je me servis de l'attention nue avec Maddie. Il fut nécessaire, en premier lieu d'analyser son attitude de défense coléreuse, puis la crainte et la tristesse qu'elle recouvrait. Maddie *était* sa résistance. En l'incarnant et devenant la personne vindicative, malveillante et apeurée qui ne voulait pas être ma patiente, elle se mit à pleurer et connut avec moi un moment d'existence *réelle* dont elle conçut beaucoup de honte. Sur tous les plans, la juste compréhension de l'attention nue lui permit, dans les termes utilisés par le Bouddha, de ne pas rester à ne rien faire et de ne pas se débattre. En apprenant à vivre avec ses sentiments, grâce à l'alliance du courage et de la patience que demande l'attention nue, elle devint à la fois plus humble et plus ouverte, plus à même de goûter l'intimité qu'elle désirait autant qu'elle la redoutait.

154

L'espace transitionnel

La dernière des qualités qui s'attachent à l'attention nue et sur laquelle je voudrais mettre l'accent est son impersonnalité. Comme le chien perdu sans collier, les pensées et les sentiments égarés qui font l'objet de cette attention sont considérés, eux aussi, comme n'appartenant à personne. Cette approche est un encouragement à une nouvelle forme de ce que Winnicott appelle « un espace transitionnel ». L'espace transitionnel est depuis longtemps reconnu comme un stade intermédiaire d'importance capitale entre la dépendance infantile et la faculté de supporter la solitude. On en fait une « zone de transition de l'expérience [10] » assurant à l'enfant un sentiment de bien-être lorsqu'il se trouve séparé de ses parents. Alors que la fameuse assimilation qu'a faite Freud du mysticisme à un sentiment océanique a incité des générations de psychanalystes à voir en la méditation un moyen facile de retrouver les expériences du narcissisme infantile, la formulation ci-dessus, du moins pour ce qui concerne l'attention nue, a clairement raté son effet. Si les thérapeutes avaient reconnu une ressemblance entre les états induits par la méditation et les phénomènes transitionnels, un lien assuré entre le bouddhisme et la psychologie psychanalytique aurait été établi depuis longtemps.

L'objet transitionnel (petit ours, peluche, couverture, ou jouet préféré) rend possible le passage d'une expérience purement subjective à une expérience différente, dans laquelle autrui est ressenti comme véritablement « autre ». Ni « moi », ni « pas moi », l'objet en question jouit d'un statut spécial entre les deux que les parents respectent d'instinct. C'est le radeau qui permet au tout-petit de traverser pour aller comprendre l'autre.

Beaucoup des qualités qui caractérisent l'objet transitionnel (capacité à survivre à un amour passionné ou à une haine féroce, résistance au changement, à moins que l'enfant n'en soit l'auteur, pouvoir de procurer refuge et chaleur, tout cela avant d'être progressivement abandonné) appartiennent toutes aussi à l'attention nue. Comme l'objet transitionnel au regard du petit enfant, l'attention nue jouit dans l'esprit du méditant d'un statut particulier : elle aussi est un phénomène de transition. Elle se différencie de notre prise de conscience subjective habituelle, et la tradition tibétaine la dépeint comme une sorte de « conscience d'espion » qui observe depuis les recoins de l'esprit.

En tant qu' « observateur », l'attention nue rappelle l'objet transitionnel parce que, tel l'ours en peluche du jeune enfant, elle n'est ni « moi », ni « pas moi », mais englobe les deux. Ainsi, lorsqu'un méditant entend en se servant de cette attention-là un grand bruit, il ne fait pas de différence entre « auditeur » et « son ». Compte seulement pour lui l'instant de l' « audition », où se rejoignent l'au-dehors et l'au-dedans. En cet instant, il n'existe ni intérieur ni extérieur, tout comme il est impossible de dire si le souffle provient du dedans ou du dehors. Ce n'est d'ailleurs pas le seul point commun entre les deux. Comme l'objet transitionnel, l'attention nue peut être une constante. Il n'est pas acquis d'avance qu'une intense émotion ou une forte stimulation doive la perturber, parce que sa clarté, tel un miroir, peut réfléchir tout ce qui pénètre dans son champ. L'image dont on se sert parfois pour exprimer cette continuité est celle d'un torrent qui se déverse sous un pont de pierre. Grâce à l'attention nue le méditant, dit-on, devient semblable non au flot mais au pont, sous lequel se précipite l'eau du torrent.

C'est à cette continuité qu'il faut attribuer la faculté de tenir, ou de contenir, l'expérience. Cela correspond à la chaleur, ou à la consolation, que le jeune enfant trouve dans l'objet transitionnel, et à sa manière d'apprendre à se situer face à une séparation nouvellement découverte. À mesure que cette séparation lui pose de moins en moins de problèmes, progressivement il abandonne l'objet transitionnel. Ma fille de huit ans n'emmène plus son ours en peluche partout avec elle, mais le soir elle y revient. De même, à mesure que le méditant se sent plus à l'aise dans la pratique de l'attention nue, peu à peu lui aussi l'oublie, et il devient capable de demeurer dans une conscience exempte de tout choix.

Ce qu'il faut avant tout garder en mémoire lorsqu'on fait ces comparaisons est que la méditation n'est pas transitionnelle *de la manière* que le premier objet du petit enfant peut l'être, qui facilite le passage à la séparation. La méditation prend le relais, alors que la séparation a déjà été plus ou moins accomplie. Elle constitue une transition vers quelque chose de nouveau, un état dans lequel la réalité du soi distinct (et « objet réel ») est mise en question. En ne s'identifiant pas à tout ce qui peut survenir, en ne s'y accrochant pas, en ne s'en embarrassant pas, inexorablement le méditant passe d'une focalisation restreinte sur le contenu de son expérience à une autre qui va s'élargissant et qui s'attache au processus lui-même. Pensées et sentiments, dépouillés de l'amour-propre ou de la honte qui leur étaient associés, peu à peu perdent de leur charge émotionnelle et finissent par être considérés comme des pensées, des sentiments, « rien de plus ».

L'objet transitionnel décrit par Winnicott permet au jeune enfant de ne pas se laisser déborder par les sentiments aigus de désir et de haine auxquels il est nécessairement confronté s'il doit se faire à l'idée que le parent est vraiment quelqu'un d'autre et lui-même, par voie de conséquence, véritablement un soi. L'espace transitionnel de la méditation pour sa part aide à tenir en respect les émotions gênantes d'un soi qui a été acquis, amour-propre, respect de soi-même, vanité, indignation, tout ce qu'on ressent lors d'une violation de son territoire. Cela ne signifie pas que la haine ou la convoitise sous une forme élémentaire ne vont pas affleurer pendant la méditation, ni que les méditants n'auront pas encore, d'une manière ou d'une autre, à faire face à des pulsions primitives telles que l'exaspération ou le désir, seulement que l'espace transitionnel de la méditation offre quelque chose de différent de celui du petit enfant. Prenant place sitôt après le développement du soi (aussi fracturé, insécurisé, ou vide que ce soi donne l'impression de l'être) et opérant en liaison avec l'élément coexistant de la prise de conscience, la méditation permet un refuge où la conviction qu'il existe un soi différent qu'il faut protéger et défendre peut temporairement être laissée de côté. Le but recherché n'est pas seulement de créer un endroit tranquille où se reposer, ou encore le sentiment d'une sécurité d'ordre ontologique, mais de mettre en question notre façon d'instinctivement nous identifier à nos réactions émotionnelles.

Cela en apparence est incompatible avec la psychothérapie, et cette incompatibilité a dérouté plus d'un des thérapeutes qui s'intéressent à la perspective bouddhique. D'un point de vue psychanalytique, évidemment, la personne doit apprendre à percevoir ce qui a été désavoué et ce qui est inconscient comme provenant en réalité d'elle-même. Dans l'optique de Freud, il faut que les idées ou les sentiments involontaires deviennent volontaires : là où était le ça, l'ego doit apprendre à se substituer. Si l'on se place dans la perspective du Bouddha, l'acte même de reprise de possession de son expérience directe, ou de prise de contact avec elle, ouvre la possibilité de comprendre ce qu'il y a d'impersonnel dans la nature de cette même expérience. Porter les choses à ce niveau est, selon le Bouddha, indispensable à l'obtention d'un soulagement réel. Sa théorie ne s'oppose pas à celle de Freud, mais lui ajoute une dimension supplémentaire. On peut reconnaître pour siennes des pensées et des émotions, le Bouddha l'aurait admis, mais à moins qu'on ne comprenne simultanément qu'il n'y a pas là quelqu'un qui possède ces choses-là et dont l'existence va de soi en raison de cette possession, la victoire à laquelle aspire Freud lui aurait paru une victoire à la Pyrrhus.

L'efficacité de la prise de conscience

Rompre l'identification grâce à l'efficacité de la prise de conscience est ce qu'apporte de plus considérable la démarche de la méditation, et l'effet en est nécessairement thérapeutique. Les méditants l'observent souvent qui se manifeste de manière surprenante. Une vieille amie, avec derrière elle des années d'expérience en matière de méditation, s'en aperçut dans ses visites à sa famille. Au début, quand elle rentrait chez elle partager un repas familial, elle se retrouvait assise à table au milieu de ses parents, frères et sœurs, et elle était alors sujette à une impression qui se répétait et l'incommodait fortement, celle d'être comme invisible, de ne pas être appréciée à sa juste valeur. Aussitôt, elle se dirigeait malgré elle vers la cuisine et, sans pouvoir s'en empêcher, dévorait avidement tout ce qui se présentait à elle.

Après des années à pratiquer la méditation, cependant, la même personne fit la même visite chez les siens, nota l'apparition à table des mêmes symptômes, mais cette fois ne fit rien pour y mettre un terme. Elle vit bien que dans l'indignation elle s'attendait que sa famille s'occupât d'elle, qu'elle était furieuse parce qu'ils s'en « abstenaient », déçue vis-à-vis d'elle-même parce qu'elle n'avait pas « assez d'importance » pour attirer leurs regards et terriblement angoissée d'être assise là sans savoir comment s'y prendre pour changer quelque chose. Pourtant, cette fois, elle ne s'identifia pas pleinement à ces sentiments. Elle fut capable de les laisser passer à travers elle en conservant son équilibre, en sachant que sa prise de conscience était assez forte pour subsister après que se serait dissipé le tumulte de ses émotions. Elle ne fut pas obligée de manger de manière compulsive et découvrit qu'elle n'attendait plus indéfiniment cette attention qui ne venait jamais. Elle se souvient même qu'à un certain moment elle fit une plaisanterie au sujet de la nourriture et se mit à rire de si bon cœur que cela la surprit.

La méditation se révéla utile à mon amie sur deux fronts. D'abord elle fut en mesure de reconnaître et d'accepter le trouble en cascade causé par l'attente, la juste indignation, la déception, le sentiment d'insuffisance et la colère qui auparavant l'avaient amenée à manger compulsivement. Ensuite, elle put se libérer de l'emprise de cette inadéquation, non en l'obligeant à la quitter, mais en se sachant autre chose que simplement cette accumulation de sentiments. Une interprétation bouddhiste plus exacte de ce changement pourrait suggérer qu'elle se savait n'être rien d'autre que les sentiments en question, mais qu'elle réussit à en connaître la vacuité, au lieu de se laisser émouvoir par ce qu'elle imaginait être leur réalité intrinsèque. Quoi qu'il en soit, elle eut l'impression d'avoir mieux les choses en main et d'être moins l'esclave de son drame familial.

Une vision sage

L'attention nue est la technique qui caractérise le mieux la façon dont le bouddhisme entreprend d'agir sur nos esprits et nos émotions. Elle est impartiale, disponible, sans jugement, intéressée, patiente, imperturbable et impersonnelle. En créant un espace psychique analogue à l'espace transitionnel de l'enfance dont parle Winnicott, sans se confondre avec lui, elle aide à donner la capacité de transformer les troubles psychologiques en objets de méditation, faisant du risque proverbial un stimulant et se montre donc d'un profit psychothérapeutique considérable. Il n'est pas d'expérience émotionnelle, d'événement mental, d'aspect de nous-mêmes désavoué ou séparé qui échappe au pouvoir de cette stratégie de l'attention nue.

Dans les récits qui sont traditionnellement faits des progrès de la méditation, les débuts comportent toujours la nécessité de nous accommoder des aspects de notre être qui sont non désirés, non explorés et perturbateurs. Nous avons beau faire l'essai d'autant de manœuvres que nous voulons supposées être thérapeutiques, disent les anciens textes bouddhistes traitant de psychologie, il n'existe qu'un moyen de travailler efficacement avec un matériau de cette nature : il faut une *vision sage*. Comme l'exprimait Suzuki Roshi, le premier maître à enseigner le zen au Centre zen de San Francisco, dans une conférence intitulée « Les mauvaises herbes de l'esprit » :

> *Nous disons : « En arrachant les mauvaises herbes, on nourrit la plante. » Nous arrachons les mauvaises herbes et les enterrons près de la plante pour lui donner de quoi se nourrir. De la même manière, même si vous rencontrez des difficultés dans votre pratique, même si vous vous trouvez devant un déferlement de vagues pendant votre séance, ce sont des vagues qui peuvent vous venir en aide. Donc ne vous mettez pas en peine à cause de votre esprit. Vous devriez au contraire vous féliciter de la présence des mauvaises herbes, parce que en définitive elles fécondent votre pratique. Si vous constatez parfois que les mauvaises herbes se transforment en nourriture pour l'esprit, votre pratique fera des progrès remarquables. Vous en sentirez les effets. Vous sentirez comment elles se changent en nourriture pour soi-même. C'est ainsi que nous pratiquons le zen* [11].

Voilà ce que promet l'attention nue, et où se situe la grande découverte du Bouddha. L'intérêt qu'elle présente pour la psychothérapie ne saurait être exagéré car, tout vieux routier de cette thérapeutique pourra en témoigner, l'analyse peut souvent permettre de comprendre sans apporter de soulagement. La méditation, elle, procure un moyen d'effectuer un recyclage de la douleur psychique, amenant ainsi ce soulagement qui sans cela est si difficile à obtenir. C'est là qu'il faut chercher les raisons de son extraordinaire succès auprès des habitués de la psychothérapie. Elle offre une possibilité d'agir sur le matériau émotionnel, virtuellement contenue peut-être dans la meilleure des psychothérapies, mais rarement concrétisée. Le Bouddha, lui, se montre expert dans l'art d'énoncer la méthode.

Chapitre 7

DÉBROUILLER L'ÉCHEVEAU DU SOI : LA PSYCHO-DYNAMIQUE DE LA MÉDITATION

Quelles que soient les ressemblances, méditation et psychothérapie ne se recouvrent pas. Une même personne, dans l'exercice de l'une et de l'autre, connaîtra des expériences extrêmement différentes. La psychothérapie psychanalytique tend à donner des expériences qui reproduisent des relations émotionnelles antérieures plus formatrices, de telle sorte que l'histoire de la personne peut en fait se trouver comme *reconstruite*. La méditation bouddhique a tendance à renforcer certaines des fonctions de l'ego, si bien que le sentiment du soi est à la fois magnifié et l'objet d'une *déconstruction*. La psychothérapie suppose la fabrication d'un récit destiné à expliquer l'histoire de la personne, alors que la méditation consiste à mettre en question les métaphores les plus fondamentales dont nous nous servons pour nous comprendre nous-mêmes. Les expériences émotionnelles les plus passionnantes en thérapie concernent le transfert, où il se découvre comment des relations antérieures continuent à modeler des rapports actuels et à les définir, ainsi qu'il apparaît dans la relation qui s'établit avec le thérapeute. En méditation, les expériences les plus troublantes sont celles qui permettent au méditant de se confronter avec différentes images du soi qui lui sont chères, avec pour résultat de montrer à quel point en définitive de telles images sont décevantes.

Une grande partie de ce qui se produit par le biais de la méditation possède un effet thérapeutique, en ce sens que cela aide à atteindre ces objectifs thérapeutiques ordinaires que sont l'intégration, l'humilité, la stabilité et la connaissance de soi. Pourtant, il y a quelque chose dans la dimension de la méditation bouddhique qui lui permet d'aller au-delà du domaine d'action de la psychothérapie, en direction d'un horizon plus lointain de compréhension de soi-même qui n'est pas ordinairement accessible par le seul moyen de cette psychothérapie. La psychanalyse part de la relation thérapeutique et la cultive grâce au pouvoir de l'attitude analytique du thérapeute ; la méditation, elle, prend pour base des qualités d'esprit qu'elle trouve là et les développe au-dedans, si bien que les capacités d'observation de la personne en sont augmentées. Doté de cette faculté accrue de contempler, le méditant est alors en mesure d'examiner avec soin et d'avoir prise sur ce qu'on pourrait appeler les blocs constitutifs de l'expérience du soi, les pulsions fondamentales qui donnent naissance au sentiment du soi. Au cours de ce processus, ce sentiment, enraciné au plus profond, se trouve considérablement et irrévocablement transformé.

Les exemples qui vont suivre illustreront mieux qu'un long discours la différence entre les deux méthodes. Femme accomplie et méditante expérimentée, ayant vécu une enfance abominable, Jean vint me voir en thérapie pour ce qu'elle appelait « des problèmes relationnels ». Après environ un an de nos séances, au cours desquelles elle pouvait parler avec intelligence de quantité de problèmes différents, tant d'ordre spirituel que psychologique, il devint évident que Jean cherchait à me fuir. En même temps, elle se mit à évoquer un sentiment de déception au sujet de sa thérapie. Elle n'en obtenait pas ce qu'elle avait pensé pouvoir en attendre, tout en ne sachant pas trop ce qu'elle en attendait. Peu après, nous eûmes un face-à-face très pathétique. Alors que je continuais sur mon impression d'être évité et sur ses doutes à propos de la thérapie, brusquement Jean eut la révélation qu'elle m'empêchait de manière active de prendre de l'importance à ses yeux. « Si je m'intéresse à vous, vous allez me quitter », me lança-t-elle, en m'associant aussitôt à tous les personnages importants de son passé qui avaient précisément fait cela. Avec cette prise de conscience, il nous devint possible de commencer à travailler sur *la façon* dont Jean s'y prenait pour s'empêcher d'aimer qui que ce soit, en utilisant pour ce faire les éléments souvent pleins de traîtrise du transfert comme laboratoire pour examiner les détails de près. C'était effectuer ce que la thérapie réussit le mieux, permettre à Jean de voir comment inconsciemment elle reproduisait un comportement qui autrefois avait visé à une adaptation, mais qui à présent était simplement répétitif, la relation avec le thérapeute nous servant à prouver l'action d'inhibition qu'elle exerçait sur elle-même.

La méditation, en revanche, surtout sous ses formes les plus élaborées, se focalise souvent sur un sujet beaucoup moins spécifique. Quand on commence à la pratiquer, d'ordinaire ce sont les problèmes psychologiques qui prédominent. Mais, à mesure qu'on se sent plus à l'aise dans la pratique de la concentration, de la vigilance et de la clairvoyance analytique, la psycho-dynamique change, et les problèmes émotionnels de l'enfance souvent passent à l'arrière-plan, tandis que l'intérêt se porte sur un examen de *la façon* dont on se perçoit. Parfois les méditants éprouvent le besoin de revenir au plan psychologique pour travailler à la résolution d'un problème particulier. Jean avait de la méditation une expérience considérable. C'est ainsi qu'elle avait mis au jour beaucoup de peine, de douleur et de frustration, et qu'elle avait connu des états de félicité et d'apaisement qui l'avaient grandement rassurée sur la vitalité de son être. Elle n'avait pas, pourtant, dans son travail de méditante, eu l'occasion de se confronter avec sa manière de se dérober aux sentiments d'affection. La méditation profonde est beaucoup moins spécifique que la psychothérapie : son domaine est moins les détails particuliers de l'histoire d'un individu que les difficultés foncières de l'être. Au lieu de s'attacher à ce qui est répété, on se concentre sur la personne qui est dans la nécessité de reproduire.

Terreur et ravissement

L'un des meilleurs récits qui nous aient été faits des expériences psychologiques réellement vécues qu'entraîne une méditation profonde se trouve dans le *Visuddhimagga* (Le Sentier de la purification), un manuel de méditation composé au IVe siècle de notre ère sur l'île de Ceylan par un bouddhiste indien du nom de Buddhaghosa. On y trouve l'idée que se faisaient les premiers bouddhistes des résultats psychologiques qui pouvaient être attendus si l'on cultivait certains éléments déterminants de l'activité mentale que développe la pratique de la méditation. Pour réussir à représenter tous les aspects de l'esprit qui médite, ce manuel n'a pas son pareil. En s'attachant constamment à améliorer tant la concentration (la capacité à arrêter l'esprit sur un seul objet dont on prend conscience) que la vigilance (la faculté de déplacer l'attention sur une suite d'objets dont on est conscient), le méditant finit par accéder à des états auxquels on donne les noms, soit d'états de *terreur*, soit d'états de *ravissement*. Ce sont des états qui n'apparaissent pas souvent en psychothérapie ; on peut les entrevoir ou s'en souvenir, mais ils ne se produisent pas fatalement, comme c'est le cas dans la pratique de la méditation. Leur apparition est liée au développement de certaines des fonctions de l'ego, au-delà des possibilités normales de la vie quotidienne.

Voici par exemple des descriptions classiques de quelques-uns de ces états. Prenons les expériences de ravissement : elles se caractérisent par différents degrés d'émerveillement ou de félicité, dont on nous dit qu'il existe cinq niveaux :

> La petite félicité *fait seulement se dresser les poils sur le corps*. La félicité momentanée *ressemble à des éclairs survenant par instants*. L'avalanche de bonheur *déferle sans cesse sur le corps comme les vagues sur le rivage*. Le bonheur qui vous élève *peut avoir assez de puissance pour soulever le corps et le faire sauter en l'air...* Mais, lorsque apparaît la béatitude absolue (extatique), *le corps tout entier en est rempli, telle une vessie gonflée, telle une grotte rocheuse envahie par un flot immense* [1].

Les expériences de terreur, par contre, tendent à révéler combien peut être précaire dans la réalité le sentiment du soi et à quel point la terre ferme du désir narcissique peut se dérober sous nos pas. Ces expériences ont pour effet de tirer le tapis de sous nos pieds, d'ébranler les fondements sur lesquels nous construisons une vision de nous-mêmes qui nous convient. Ces expériences sont d'un autre calibre que celles du ravissement, comme on peut le voir dans le récit suivant, tiré du même ouvrage :

Tandis qu'il répète, poursuit, cultive de cette façon sa contemplation de la dissolution [...] des images se forment devant lui sous l'aspect de quelque chose de terrifiant, comme des lions, tigres, léopards, ours, hyènes, esprits, ogres, taureaux redoutables, chiens féroces, éléphants sauvages rendus furieux par le rut, serpents venimeux horribles, éclairs, charniers, champs de bataille, mines de charbon embrasées, etc., qui pourraient se présenter aux regards d'un homme craintif désireux de vivre en paix. Quand il voit comment ce qui est apparu a disparu, comment ce qui paraît cesse de paraître, et comment ce que l'avenir engendrera finira à son tour, précisément de la même façon, alors à ce stade naît en lui ce qu'on appelle la Connaissance, sous la forme de l'Apparence, sous la forme de la Terreur [2].

Ce que les Occidentaux souvent ne comprennent pas est que des expériences de ce type supposent un ego, au sens qu'a ce mot en psychanalyse, capable de contrôler et d'intégrer ce qui, dans la plupart des cas, aurait un effet violemment déstabilisant. On vous demande de connaître la terreur sans éprouver de crainte et le ravissement sans vouloir s'attacher. Le travail de la méditation, en un sens, consiste à élaborer un ego qui soit souple, lucide et équilibré, suffisamment pour être en mesure d'affronter des expériences comme celle-là.

Dans une perspective différente, le travail effectué dans la méditation consiste à faire face aux attachements qui rendent cet ego impossible à construire. Invariablement, ces attachements sont de nature narcissique. À mesure que se développe la méditation, les aspects du soi les plus grossiers, tels qu'ils sont concrétisés par le tumulte émotionnel ou par le bavardage de l'esprit, tendent à devenir plus tranquilles, mais d'autres attachements et identifications, plus subtils, se manifestent à leur place. En ce sens, la méditation se met à ressembler un peu à un labyrinthe, chaque nouvelle ouverture, chaque perception nouvelle au sujet du soi offrant une chance de plus offerte à l'attachement et à la délivrance. Ce à quoi le méditant doit se confronter sans cesse est sa propre capacité à concevoir orgueil ou vanité, son propre besoin instinctif de parvenir à une certitude, sa propre facilité à s'approprier le processus de méditation à des fins narcissiques. La méditation est un moyen de dénoncer infatigablement ce narcissisme, de mettre en évidence toute permutation dans l'expérience que l'on a du soi, si bien qu'il n'en reste aucun aspect que le narcissisme puisse engager dans ses intérêts.

À tous les stades, les méditants ont tendance à tirer parti de leurs expériences et de leurs intuitions d'une façon qui renforce le sentiment qu'ils ont d'être différents des autres, et le sentier de la méditation consiste effectivement à dévoiler et à dissiper sans relâche ces tendances-là en encourageant le méditant à toujours porter son attention *là où* elles se reconnaissent le mieux. À titre d'exemple, lorsque je connus en méditation ma première expérience d'une avalanche de bonheur, j'en fus transporté. Je crus que quelque chose de très impressionnant venait de se produire. La chance véritable qui m'était offerte, pourtant, avec cette expérience, ce fut en définitive dans mon cas celle de voir ma croyance en ma différence, de la sentir aussi, comme une impression passagère. À mesure que ce processus se répète, les façons habituelles que nous avons de penser à nous et d'éprouver ce que nous sommes subissent une modification ; les métaphores dont nous nous servons inconsciemment pour nous comprendre sont nécessairement remises en question.

Les débuts en méditation :
le clivage du moi

Parce que les exercices préliminaires sont par bien des aspects plus proches de la psychothérapie que d'autres pratiques dans le sentier de la méditation, ce sont souvent ceux que les débutants trouvent les plus difficiles à mener à bien. Les ressemblances peuvent se montrer à la fois séduisantes et irrésistibles, et plus d'un méditant « intéressé par la psychologie » fait de grands efforts pour tenter « une thérapie », tout en se donnant des airs de méditer. Comme méditation et psychothérapie demandent un clivage thérapeutique du moi, il peut souvent se révéler embarrassant de *choisir* le processus dans lequel effectivement s'engager. L'ego qui observe, celui qui se livre à l'attention nue ou à la libre association, après tout acquiert de la force à la pratique de la méditation.

Un psychanalyste de ma connaissance a fait le récit de sa première retraite de méditant après s'être soumis à cinq ans de psychanalyse. Durant cette retraite, il eut le sentiment de commencer à comprendre ce que voulait dire associer librement. Le recours répété à l'attention nue, à ce qu'il découvrit, donne à l'ego observateur une force qui finit par lui permettre un exercice efficace de la libre association. Cette découverte est souvent si fructueuse que, en considération du sentier de la méditation, l'attention nue ne bénéficie plus d'efforts suffisants, une fois atteint le stade de la libre association. Cependant, la méditation en fin de compte demande autre chose qu'une chaîne d'associations mentales et émotionnelles, aussi curieuses ou inquiétantes qu'elles puissent être, et aussi importantes pour le succès d'une psychothérapie.

Quand les psychologues Daniel Brown et Jack Engler prirent pour sujet d'étude des méditants confirmés, ils furent surpris de constater qu'un méditant est tout aussi anxieux que n'importe qui. Il n'y avait pas de réduction des conflits intérieurs, seulement, parmi leur échantillon, « une absence de réaction défensive prononcée dans la perception de ces conflits [3] ». Les enseignements à tirer de ces observations sont considérables, car ce que Brown et Engler ont découvert, c'est que la seule méditation n'est guère efficace à résoudre les problèmes émotionnels des gens. Elle peut préparer le terrain, pour ainsi dire, en rendant la personne plus tolérante et moins portée à se protéger mais, sans l'intervention du thérapeute, il existe un très réel danger de paralysie. Nous nous trouvons ici devant notre premier casse-tête : la méditation, semble-t-il, peut apporter à l'ego le genre de force qui est nécessaire au succès d'une psychothérapie, mais elle ne peut l'effectuer à elle toute seule. Comme on l'évoquera dans la troisième partie, elle peut aussi sauver une psychothérapie en donnant le moyen de ce que Freud appelle *Durcharbeitung* (la perlaboration). Mais cela ne peut se produire qu'une fois la thérapie bien entamée.

Rester dans la douleur

Dans la plupart des cas, une expérience de la méditation à ses débuts (je veux dire par là une première prise de contact avec une pratique intensive) fait apparaître, dirai-je, une sorte de désir primitif. Foncièrement, c'est un désir de complétude, encore que son contenu pour chacun varie, bien sûr, en fonction du passé qui est le sien. Ainsi ma patiente Jean, dont j'ai évoqué le cas au commen-

171

cement de ce chapitre, éprouvait ce désir avant tout comme une aspiration à une relation satisfaisante. C'est ce désir qui souvent demande les soins d'un thérapeute, car toute tentative de la part du méditant pour résoudre le problème par le fantasme, la catharsis ou une réflexion sans fin ne fera que prolonger l'état de paralysie cité plus haut. Jean passa de nombreux mois à se heurter à cette aspiration avant d'avoir le courage de rechercher l'aide d'un psychothérapeute ; d'autres y passent encore plus de temps.

Dans une perspective bouddhique, ce désir est important dans la mesure où le méditant peut s'*identifier* à lui. « Qui est le soi qui désire ? » demande sans se lasser le maître bouddhiste. Le problème qui se pose à de nombreux méditants occidentaux est que cette manière d'aborder le problème leur paraît au début beaucoup trop impersonnelle. La douleur psychique qui se révèle à ce moment de la méditation et qui prend la forme de ce désir violent est souvent si importante et si intensément personnelle qu'ils ne peuvent abandonner le souhait que la méditation même les guérisse comme par magie. Il est bien préférable pour eux à ce stade de rechercher l'aide d'un thérapeute que de languir dans les bas-fonds de leur imagination en essayant secrètement de faire une percée dans la douleur par le biais d'une pratique de la méditation, alors qu'en réalité ils se bornent à demeurer avec leur désir.

Indirectement, le Bouddha évoque cette propension dans ses enseignements sur la Voie du Milieu, où il déconseille de chercher le bonheur en se mortifiant. Des pratiques d'ascète comme celles-là, prévient-il, donnent un résultat contraire à ce qu'on attend. Beaucoup d'étudiants occidentaux de la méditation s'enferment à leurs débuts dans une attitude qui est l'équivalent contemporain de celle contre laquelle le Bouddha nous met en garde. Ils se privent volontairement des soins du thérapeute, qui leur seraient pourtant bien utiles et, au lieu de cela, ont le sentiment qu'ils peuvent « y arriver tout seuls » grâce à leurs méditations. Évitant la psychothérapie, ils se retrouvent néanmoins coincés en utilisant subrepticement la méditation à des fins psychothérapeutiques. Comme le disait le Bouddha des gens qui pratiquaient l'ascèse en son temps, ils ressemblent à des aveugles guidant d'autres aveugles.

Dans le cas de Jean, la méditation l'avertit de la nécessité pour elle de se soumettre à une psychothérapie. Elle fit ce qu'il fallait, découvrit comment elle tenait à distance ses sentiments d'affection et ne s'enlisa pas en cherchant à se colleter avec son sentiment d'indignité dans le secret de la méditation. Beaucoup ne passent pas par là comme elle sans dommage. Ils s'éprennent du soi observateur que consolide la méditation à ses débuts et utilisent ce pouvoir de s'observer soi-même comme moyen de se dérober à leur responsabilité personnelle. Ils observent leur douleur, c'est vrai, mais non la part qu'ils ont prise à la constituer.

La mise en évidence de la métaphore spatiale

Lorsque nous nous engageons dans la pratique de la méditation, les prémisses fondamentales concernant la nature de notre soi comportent presque toujours une métaphore d'ordre spatial. Cela est également vrai au début de la plupart des psychothérapies. Nous avons tous tendance à penser au soi comme le faisait Freud, en termes d'espace, comme à une entité avec des limites, des épaisseurs, un noyau, quelque chose qui ressemblerait beaucoup à un oignon, ou encore à une construction à plusieurs étages, ou encore à un site archéologique. « L'esprit est un lieu où se passent les choses, dit de cette conception le psychanalyste Stephen A. Mitchell. Le soi est quelque chose en ce lieu, qui se compose d'éléments, ou de structures, qui le constituent [4]. » L'un des effets à attendre de cette façon de percevoir les choses est le renforcement d'une tendance à rechercher un « noyau », ou un vrai soi, au « centre » de notre être. Un autre se décèle dans l'aspiration à « former un tout », qui est si répandue parmi les débutants, que ce soit en psychothérapie ou en méditation. C'est uniquement lorsque le soi est conçu en termes d'espace que cette aspiration semble avoir autant de force.

Au commencement de la pratique de la méditation, les métaphores spatiales prédominent. L'ego fait l'objet d'un « clivage » avec le soi observateur prenant conscience d' « objets » dans l'esprit et dans le corps. L'esprit est fréquemment perçu comme un vaste espace, en deçà duquel s'épanouissent les différents éléments du soi, comme une grotte où il faudrait pénétrer, ou une plante dont il faut remonter jusqu'aux racines. Les méditants novices ont souvent à faire face à une impression d'inauthenticité ou de vide, jointe à un grand désir de complétude, ou d'entièreté. D'ordinaire, c'est le signe, en termes de psycho-dynamique, qu'il existe un aspect d'eux-mêmes qui se trouve séparé, ou désavoué, et qui a besoin d'être intégré avec l'aide du thérapeute. Ici encore la métaphore primaire qui est à l'œuvre demeure d'une nature spatiale qui implique que d'une certaine façon on croit que le soi est une « chose », qu'il est possible d'en trouver le noyau, la racine, le centre, ou encore de découvrir sa « véritable » identité. La méditation fait de cette métaphore spatiale son point de départ, puis elle se met à jouer avec, en la taquinant doucement pour commencer, comme fait le chat avec son peloton de laine, mais en la faisant éclater à la fin avec toute la force de concentration de ce que le psychologue et écrivain Daniel Goleman appelle « l'esprit méditant [5] ». En réalité, le caractère distinctif de la méditation bouddhique est qu'elle cherche à éradiquer, une fois pour toutes, l'idée que le soi est une entité. De diverses façons, toutes capitales, les trois principales stratégies de cette méditation (concentration, vigilance, clairvoyance) concourent au même but.

*La juste concentration
et l'analyse de la métaphore spatiale*

Dans son Sentier Octuple, le Bouddha parle plus particulièrement de cultiver deux sortes d'attention : la concentration et la vigilance. Elles ne sont pas identiques. Traditionnellement, on commence par enseigner la première. À maintes reprises, on reporte son attention sur un objet au centre de la prise de conscience (mot, son, sensation, image visuelle, ou idée) : cela donne naissance à des sentiments de sérénité, tant dans l'esprit que dans le corps. Dans l'esprit, le bavardage décousu se calme, et apparaissent peu à peu des impressions de jouissance. Pourtant, dans les psychologies bouddhistes traditionnelles, ces expériences de plaisir sont considérées essentiellement comme des effets secondaires des pratiques de concentration. On ne cesse de mettre en garde contre elles à cause de leur pouvoir de séduction. Malgré tout, on continue à encourager l'étude de la concentration et à s'y consacrer. Comment cela se fait-il ?

La réponse est dans l'efficacité des pratiques de concentration pour modifier les métaphores spatiales du sentiment du soi. Rien ne caractérise mieux les états avancés de concentration sur un point que la disparition des frontières du moi et les impressions de fusion, d'union, de ne faire qu'un avec l'univers, qui ont conduit Freud à appeler ces expériences *océaniques*. D'un point de vue psychodynamique, elles représentent certainement un type d'expérience *idéale*, mais ce n'est décidément pas le rôle que les théoriciens bouddhistes pensent pouvoir lui confier. Il s'agit plutôt pour ces pratiques de concentration de commencer à démanteler l'idée d'un soi qui serait une entité, idée qui nous est commune à tous.

L'expérience de mon maître en méditation, Jack Kornfield, moine vivant dans le célibat, fut, les premiers jours, entièrement définie par cette métaphore spatiale. Submergé par les fantasmes sexuels, Jack apprit à leur appliquer l'attention nue et découvrit que, non seulement il était plein de désirs, mais aussi que « montait en lui un flot profond de solitude » à chaque fois que surgissaient ces fantasmes. En insistant toujours plus du côté de cette solitude, il en vint à la percevoir comme un « trou au centre », fait d'aspirations, d'appétits et d'inadéquation qu'il avait toujours eu peur de connaître tout à fait. Demeurant avec ces sentiments au lieu d'essayer de les bannir de son esprit, il s'aperçut que ce trou médian se dilatait, puis se contractait, pour finir par déboucher sur un vaste pan de clarté, qui devint métaphore pour une identité qui n'était bornée ni par la honte ni par l'insécurité [6].

La métaphore spatiale sert de fil conducteur dans le récit de Jack. Il nous dit qu'il fut d'abord troublé par des pensées obsessionnelles qu'il aurait voulu désavouer, puis s'aperçut qu'elles étaient liées à un « flot profond » de solitude. C'était l'aspect pris chez lui par l'inauthenticité, ou l'aspiration, qui caractérise fréquemment les premières expériences du méditant et renforce les préventions sur le soi, en tant que *chose* dont il importe de restaurer l'intégrité. En regardant de plus près au « milieu », Jack réussit à décortiquer les « enveloppes » successives pour mettre à nu le « trou au milieu ». Il permit alors à ce trou de se dilater pour devenir un « espace libre » qui le délivra de son attachement à une vision « restreinte » de lui-même.

Ce récit n'a rien d'exceptionnel. Au contraire, il donne une idée tout à fait exacte de ce que peuvent apporter les pratiques de concentration. Elles font de la vision spatiale du soi quelque chose de vide, de faux, d'incomplet ou de clos pour l'étendre jusqu'à l'infini, permettant ainsi au méditant de demeurer en repos dans un espace clair, et dégagé. Lorsque l'habitude de la concentration atteint un certain stade, le corps disparaît totalement : il n'y a plus de sensations d'ordre corporel, uniquement de fines sensations de joie, de félicité et d'espace libre. Lorsqu'on va plus loin encore, même ces subtiles impressions de joie et de félicité s'effacent à leur tour pour ne laisser que des sensations d'espace. Pourtant, cela n'est nullement le terme que se fixe la méditation bouddhique. Pareille pratique assurément ébranle les conceptions spatiales du soi, et les zones de peur, comme celle où se situait le sentiment d'indignité de Jack, qui sont de nature à fortifier une métaphore spatiale du soi, peuvent perdre de leur rigidité et se dilater. Néanmoins, il subsiste un sentiment astreignant du soi sous la forme d'un vaste espace, lié peut-être à l'idée d'un esprit universel, ou sous-jacent, qui serait omniprésent. En fin de compte, on garde la métaphore spatiale, et le méditant est à la merci de ce sentiment de supériorité contre lequel le Bouddha nous met en garde dans la deuxième de ses Nobles Vérités. La tâche du méditant qui veut parfaire la Juste Concentration est de bien voir les limites qu'a cette vision plus large du soi, de reconnaître l'attrait de se dissimuler dans l'ineffable, ou dans un grand espace libre, et ainsi de se détourner de la souffrance qu'entraîne inévitablement un attachement à de pareils états.

Du point de vue de la pratique bouddhiste, le bien-fondé du développement de la concentration vient de ce qu'il faut apaiser suffisamment l'esprit pour permettre une investigation de la nature du soi. Les états de ce soi que l'on découvre au hasard du chemin procurent des occasions d'examiner l'emprise que des expériences idéalisées comme celle-là peuvent avoir sur nous. Pourtant, tout comme la personne qui aspire à une activité sexuelle pour découvrir en fin de compte qu'elle ne peut lui apporter de bonheur durable, le méditant qui a rêvé d'entièreté découvre que même son acquisition n'est pas synonyme de libération.

La juste vigilance
et l'analyse de la métaphore temporelle

L'un des caractères distinctifs des enseignements du Bouddha est l'accent qu'il met à de nombreuses reprises sur l'importance de la vigilance. Familier comme il l'était des techniques de concentration et de focalisation sur un point, ainsi que des expériences de plaisir provenant de leur utilisation, le Bouddha ne laisse aucun doute sur le fait que ces pratiques ne suffisent pas à l'obtention des résultats qu'il recherche. Il enseigne qu'il ne faut pas s'évader dans la totale absorption de l'esprit au repos mais au contraire fixer son attention sur ce qu'il appelle les « Quatre Fondements de la Vigilance », c'est-à-dire le corps, les sentiments, l'esprit, les pensées et émotions, qu'il désigne sous le nom d' « objets mentaux » ou de « facteurs mentaux ». Comme l'attention nue, la vigilance implique la nécessité de prendre conscience exactement de ce qui se passe dans l'esprit et le corps *à l'instant où* cela survient : ce qu'elle montre est le caractère extrêmement fluctuant de l'état dans lequel nous sommes en toute occasion.

Le temps

Grâce aux différentes pratiques de la vigilance, on passe d'une expérience du soi fondée sur l'espace à une autre fondée sur le temps. Parvenu à un certain degré de stabilité intérieure par la concentration, le méditant peut désormais focaliser son attention sur le caractère « instant par instant » de l'esprit et du soi. La vigilance suppose une prise de conscience de la continuité avec laquelle pensées, sentiments, images, sensations défilent dans le corps et dans l'esprit. Au lieu de concourir à une idée d'un soi qui serait entité, ou endroit contenu dans des limites, les pratiques de la vigilance tendent à dégager une autre dimension de l'expérience du soi, qui a trait à la façon dont des structures se rassemblent dans une organisation provisoire et sans cesse en évolution.

Cette progression d'une métaphore spatiale du soi vers une autre temporelle est représentée dans la littérature bouddhiste comme inéluctable. Une fois que la vigilance a atteint un certain développement, on ne peut plus penser au soi de la même façon qu'avant, avec un fondement dans l'espace. La vigilance est tenue pour l'élément crucial, le catalyseur qui amène un changement profond dans la manière dont le soi est perçu. Comme le dit l'un des principaux disciples du Bouddha, Anuruddha, dans un discours adressé à une assemblée de moines du vivant du maître :

— Ce fleuve que voici, mes frères, le Gange, coule vers l'est, incline vers l'est, se dirige vers l'est. Maintenant, supposons qu'un groupe de personnes approche ; ils sont nombreux, portent des pelles et des paniers, et disent : « Ce fleuve, le Gange, nous allons le faire couler vers l'ouest, l'incliner vers l'ouest, le diriger vers l'ouest. » Qu'en pensez-vous, mes frères ? Est-ce que toutes ces personnes sont véritablement en mesure de faire couler le Gange vers l'ouest, de l'incliner vers l'ouest, de le diriger vers l'ouest ?
— En vérité, non, mon frère.
— Et pourquoi, non ?
— Le Gange, assurément, mon frère, coule vers l'est, incline vers l'est, se dirige vers l'est. Impossible de le faire couler vers l'ouest, quelles que soient la fatigue que tous ces gens endurent et la peine qu'ils se donnent.
— De la même façon, mes frères, si un moine qui a cultivé et souvent pratiqué les Quatre Fondements de la Vigilance est entouré de rois et de ministres, d'amis, de connaissances et de parents, si lui offrant des trésors, ils l'adjurent : « Que cherchez-vous donc avec ces robes jaunes ? Pourquoi vous montrer partout le crâne rasé ? Allons, retournez à la vie mondaine où vous pourrez profiter de vos richesses et faire de bonnes actions. » Mais qu'un moine, mes frères, qui a cultivé et souvent pratiqué les Quatre Fondements de la Vigilance abandonne sa préparation et retourne à un état inférieur, cela ne se peut. Et pourquoi donc ? Parce qu'il n'est pas possible qu'un esprit qui pendant longtemps s'est tourné vers le détachement, a pris le chemin du détachement, retourne à un état inférieur [7].

Lorsque l'on passe d'un sentiment du soi fondé sur l'espace à un autre fondé sur le temps, il devient impossible de ne pas se rendre compte à quel point nous sommes tous éloignés de ce que Mitchell a appelé « l'écoulement rapide [8] » de notre expérience quotidienne. Dans l'état de prévigilance, notre esprit la plupart du temps fonctionne indépendamment de notre corps, sur un plan différent, pour ainsi dire, de celui des actions que notre corps exécute. Ainsi, lorsque je lis à mes enfants une histoire avant qu'ils s'endorment, je peux simultanément arranger dans ma tête les détails du plan de mon prochain ouvrage. Si l'un d'eux m'interrompt pour me poser une question, je constate que je n'ai aucune idée de ce que je suis en train de lire. Au lieu d'être attentif, vigilant, je lis sans faire attention. J'aimerais mieux pouvoir penser qu'il en a été autrement, mais mes enfants m'auront vu comme manquant de vie. De même, quand nous faisons les courses, la vaisselle, quand nous nous lavons les dents, et même quand nous faisons l'amour, souvent un clivage s'opère, un divorce d'avec ce que nous ressentons physiquement, au plein sens du mot nous ne sommes pas présents. Notre corps et notre esprit ne fonctionnent pas dans l'unité.

Le corps

En mettant l'accent comme il le fait sur les pratiques de vigilance, le Bouddha souligne l'importance qui s'attache à porter remède aux clivages que favorise la métaphore du soi à fondement spatial. Lorsque nous pensons à notre corps comme à une « chose », distincte de nous-mêmes, et à notre esprit comme à un « lieu », dédié à la pensée, nous renforçons notre sentiment particulier d'aliénation ou d'éloignement. Pour cette raison, la pratique de

181

la vigilance commence par une prise de conscience du souffle et du corps : la perception de la dimension du soi à fondement temporel naît de la capacité à porter attention à des expériences dont la source est le corps, *à mesure qu'elles surviennent.* Cela veut dire tout simplement qu'on retrouve l'usage de ses sens.

La psychanalyste britannique Marion Milner, célèbre pour ses études sur les beaux-arts et la culture, fait un récit particulièrement frappant de sa propre découverte du pouvoir de la vigilance dans son livre *The Suppressed Madness of Sane Men* (« La Folie cachée des sains d'esprit »). Alors qu'elle était assise dans le jardin des logements étudiants d'une école des beaux-arts en 1950 et qu'elle se creusait la tête pour trouver un sujet de tableau, elle se mit à fixer son attention sur sa respiration pour obvier au sentiment de frustration que sa situation lui causait. Tout à coup, elle s'aperçut que sa perception du monde ambiant se transformait du tout au tout et donnait lieu à quelque chose de « parfait pour la peinture ». « Il me parut étrange, explique-t-elle, que le seul fait de porter son attention sur l'intérieur de son corps, non sur la conscience de son gros orteil mais sur les sensations produites au-dedans par la respiration, pût avoir un effet aussi considérable sur l'aspect et la signification du monde, mais je n'avais pas encore songé à ces choses-là sous l'angle du mysticisme [9]. » Pourtant, Marion Milner devait par la suite comprendre que ce simple exercice d'attention à la respiration lui avait permis de se débarrasser des modes habituels de perception qui définissent si bien la conception conventionnelle du soi.

Marion Milner, après cet incident dans le jardin, en vint à se préoccuper des expériences corporelles et de leur incidence sur la créativité, et elle commença à montrer le rapport existant entre une expérience fondée sur le corps, de vitalité, ou de vie, et une conception du soi conditionnée par le temps, et non par l'espace. Comme le confirme la perspective bouddhique, s'ouvrir au caractère passager de l'expérience nous donne paradoxalement l'impression d'être plus réel.

Le souffle

La prise de conscience de la respiration et des sensations corporelles est sans doute le procédé bouddhiste le plus fondamental en matière de méditation. Avant que la vigilance puisse être appliquée avec succès aux sentiments, aux pensées, aux émotions ou à l'esprit, elle doit prendre solidement assise sur cette prise de conscience du souffle et du corps. D'un point de vue psycho-dynamique, ce n'est certainement pas un hasard, car la prise de conscience de la respiration offre une chance inégalable d'intégrer le temps à l'expérience du soi. Cette expérience s'appuie d'ordinaire en psycho-dynamique sur la faim, et non sur le souffle. En ce cas, le corps est perçu comme une entité étrangère qu'il faut continuellement satisfaire, un peu à la façon dont une mère anxieuse pourrait appréhender le bébé qu'elle vient de mettre au monde. Lorsque la prise de conscience passe de l'appétit au souffle, la peur de ne pas être à la hauteur diminue automatiquement. De même que la mère qui allaite son enfant apprend à ne plus craindre que son corps ne réagisse pas suffisamment aux besoins du bébé en lait, de même le méditant qui passe à une expérience du soi fondée sur le souffle apprend à ne plus offrir de résistance au flux et au reflux de sa respiration. Cela demande qu'on s'installe, ou se détende bien à l'aise en son corps. Comme l'a noté le psychanalyste Michael Eigen :

> *Le sentiment du soi qui se fonde sur une perception normale de la respiration n'est le résultat d'aucune pression et ne s'affole pas facilement. Pour le sentiment du soi qui est structuré par l'appétit, le temps est un irritant. Le soi, au contraire, que structure la prise de conscience de la respiration, peut sans se hâter passer d'un moment à l'autre, comme le fait d'ordinaire la respiration. Il ne court pas derrière le temps, ne le précède pas non plus. Il semble aller seulement au même rythme* [10].

Dans la méditation bouddhique, cette progression de l'espace vers le temps et de l'appétit vers le souffle est un acquis. Non content de véritablement démontrer à quel point nous sommes coupés de nos expériences corporelles, le Bouddha nous enseigne la pratique intensive de la vigilance comme moyen d'éliminer pour de bon les clivages perçus entre l'esprit et le corps, entre le sujet et l'objet, entre la prise de conscience et ce sur quoi elle s'exerce. On s'occupe d'apaiser l'esprit, de faire progresser l'ego observateur, d'aller vers un certain sentiment de plénitude, ou d'espace libre, puis on s'attache à voir combien il est difficile, sans que cela soit impossible, de s'abandonner au flux de l'expérience. Réussissant peu à peu à élargir les fondements de la vigilance pour y inclure les sentiments, les pensées, l'esprit, l'adepte malgré ses succès ne cesse de se heurter à ses désirs particuliers d'arrêter en quelque sorte le courant perpétuel, de transformer l'expérience de la fluidité et du changement qui s'appuie sur le souffle en une autre faite de jouissance et de satisfaction, fondée sur l'appétit.

Pourtant, le disciple du Bouddha l'a bien montré, il est impossible de changer la direction du fleuve. Une fois que la vigilance a été mise en place, on ne peut plus se dérober au flot puissant et irrésistible sous-jacent à notre expérience. Il vient un moment dans la recherche assidue d'une vigilance plus satisfaisante où elle procède sans effort et sans entrave. L'expérience se déroule sans interruption ; on continue à prendre conscience, mais non de soi-même. Lorsque cette fluidité gagne le devant de cette conscience, le soi fondé sur l'appétit, le soi des frustrations et des satisfactions, recule. Le soi tendu qui s'est élaboré pour faire face à la curiosité ou à la négligence des parents se détend, et apparaît un autre soi, plus simple, qui s'appuie sur le souffle, et qui est capable de s'abandonner à l'instant présent.

L'abandon

C'est à travers les pratiques de vigilance que le bouddhisme apparaît le plus clairement comme complémentaire de la psychothérapie. Le passage d'un soi conçu en termes d'espace et fondé sur l'appétit, se préoccupant de ce qui fait défaut, à un autre soi conçu en termes de temps et fondé sur le souffle, capable de spontanéité et de vie, est, évidemment, une chose à laquelle la psychothérapie a elle aussi songé. C'est l'un des changements paradigmatiques les plus significatifs à s'être implanté dans la théorie psychanalytique ces dernières années, et il faut y voir l'une des raisons qui donnent à présent tant d'intérêt au message du Bouddha dans le milieu des psychothérapeutes. Avec l'abandon des anciens modèles, les paroles du maître deviennent plus faciles à comprendre. En fait, les psychologues contemporains peuvent commencer à paraître dangereusement bouddhistes quand ils comparent la nature du soi à celle d'un fleuve, ou d'un courant.

La pratique de la vigilance propose une voie grande ouverte pour accéder à la reconnaissance de la nature temporelle du soi. C'est là une ressource d'importance qui n'a pas échappé au Bouddha et dont il a recommandé l'usage, et pourtant la plupart des psychothérapies d'aujourd'hui n'y ont pas particulièrement recours. Il n'empêche que c'est le moyen le plus spécifique pour inciter à la prise de conscience du soi, dont Marion Milner, Eigen et Mitchell parlent tous comme de quelque chose d'essentiel. Lorsque psychothérapie et méditation commenceront à unir leurs forces, c'est précisément cette fonction de la vigilance qui se révélera capitale parce que, grâce à la vigilance, on peut s'abandonner toujours à son expérience immédiate, alors que nous sommes tous devenus experts dans l'art de nous en tenir à distance.

Permettez-moi de vous proposer quelque chose comme un exemple personnel. À la naissance de notre premier enfant, je fus très fier d'être en mesure de pouvoir m'occuper d'elle. Là, comme dans la plupart des domaines, il était essentiel pour moi de savoir faire preuve d'efficacité. Mon éducation avait cherché à faire de moi un homme capable et responsable, et j'avais fini par prendre plaisir à donner aux tâches difficiles un air de facilité. Parvenir à bien prendre soin de mon enfant me stimulait certes d'une autre manière, mais ce n'était pas sans rapport avec ma façon d'aborder les difficultés. Ma fille avait deux mois quand nous partîmes pour la campagne rendre visite à un petit monastère bouddhiste, où des amis se réunissaient pour méditer le matin et se promener dans les bois l'après-midi. Au sortir de ma matinée de méditation, alors que je retournais auprès de ma fille, je me trouvai passagèrement libéré de ma compulsion de prouver mon efficacité, exempt des habitudes qui étaient miennes depuis toujours de faire mon devoir et de respecter mes obligations. Il fallait, cependant, lui changer ses couches, et ma femme et moi, nous la portâmes dans la salle de bains pour ce faire. Quand nous eûmes fini de lui prodiguer nos soins, elle leva les yeux vers nous et nous sourit, avec un regard où il y avait tant d'amour qu'aussitôt les larmes me vinrent aux yeux. C'était la première fois que je la voyais en retour m'exprimer ainsi son affection. J'aurais pu longtemps encore continuer à faire preuve d'efficacité, j'en suis persuadé, sans jamais prêter attention à un regard comme celui-là mais, en raison de la faculté momentanée qui m'était donnée d'être plus directement en contact avec ma propre expérience sensorielle, je fus en mesure de donner l'accueil qui convenait aux ouvertures de ma fille.

La possibilité qui me fut offerte en cet instant d'abandonner mon attachement à ma propre efficacité fournit un bon exemple de ce que la pratique de la vigilance peut réussir de mieux. C'est cette fonction d'abandon de l'ego qui est plus particulièrement développée dans des états correspondant à un stade avancé de la vigilance. Comme l'enseigne le Bouddha dans la deuxième de ses Nobles Vérités, la cause de la souffrance est la soif. Avec les progrès effectués en matière de vigilance, le méditant devient constamment en mesure de se rendre compte de l'importance de la menace que sa propre avidité, sous la forme de désir ou d'aversion, fait courir à la régularité du flux de son courant de conscience. Ainsi, lorsque je suis en train de savourer une bouchée d'une nourriture particulièrement succulente, je vois bien que je désire, tandis que la saveur s'estompe, mettre en ma bouche une nouvelle portion, avant que j'aie fini de mâcher et de déglutir. Je ne veux pas connaître la disparition de cette saveur, le contact de cette pulpe cotonneuse et fade succédant à cet éclatement spectaculaire sur mes papilles gustatives. Il en va de même dans la pratique de la méditation : l'oscillation entre moments agréables et désagréables ne fait que s'accentuer à mesure que la vigilance progresse. Le soi conçu en termes d'espace et qui se fonde sur la faim continuellement se heurte à son petit cousin conçu en termes de temps et fondé sur le souffle. Le conseil que donnent les maîtres bouddhistes pendant une pratique intensive est de toujours abandonner la volonté individuelle au courant permanent, de « lâcher prise » ou, pour se servir des mêmes mots que l'instructeur en bouddhisme Joseph Goldstein, « de ne pas se cramponner [11] ». Le méditant, en s'ouvrant de plus en plus à l'expérience directe, ne cesse de renoncer à son attachement.

C'est là un moment particulièrement positif dans la méditation, car chez la plupart d'entre nous il existe une aspiration profonde à cette sorte de renoncement aux contraintes de la personnalité [12]. Dans la pratique de la vigilance, cet abandon du faux soi est une constante possibilité. Lorsque je fus laissé libre de mon besoin de m'occuper efficacement de ma petite fille et pus saisir l'amour qui était dans son regard, j'avais, l'espace d'un instant, abandonné ce que D.W. Winnicott aurait sûrement appelé mon faux soi. Quand je m'autorise à goûter les restes sans saveur d'une bouchée de nourriture, d'une autre manière j'abandonne aussi un besoin, celui d'un plaisir continu, et je m'ouvre à une juste prise en compte de ma situation réelle, loin d'un fantasme quelconque d'une jouissance qui n'aurait pas de fin et que je serais obligé de rechercher jusqu'à m'en rendre malade.

À mesure que le soi fondé sur l'appétit perd de

sa vigueur, le sentiment que nous avons d'une vie, ou d'une vitalité, au-dedans de nous-mêmes semble s'accroître. Bien qu'on s'éloigne de la soif, l'état qui en résulte n'est pas sans charme. On peut y voir une analogie avec, dans l'Antiquité, le mythe de Psyché, tel que nous le raconte la psychanalyste Jessica Benjamin [13]. Psyché, bien qu'universellement admirée pour sa beauté, a l'impression d'être morte. Portée par le vent et déposée sur un lit de fleurs, elle va « s'éveiller dans un état de bienfaisante solitude », où elle n'aura plus à idéaliser ni à objectiver, si bien qu'elle pourra finalement attendre la venue de son amant, Éros. Le méditant qui pratique la vigilance lui aussi doit abandonner sa « psyché » aux vents qui le portent, renonçant du même coup aux identifications qu'entraîne le fait d'idéaliser ou d'objectiver, au faux soi du narcissisme qui l'a amené à se sentir inauthentique, ou vide. Ce n'est que dans l'état final de solitude que se dégage la vie, ou la vitalité, la force d'Éros. Cette force vitale, personnifiée dans le mythe par le dieu de l'amour, représente ce que Jessica Benjamin appelle une « subjectivité » qui va s'approfondissant. La psychothérapie, la recherche et la méditation la libèrent. Une autre façon, en fait, d'interpréter la pratique de la vigilance à l'aide du vocabulaire de la psychanalyse d'aujourd'hui est d'en faire un moyen de « guérir une subjectivité troublée [14] » : elle procure une méthode pour vivre avec son expérience qui est simple, directe, d'un profit immédiat, exempte des déformations que causent habituellement l'attachement et l'aversion et qui faussent inévitablement les perceptions.

Effectivement, dans les récits qui sont traditionnellement faits par les bouddhistes du progrès de la méditation, la pratique de la vigilance culmine dans une expérience d'Éros qu'on a appelée pseudo-nirvana en raison de son charme. État de charge où se manifestent à la fois une conscience plus aiguë, un bonheur sublime, une énergie acquise sans effort, la vision d'une lumière vive ou d'une forme lumineuse, des sentiments d'extase et de dévotion, ainsi qu'une sérénité et une paix intérieure profondes, cet état est la conséquence naturelle d'un recours répété à la prise de conscience vigilante. On lui donne le nom de pseudo-nirvana parce que le méditant se persuade aussitôt que *c'est bien* l'état de l'illumination. Mais, évidemment, les choses ne sont pas aussi simples. L'approfondissement de la subjectivité, la faculté d'établir une relation réelle et vraie, l'éveil, ou revitalisation, de la force vitale, et le passage dans la manière de percevoir le soi d'une métaphore spatiale à une métaphore temporelle ne sont que des étapes en vue de l'obtention d'une compréhension intuitive et réelle du vide, au sens que le bouddhisme donne à ce mot. Le sentiment qui abonde et la conscience subjective libre de conflits, que fait apparaître un recours constant à la vigilance, sont des résultats très désirables du point de vue thérapeutique, mais eux aussi sont susceptibles de créer un attachement narcissique.

Les expériences les plus hautes de la méditation sont toutes foncièrement des moyens de duper le soi pour l'obliger à révéler un nombre croissant d'identifications fondamentales, des procédés pour faire naître des états de plus en plus délectables, qui donnent envie de s'écrier : « Ah oui ! cette fois, c'est bien moi ! » Dans des états correspondant à un stade évolué de la concentration, le corps disparaît. Même une émotion aussi fruste et perturbatrice que la joie peut cesser. Mais demeure encore un sentiment de fierté, ou d'avoir réussi quelque chose. Dans la pratique de la vigilance, le soi est perçu comme un courant, un processus, une configuration au mouvement rapide et aux formes multiples, qui change à mesure. La sérénité d'un esprit libre de pensées, un abandon à l'instant présent qui ne se dément pas, l'impression que se relâchent les contraintes du faux soi, tout cela donne l'illusion de se libérer de l'attachement névrotique. Pourtant, ces expériences, elles aussi, peuvent fournir une assise à l'orgueil et à l'attachement. Les trois objets du désir dont parle le Bouddha dans la deuxième de ses Nobles Vérités (plaisirs sensuels, existence et non-existence) se reproduisent tous clairement dans le progrès de la méditation, si clairement que l'envie de les posséder est possible à identifier. C'est dans cette envie que le Bouddha a vu la source de la souffrance que l'on peut éliminer radicalement. La méditation est conçue pour rendre cette envie familière sous toutes ses formes.

La clairvoyance et l'analyse de la métaphore du soi

En dépit (ou peut-être à cause) de toute sa complexité, le « soi » demeure un problème épineux pour la psychologie psychanalytique de l'Occident. Mais ce problème est abordé de front par les bouddhistes dans la méditation critique analytique, ou méditation clairvoyante (*vipassana*), au cours de laquelle les techniques se différencient à la fois des exercices de concentration et des exercices de vigilance. Se définissant clairement par le type des questions posées (comme « Qui suis-je ? », « Quelle est la vraie nature du soi ? », « À quoi ressemblait ton visage avant ta naissance ? »), cette forme de méditation demande qu'on cultive préalablement tant la concentration que la vigilance, afin d'établir une base, ou structure, permettant un examen du soi fructueux. Des générations de théoriciens de la psychanalyse se sont penchés sur ces questions de la nature du soi, qui expliquent fréquemment pourquoi on s'engage dans une psychothérapie aussi bien que dans la méditation. Cependant, la psychothérapie a eu de la peine à fournir une réponse satisfaisante aux interrogations sur le soi. Beaucoup trop souvent, les psychanalystes en formulant leurs théories ont souffert des mêmes habitudes de pensée sommaire que les gens qui entreprennent de pratiquer la méditation. Comme le dit le spécialiste de psychiatrie relationnelle Harry Stack Sullivan, la croyance en une individualité différente des autres et propre à chacun, répandue parmi les psychothérapeutes et leurs patients, est « à la source même des illusions [15] ».

La « clairvoyance » bouddhique se propose de dissiper cette confusion. Bien que cette clairvoyance ne soit pas identique à l'*insight* des psychanalystes, on ne peut dire qu'ils n'y aient pas songé. Jacques Lacan a souligné la façon dont le petit enfant dans son développement « assume une image » de lui-même qu'il voit dans le miroir, permettant à cette image de venir symboliser « la permanence mentale du je [16] ». Cette image s'impose comme un idéal qui est inévitablement comparé à l'expérience réelle, mais c'est une image illusoire inconsciemment prise pour quelque chose de réel. Nous étant vus dans la glace, nous pensons que c'est là ce qu'il nous faut être.

D'autres thérapeutes ont cherché à éliminer les réifications qui se sont glissées dans la théorie psychanalytique, aidant ainsi à prendre en considération la tentative bouddhique d'une analyse de l'idée de soi exempte de pareilles habitudes de pensée [17]. Pourtant, ce qui a fait défaut même à ces théoriciens reste la méthode, la « discipline mentale » du Sentier Octuple du Bouddha, susceptible de procurer une expérience *personnelle* de la question, et non pas seulement une manière théorique de l'aborder.

Dans une perspective bouddhique, toutes les transformations psychologiques décrites jusqu'ici dans ce chapitre ne constituent qu'un préliminaire. La méditation analytique n'est pas possible sans ces acquisitions, mais on ne doit certainement pas la confondre avec elles. Comme l'enseigne le grand philosophe tibétain Tsong-khapa (1357-1419), ces résultats obtenus par la méditation *(samadhi)* ne suffisent pas à traiter avec succès le problème du soi. Il cite le *Prince des textes sur le samadhi* (attribué au Bouddha et daté de l'an 200 de notre ère) dans l'intention de le prouver :

> *Ces personnes mondaines qui cultivent le samadhi*
> *Et pourtant ne s'affranchissent pas de l'idée du soi*
> *Se troublent beaucoup quand leurs afflictions reviennent*
> *[...]*
> *Cependant, si elles discernent avec précision l'absence de*
> *[soi dans les choses,*
> *Et si elles méditent sur la justesse de ce discernement,*
> *Cela permet d'atteindre au nirvana ;*
> *Rien d'autre ne pourra servir à donner la paix* [18].

Lorsqu'on se livre à une analyse du soi sur le sentier de la clairvoyance, les expériences de ravissement font toujours place à des expériences de terreur. Quand les pouvoirs de la concentration et de la vigilance s'exercent sur l'expérience vécue du « je », quelque chose d'étrange commence à se produire : ce qui auparavant paraissait très stable soudain devient très instable. À ce stade de la pratique, les sentiments les plus fondamentaux que l'on a sur le soi deviennent ce sur quoi on se focalise en premier et, plus on les examine de près, plus ils commencent à vous paraître absurdes. Ces sentiments sur le soi se révèlent brusquement n'être rien d'autre que des images : le reflet qui dans la psyché avait acquis une existence indépendante est perçu pour ce qu'il n'a cessé d'être, une métaphore, ou un mirage. C'est un point délicat, aussi délicat que l'idée précédemment rencontrée selon laquelle la libération de la Roue de la Vie ne signifie pas un voyage vers un autre séjour, mais seulement une nouvelle perception de ce qui a toujours été là. Dans la théorie bouddhique, on n'atteint pas à une forme supérieure du soi, uniquement à la mise en évidence d'une vérité qui a toujours existé mais n'a jamais été reconnue : le soi est une fiction.

S'il faut en croire la psychologie bouddhique, cette compréhension libère selon des modes particuliers et identifiables. Les émotions gênantes, telles que la colère, la peur et le désir égoïste, ont toutes leur fondement dans cette fausse perception du soi. Lorsque le caractère représentatif du soi est pleinement saisi, en conséquence, ces émotions perdent leur source d'inspiration. C'est l'objectif commun de toutes les formes que prend la méditation bouddhique : il faut mettre au jour l'assise des forces qui tournent au centre de la Roue de la Vie.

En ôtant aux gens leur désir d'avoir à être *quelque chose*, les pratiques de clairvoyance permettent effectivement aux méditants de fonctionner dans leur univers quotidien sans être gênés par le besoin de protéger un faux sentiment du « je ». Lorsque l'intimité du soi a été explorée de fond en comble, en utilisant ces outils que sont la concentration, la vigilance et la clairvoyance, ni l'annihilation (le néant), ni un individu isolé en permanence n'a pu être découvert. Au lieu de cela, les méditants ont l'impression libératrice de comprendre à quel point leurs perceptions ont pu être déformées.

C'est là le point culminant d'un long processus d'enquête sur le soi. Les pratiques de concentration élargissent et resserrent la vision spatiale du soi ; le méditant focalise son attention sur des sentiments d'incomplétude et en même temps s'ouvre sur un espace infini. Les pratiques de vigilance cultivent la faculté de s'abandonner à l'instant présent et donnent de la souplesse au sentiment du soi en faisant bien voir sa fluidité intrinsèque. Les pratiques de clairvoyance dissipent les dernières illusions sur la non-dépendance en réglant la mise au point sur un soi qui se disloque devant un examen serré et objectif.

Le soi, à ce qu'il apparaît, est métaphore pour un processus que nous ne comprenons pas, pour ce qui *connaît*. Les pratiques de clairvoyance révèlent qu'une telle métaphore est vaine, et même perturbatrice. Il suffit, montrent-elles, de s'ouvrir au processus permanent de la connaissance sans supposer qu'il y a quelqu'un derrière tout cela. Quand cette possibilité se fait jour, toute la question de l'attachement aux résultats de la méditation ou à un « développement » psychologique perd de son acuité. Comme le reclus et poète chinois du IXe siècle de notre ère Huang Po, adepte du zen, aimait à le faire observer :

> *Pourquoi tous ces mots sur atteindre et ne pas atteindre ? La question se pose dans les termes que voici : en pensant à quelque chose, on crée une entité ; en ne pensant à rien, on en crée une autre. Que ces pensées erronées disparaissent totalement, et alors il ne restera plus rien pour vous à chercher* [19] !

En arriver là demande, non l'élimination de l'ego, mais le développement de facultés mentales qui dépassent celles qu'on considère conventionnellement comme adaptées à un fonctionnement

« normal ». Le progrès de la méditation est un moyen de parvenir à pareil développement. Dans son article « Analyse terminée et analyse interminable », Freud se désolait de voir que la psychanalyse par ses seules ressources était incapable de donner naissance à un ego suffisamment souple et vigoureux pour atteindre aux buts thérapeutiques qu'il se proposait [20]. En travaillant directement avec l'expérience métaphorique du soi, la méditation offre une méthode complémentaire pour le développement de l'ego, méthode qui comble le fossé qui faisait le désespoir de Freud.

Troisième partie

THÉRAPIE

La psychanalyse à l'époque ne s'embarrassait pas d'autant de formalités. Je donnais sept dollars par mois à Mlle Freud, et nous nous rencontrions presque tous les jours. Mon analyse, qui m'apporta une prise de conscience du soi, m'amena à ne plus craindre d'être moi-même. Nous n'utilisions pas alors tous ces mots pseudo-scientifiques (mécanismes de défense, etc.) ; aussi le processus de la prise de conscience du soi, parfois pénible, touchait à son terme dans une atmosphère de libération.

Erik H. Erikson,
à propos d'Anna Freud.

*On ne s'égare pas en percevant, on s'égare en
[s'attachant ;
Mais lorsque l'attachement lui-même est connu
[comme esprit, il effectue sa propre libération.*

Padmasambhava,
La Libération naturelle par la vision nue.

Depuis de nombreuses années, j'ai acquis la certitude que la méditation et la psychothérapie ont des choses importantes à se proposer l'une à l'autre et que beaucoup de mes contemporains auraient besoin des services des deux. Au début, il me semblait raisonnable d'adopter une formule de progression linéaire : d'abord une thérapie, ensuite la méditation ; en premier lieu, une consolidation du soi, puis il s'évacuerait de lui-même ; l'ego, après quoi l'absence d'ego. Mais cette idée se révéla naïve et le résultat d'une fausse dichotomie. Les progrès accomplis dans un domaine paraissaient donner plus de chances de progresser dans l'autre ; le refus de jouer sur les deux tableaux semblait bloquer la progression dans les deux. Je commençai à me demander s'il n'était pas possible pour méditation et psychothérapie de travailler la main dans la main. Les deux systèmes n'avaient-ils pas en vérité des objectifs communs, s'ils se servaient de méthodes différentes pour y parvenir ?

La psychothérapie, apparemment, était prête à s'occuper d'une souffrance particulière vécue par les Occidentaux, c'est-à-dire les aspirations et douleurs de l'aliénation. Si on négligeait totalement ce qui avait été perçu de ce côté-là, trop de méditants occidentaux, à ce qu'il semblait, risquaient d'utiliser leur pratique de la méditation de manière défensive, d'essayer vainement de résoudre leurs problèmes émotionnels sans permettre à un thérapeute de venir les aider. La méditation, en revanche, offrait la promesse d'un *soulagement* effectif, avec l'horizon découvert par la troisième des Nobles Vérités du Bouddha. Il y avait trop d'exemples de gens qui pendant des années avaient tourné en rond en thérapie, braqués sur le contenu de leur histoire, mais n'arrivant jamais à rien. Celle du sage soufi et du fol Nasruddin me revenait sans cesse à l'esprit quand je considérais les tentatives faites pour trouver un soulagement dans la seule psychothérapie :

> *Un soir, des amis de Nasruddin tombèrent sur lui qui marchait à quatre pattes et cherchait quelque chose sous un lampadaire. Quand ils lui demandèrent ce qu'il cherchait, il leur dit qu'il avait perdu la clef de sa maison. Ils se mirent tous à genoux pour l'aider à trouver, mais sans succès. Finalement, l'un d'eux lui demanda où exactement il avait perdu la clef. Il répondit : « Dans la maison.*
> *— Alors pourquoi, lui demandèrent ses amis, cherches-tu sous le lampadaire ?*
> *— Parce qu'on y voit plus clair ici, répondit-il [1]. »*

Incontestablement, Freud a jeté sur la psychologie de l'inconscient une lumière extraordinaire, mais chercher le soulagement par les seules méthodes de la psychothérapie équivaut à imiter Nasruddin qui cherchait sa clef là où elle n'était pas. En s'efforçant de débarrasser l'esprit de sa névrose, on pourrait creuser indéfiniment. Même à supposer que ce soit possible, il faudrait encore admettre la vérité des courageuses paroles de D.W. Winnicott : « L'absence de maladie psychonévrotique est peut-être la santé, mais ce n'est pas la vie [2]. » Pour ce qui est de la méditation, elle a un autre but que la résolution des conflits ou le traitement des émotions : elle nous offre non seulement la clef qui va nous permettre d'entrer directement en contact avec la vie même, mais aussi une méthode pour développer les facultés mentales, de telle sorte que le genre de *perlaboration* envisagé par Freud va pouvoir effectivement se réaliser.

Dans l'exercice de mon travail de psychothérapeute, je me suis constamment référé à l'ouvrage classique de Freud sur la pratique de la psychothérapie, « Remémoration, répétition et perlaboration », car c'est dans cet article qu'il donne les éléments indispensables au succès d'une thérapie. Comment une pratique bouddhiste pourrait-elle changer quelque chose à ce processus ? me demandai-je. Dans chacun de ces trois domaines, que pourrait offrir la méditation de nature à empêcher la psychothérapie menaçant de ne jamais se terminer qui finit par hanter les pensées de Freud ? Après tout, les réflexions auxquelles il fut amené à la fin de sa vie dans « Analyse terminée et analyse interminable » [3] suffiraient à arrêter dans ses ambitions n'importe quel thérapeute. Comme le constate Freud, la situation analytique consiste à faire alliance avec l'ego de la personne en traitement, afin de maîtriser des aspects du ça qui échappent à tout contrôle. L'ego, si tant est que l'analyste puisse conclure un pareil pacte avec lui, doit être normal. Mais un ego normal, comme la normalité en général, est une vue de l'esprit.

C'est là que le bouddhisme a le plus à offrir à la psychothérapie, car il existe des techniques de développement mental liées à la pratique bouddhiste qui agissent directement sur ce que Freud appelle l' « ego anormal ». Avec la mise en usage de ces techniques l' « ego » connaît une métamorphose, et la thérapie devient moins intimidante.

Comme l'ont montré les premières générations d'Occidentaux à adopter les pratiques bouddhistes, la méditation, telle qu'elle a évolué et qu'elle est pratiquée en Orient, est mal adaptée à ce que réclame toute la confusion qui règne dans l'esprit occidental. Mais la psychothérapie, quelle que soit son école, ne cesse de buter contre ses propres limites : selon l'expression bien connue de Freud, même la meilleure des thérapies ne pourra jamais que nous rendre à un état de « détresse ordinaire [4] ». Que se passe-t-il quand les deux mondes viennent à se heurter ? Peut-on espérer une intégration quelconque ? Ce qui va suivre, c'est la diversité de ma propre expérience, de patient, de méditant, de thérapeute, sur la façon dont la psychologie bouddhique de l'esprit a influencé mon travail en psychothérapie, et dont la méditation peut avoir un effet sur ces processus essentiels que sont la remémoration, la répétition et la perlaboration.

Chapitre 8

LA REMÉMORATION

Le premier élément d'une thérapie réussie, enseignait Freud, est la remémoration d'aspects oubliés
de l'expérience de l'enfant. Les psychothérapeutes
ont expérimenté différentes techniques pour obtenir cette remémoration, comme la libre association
et l'interprétation des rêves. La méditation y ajoute
une autre méthode. Lorsque les Occidentaux
commencent à méditer, souvent ils se rappellent
une aspiration qui date du début de leur vie, mais
qui depuis n'a cessé inconsciemment de les moti-
ver. L'un des premiers objectifs visés par une intégration du bouddhisme et de la psychothérapie
consiste à aider les gens à faire bon usage de cette
découverte.

La remémoration du passé

Freud a décrit trois types de remémoration utili-
sables en psychothérapie, trois moyens de faire
sentir au patient qu'il existe dans son passé des
lacunes qu'il importe de combler.

La première méthode, qui correspond à une
conception cathartique de la thérapie, était la
conséquence directe de l'intérêt que Freud, dans
les premiers temps, éprouvait pour l'hypnose. On
obtenait du patient qu'il se rappelât immédiatement un événement traumatisant, l'état hyp-
notique aidant à faire apparaître ce qui jusque-là
avait été refoulé et vraisemblablement « oublié »,
maintenu vivant uniquement sous le déguisement

des symptômes. Cette conception supposait un accès direct possible au matériau refoulé, tel que le patient pût retrouver ce qui s'était véritablement passé de nature à provoquer pareil traumatisme. C'est ainsi que, lorsque j'étais en classe de première, une de mes camarades qui faisait du ski nautique avec son frère vit le hors-bord où elle se trouvait aller le heurter et le décapiter. Elle perdit la vue (aujourd'hui on appellerait cela une cécité d'hystérie), et ce ne fut pas avant d'avoir retrouvé le souvenir précis de l'accident qu'elle put voir à nouveau normalement.

Lorsqu'il existe des cas de traumatisme physique ou sexuel avérés, ce type de remémoration est possible mais, pour ceux d'entre nous dont le passé est vide de tout événement étiologique, il est inutile de se mettre à la recherche de souvenirs d'importance capitale comme celui-là. Freud abandonna cette méthode peu après avoir renoncé à se servir de l'hypnose ; néanmoins, elle demeure l'exemple de ce que l'on peut faire dans l'esprit de beaucoup de ceux qui entreprennent aujourd'hui encore une thérapie dans l'espoir de retrouver le souvenir perdu qui libérera leur émotion refoulée et les rendra à un état où ils auront la pleine mesure de leurs moyens.

Le procédé qu'utilisa ensuite Freud pour obtenir la remémoration consistait à suivre les libres associations du patient afin de découvrir ce dont il était incapable de se souvenir consciemment, uniquement à force de volonté. La technique de la libre association lui évitait une réflexion consciente et permettait au matériau de se présenter, comme dans l'état de rêve, sans les blocages habituels. Au lieu d'aller chercher directement dans son passé un souvenir traumatisant, le patient avec ce nouveau procédé devait surmonter son envie de critiquer les libres associations, de manière à pouvoir les suivre jusqu'à leur conclusion logique.

L'important ici était que, plutôt que de vouloir reprendre possession du souvenir refoulé dans un grand mouvement cathartique, on comblait les vides dans la mémoire en contournant les résistances. La libre association rendait ce changement possible, parce qu'on pouvait effectivement par la ruse amener les fonctions défensives de l'ego (celles qui s'efforcent de maintenir dans l'inconscient les souvenirs troublants) à relâcher leur emprise. Malgré les avantages de ce nouveau procédé, toutefois, Freud était toujours à la recherche du souvenir distinct dont le rappel d'une certaine manière permettrait aux choses de se remettre en place instantanément.

Dans le troisième état de sa méthode, Freud cessa de concentrer ses efforts sur la recherche du passé pour volontairement borner son regard au présent immédiat. En se focalisant exclusivement sur ce qui se passait réellement pendant la rencontre thérapeutique, il découvrit que les résistances mêmes qui faisaient écran à la compréhension du soi pouvaient apparaître, puis être décrites au patient. Au cours de l'opération, ce patient fréquemment retrouvait le souvenir nécessaire, comme s'il s'agissait presque d'un sous-produit de l'échange thérapeutique. L'analyste, dans les termes de Freud, « se limite à étudier tout ce qui affleure au moment présent à la surface de l'esprit du patient, et il utilise l'art de l'interprétation principalement dans le but de reconnaître les résistances qui s'y font jour et d'en faire prendre conscience au patient [1] ».

Il y a, bien sûr, des souvenirs qui n'ont pas la même force que ceux dont Freud tira beaucoup de ses premières théories, des souvenirs qui portent moins sur un événement terrible qui se serait produit que, pour reprendre les mots de D.W. Winnicott, sur « une absence d'événement quand il aurait pu s'en produire un avec profit [2] ». Ces incidents sont plus souvent enregistrés dans le soma, ou corps, que dans la mémoire verbale, et on ne peut réussir à les intégrer qu'en les percevant plus tard et en leur donnant un sens. Dans « Remémoration, répétition et perlaboration », Freud fait référence à « une catégorie particulière d'expériences » de ce genre, sans signification au moment où elles surviennent, mais qui « ensuite » seulement peuvent être comprises et interprétées [3]. C'est cette catégorie de souvenirs qui de plus en plus s'impose à l'attention des psychothérapeutes, alors que les problèmes posés par la dépréciation de soi, le vide et l'aliénation prennent la première place dans leur travail clinique.

La remémoration du présent

Le bouddhisme aussi considère la remémoration (celle du présent) comme essentielle à la stabilité psychique. Quelles que soient les difficultés qui s'opposent à la remise en mémoire du passé oublié, il est plus difficile encore de faire concorder notre conscience avec notre expérience vécue exprimée par le présent de l'indicatif. Trop souvent, constate le Bouddha, nous sommes déphasés par rapport à nous-mêmes ; nous nous perdons dans l'évocation du passé ou de l'avenir et ne réussissons pas tout simplement à *vivre* avec notre expérience immédiate. Changer cette tendance en ramenant fréquemment l'attention à cette expérience-là est ce qui amène le changement psychique le plus profond.

La technique de méditation qui finit par prendre pour les bouddhistes une importance prépondérante est celle de la vigilance, dans laquelle ce retour continuel de la conscience au moment présent s'impose comme une pratique en soi et qui va de soi. Effectivement, la définition que l'on donne ordinairement de la *vigilance* met l'accent sur la capacité à se souvenir qui est essentielle à une utilisation réussie :

> *Grâce à elle, ils se souviennent – ou elle-même se souvient – ou elle n'est en réalité que mémoire : c'est cela, la vigilance. Ce qui la caractérise est qu'elle ne vacille point. Sa fonction est de ne pas oublier. Elle se manifeste comme l'action de garder, ou comme l'état de se tenir face à un champ d'observation objectif. Ce qui la produit en dernier ressort est une perception intense, ou encore les Fondements de la Vigilance en rapport avec le corps, etc. Pourtant, il faut la considérer comme un pilier, parce que son assise est solide, ou comme un portier, parce qu'elle surveille la porte de l'œil, etc.* [4].

Par un curieux hasard, le type de remémoration auquel Freud aboutit après avoir cessé de se servir de l'hypnose et ôté sa confiance en la libre association, ce qu'il appelait « étudier tout ce qui affleure à la surface de l'esprit du patient [5] », correspond exactement à ce sur quoi le Bouddha met continuellement l'accent en accordant sa confiance à la vigilance. Cette remémoration, Freud y voit quelque chose de possible, uniquement pendant les séances de psychanalyse ; le Bouddha, lui, enseigne que sa portée peut être bien plus considérable, qu'on peut s'y livrer de manière continue et cohérente pendant toute la journée. Comme Freud finit par le comprendre, la poursuite de cette stratégie permet quelquefois d'engranger des souvenirs importants, qui peuvent se révéler précieux pour donner un sens à une histoire particulière. Les maîtres bouddhistes ont toujours eu tendance à refuser de s'attarder sur les souvenirs individuels et propres à une vie qui se font jour, préférant se fixer pour objectif un recours constant à la vigilance, une remémoration sans faille, dont le profit leur a paru plus grand que ce qu'on pouvait attendre d'une révélation unique sur le passé. Pourtant, toute personne qui pratique la méditation intensive pourra en témoigner, l'exercice assidu de la méditation vigilante fait surgir inévitablement les trois types de souvenir élucidés par Freud.

On a souvent de bonnes raisons de faire attention à ce matériau psychothérapeutique, si l'on veut intégrer les souvenirs d'une manière compatible avec une bonne psychothérapie. Quand les deux disciplines commenceront à s'influencer réciproquement, cela se révélera un point commun d'importance pour les relier davantage. La méditation peut incontestablement délimiter un espace qui requiert l'attention d'un thérapeute. Quand les maîtres du bouddhisme se seront familiarisés un peu plus avec la psychothérapie, et les psychothérapeutes avec la méditation, ce que chacun est en mesure d'apporter au sujet de ces « souvenirs » retrouvés apparaîtra plus clairement. Permettez-moi de citer quelques exemples tirés de ma propre expérience.

Les traumatismes

Il y a des moments où la méditation peut opérer d'une manière qui rappelle étrangement les procédés d'hypnose de Freud, en libérant des souvenirs qui sans cela seraient restés refoulés. Cela se produit principalement avec des problèmes causés par un traumatisme d'ordre physiologique ou psychologique. Les souvenirs qui lui sont associés souvent retrouvent la liberté grâce à la concentration sur le souffle ou sur des sensations corporelles, concentration qui est le fondement d'une pratique de la méditation à ses débuts. Selon la force que possède l'ego du méditant, et en fonction du soutien thérapeutique disponible, ces souvenirs rendus à la liberté peuvent se montrer ou bien déstabilisants, ou bien incroyablement curatifs. Souvent ils perturbent considérablement et demandent des efforts conséquents pour pouvoir être intégrés.

Il n'y a pas bien longtemps, un homme me rendit visite, peu après en avoir terminé avec la première retraite de dix jours où il s'était livré de manière suivie à la méditation. Habitué de la psychothérapie avec six ans d'expérience derrière lui, ayant fait bon usage de groupes de guérison en douze étapes, cet homme, un professeur de sciences que je prénommerai Joe, s'était réconcilié avec les torts d'une éducation faite par un père violent et coléreux, qui avait terrorisé sa femme et ses quatre enfants (dont Joe était l'aîné). Par la suite, Joe avait pu faire carrière, se constituer un réseau d'amis et de connaissances et même, tout récemment, établir une relation intime avec quelqu'un, sans ressemblance aucune avec les rapports troublés qu'avaient connus ses parents. C'était un homme rassis, sûr de lui, et capable. Lors de sa retraite, toutefois, pour des raisons qu'il ne put exprimer clairement, il constata qu'il avait très peur d'observer sa respiration. Il avait l'impression que ce n'était pas quelque chose d'aussi *neutre* que ses instructeurs voulaient bien le dire ; cela lui paraissait dangereux et l'angoissait. Il évita de s'occuper de son souffle, préférant se borner à écouter tout simplement les sons qui lui parvenaient pendant les trois premiers jours de la retraite, jusqu'à ce qu'il se sentît assez calme pour se tourner de nouveau vers sa respiration.

Parvenant à susciter les sentiments de sérénité et de paix qui sont le résultat d'une concentration de plus en plus intense, Joe connut une séance particulièrement merveilleuse (il me dit que cela ressemblait à une visite chez une bonne fée dans un conte pour enfants). Ce qui suivit aussitôt fut l'impression d'avoir le ventre comprimé par un cercle de fer, qui lui faisait mal et l'empêchait de respirer.

Ces sensations étaient si vives et si désagréables que Joe se sentit hors d'état de faire porter sur elles son travail de méditant. Malgré tout, il essaya d'appliquer à la douleur l'attention nue, bien qu'il dût marcher, s'étendre, allonger bras et jambes et changer constamment de position. Il eut beau faire, ni une attention plus grande, ni un changement d'attitude, ni des pensées ou des sentiments venus par association, ni les conseils de ses instructeurs ne parurent changer quelque chose à l'acuité de ce qu'il ressentait. Il resta avec ses sensations douloureuses la plus grande partie de la journée. Finalement, il choisit une position pour s'étendre, et il fut alors envahi de tristesse. Il se mit à sangloter et fut pris de tremblements qui durèrent plusieurs heures. Puis il lui revint en mémoire un souvenir d'enfance qui lui était sorti de l'esprit. Il se rappela qu'il s'était caché dans les W.C. pour échapper à la colère de son père et qu'il s'était fourré des chiffons dans la bouche pour étouffer ses sanglots, de crainte que son père ne l'entendît et ne se montrât encore plus furieux. L'attention qu'il avait portée à son souffle lui avait rappelé ce moment où, dans les W.C., il avait suffoqué, et où ses efforts n'avaient pas tendu à s'occuper de son souffle mais à le retenir, de manière à ne pas provoquer la colère paternelle.

Ses années en thérapie avaient fait découvrir à Joe que, parce qu'il était l'aîné des quatre enfants, il avait dû donner l'exemple aux trois autres et ne rien laisser paraître de ses réactions pour ne pas occasionner un éclat de la part de son père. Il sentait bien quelle menace pouvait receler sa propre colère. Mais, comme il me le confia : « Je savais ce qu'on m'avait fait, mais non ce que je m'étais fait à moi-même. » Joe, à cet instant dans les W.C., avait appris à retenir sa respiration, à nouer sa peur, sa fureur et son désespoir dans les muscles de son ventre. L'attention portée à son souffle fut pour lui la clef qui lui ouvrit la porte de son expérience émotionnelle. Le cercle de fer autour de son diaphragme était le sentiment qui lui venait d'avoir sangloté et de s'être empêché de respirer, le diaphragme se soulevant et retombant jusqu'à la crampe. Cette prise de conscience thérapeutique très élémentaire, qui montra à Joe comment il s'était enfermé *lui-même*, ne fut pas due à la thérapie mais à l'état induit par la méditation, même si ses années en thérapie manifestement l'aidèrent à aller au bout de l'expérience d'une façon qui n'était pas possible à beaucoup d'autres personnes traumatisées comme lui.

L'histoire de Joe constitue un cas extrême, mais elle illustre bien la capacité qu'a la méditation de nous focaliser sur l'endroit de notre corps où la peur a établi son emprise. L'état de concentration dans lequel se trouve l'esprit tout au long d'une méditation semble rendre ces blocages particulièrement saillants. Ils sont les vestiges encore intériorisés des réactions défensives chroniques qui se sont fossilisées dans l'organisme, hors de la conscience sous sa forme ordinaire. Le fait de mettre en évidence la façon dont nous créons nous-mêmes ces sensations corporelles, longtemps après le choc traumatique, les élimine en tant qu'objets concrets (comme le cercle de fer de Joe), auxquels nous nous identifions ou dont nous cherchons à nous soustraire. Lorsqu'il y a eu un traumatisme bien particulier, souvent aussi il y a un point précis dans le corps qui doit être éclairé par l'attention. Dans le cas contraire, l'expérience somatique est souvent beaucoup plus diffuse.

La séparation

Dans mon cas particulier, un des sentiments les plus fréquents pendant les retraites de méditation intensive se présentait comme un désir, qui semblait sourdre au plus profond de moi-même, pour ce à quoi je ne pouvais donner d'autre nom que le grand amour. Ces retraites comportaient des semaines entières de prise de conscience silencieuse, assidue, vigilante, de pensées, de sentiments, de gestes, de sensations, de souvenirs, de projets, etc. Le bavardage superficiel en mon esprit pensant avait donc tout le temps de se calmer, et un peu de la tranquillité et de la lucidité que l'on associe d'ordinaire à l'état induit par la méditation de se mettre en place. Pourtant, même au milieu de tels états d'esprit, alors que mon horizon était relativement large, souvent je prenais conscience de ce qui ressemblait à une aspiration plus profonde. Ma situation était en gros analogue à celle dont parle Freud dans son étude de la libre association. En suivant le cours de mes libres associations à moi, comme on est plus ou moins amené à le faire dans une méditation de ce type, je me heurtais sans cesse à ce sentiment, où un psychanalyste aurait sans doute reconnu un souvenir ancien, datant d'avant l'usage des mots.

À un moment donné, après huit jours environ passés dans l'une de mes premières retraites, de ce grand espace libre dont jouissait mon esprit jaillit soudain le souvenir de ce que j'avais ressenti en mon corps plus d'une fois quand enfant j'étais seul la nuit. Sur mon coussin de méditant je fus saisi d'un tremblement incontrôlable qui se prolongea vingt minutes environ. À cela finalement succéda quelque chose comme une paix profonde, de la lumière et de l'amour. Mes instructeurs semblèrent déconcertés par mon expérience, mais pour ma part j'y vis un signe de tout l'intérêt que pouvait représenter pour moi cette pratique particulière de la méditation. Cependant, mon impression d'un désir ardent, tout en s'estompant temporairement, ne disparut pas. En fait, je passai une bonne partie de plusieurs des retraites qui suivirent à essayer de retrouver cette même expérience, effort téméraire comme chacun sait quand il est question de médi-tation, mais des plus courants parmi les méditants occidentaux qui commencent à pratiquer avec au-dedans d'eux-mêmes un sentiment de vide ou d'aliénation.

Bien des années plus tard, alors que j'avais eu la chance d'épouser la femme que j'aimais, je dus constater que même cet amour, bien réel, bien tan-gible, que j'avais désiré avec force et imaginé hors d'atteinte, n'ôtait rien à la profondeur de mon aspiration. En réalité, il paraissait seulement la sus-citer davantage. Je me mis à souffrir de troubles du sommeil, devins impossible à satisfaire dans le besoin que j'avais de la présence attentive de ma nouvelle épouse. Même les séparations les plus anodines me coûtaient et, quand le sommeil venait enfin, il était agité de cauchemars où mes dents s'entrechoquaient. J'avais fini par incarner le mal-heur des Esprits Affamés : de la même manière qu'eux ne peuvent ingurgiter la nourriture qu'il leur faut à cause de la douleur que cela occasionne, j'étais dans l'incapacité d'accueillir l'amour même que je mourais d'envie de posséder, en raison de la profondeur de mon aspiration insatisfaite. Inutile de préciser : le moment était venu d'une psychothérapie (de plus). J'aurais pu, bien sûr, mettre à profit mon savoir-faire de méditant pour me calmer dans les moments difficiles, mais la force de mon identification à mes sentiments d'isolement sans recours était telle qu'elle demandait les soins plus spécifiques d'un psychothérapeute. La méditation m'avait donné un sens aigu du malheur où je me trouvais et m'avait aidé à retrouver les impressions qui l'avaient jadis accompagné. J'étais pourtant incapable de choisir un mode d'action autre qu'en tout point le fruit de mes expériences passées.

La clef de ma guérison était naturellement dans la fréquence de ces rêves où mes dents s'entrechoquaient. Je finis par y voir l'expression significative d'une « colère orale », de mon grief plein de virulence devant une indisponibilité parentale quelconque d'autrefois. Ces rêves après un certain temps furent remplacés par d'autres, où je ne parvenais pas à avoir quelqu'un que j'aimais au bout du fil : j'oubliais son numéro, le téléphone ne marchait pas, le combiné ou le cadran se désintégrait, la personne en question ne répondait pas. Finalement, le sens de ces rêves se précisa : je me souvins qu'effectivement, quand j'avais cinq ans, mes parents m'avaient laissé la charge d'un frère plus jeune, tandis qu'eux allaient rendre visite à des amis à côté. Ils m'avaient dit de les appeler sur un interphone qu'ils avaient installé au cas où j'aurais un problème quelconque. Ainsi prématurément séparé de ma dépendance enfantine, j'avais été promu au rang de « responsable » ; ma colère non dissipée était l'agressivité frustrée que j'avais ressentie à ne pouvoir porter remède à mes rapports avec mes parents. Mes problèmes de sommeil et mon agressivité frustrée ne gagnèrent pas, j'en suis sûr, au fait qu'en accord avec les habitudes de l'époque on me couchait souvent, que je fusse fatigué ou non, vers six heures du soir, afin de permettre à des parents dont la fatigue était certaine d'avoir un peu de temps à eux. Quand je pus bénéficier de cette clairvoyance supplémentaire, je fus à même de faire face à mes émotions gênantes d'un peu meilleure grâce et avec un peu plus d'humour. L'amour bien réel que me donnait mon mariage m'obligeait à regretter ce que j'avais perdu autrefois durant l'enfance.

La carence fondamentale

Ce qui m'arriva, en fait, représente sous une forme ou sous une autre un ennui d'un genre que connaissent assez souvent les Occidentaux. La méditation, comme la psychothérapie, fait souvent apparaître le souvenir, non pas tant d'un événement traumatisant particulier que de traces laissées en l'esprit par l'absence, sous un aspect quelconque. Dépendant comme nous le sommes du noyau familial, de l'attention (dans le meilleur des cas) de deux parents surchargés, soucieux par surcroît du développement de notre indépendance, nous avons tendance en raison de notre culture à intérioriser toute absence qui au début a pu se faire sentir. C'est pourquoi, si la relation avec l'un des deux parents (ou les deux) est tendue, ou si l'enfant est contraint de devenir adulte avant qu'il y soit prêt, il demeure en l'individu en question un

sentiment de vide qui le ronge, un défaut qu'il perçoit comme se situant en lui-même plutôt qu'en
ses premières expériences personnelles. Ce défaut,
qu'on appelle parfois la *carence fondamentale,* est
souvent ce qu'on fait resurgir en méditant sous la
forme d'un symptôme somatique.

Par *carence fondamentale,* je fais allusion à ce à
quoi pense le psychanalyste anglais Michael Balint,
quand il parle des séquelles psychologiques d'une
attention insuffisante portée à l'enfant, traumatisme si répandu qu'il a donné naissance à un besoin
chronique de spiritualité dans la culture occidentale :

> *Le patient dit qu'il sent que quelque chose lui fait
> défaut, et qu'il faut y remédier. Ce qu'on ressent est une
> défectuosité, non un complexe, ni un conflit, ni une situa-
> tion [...] On a le sentiment qu'à l'origine de cette lacune on
> a manqué au patient, ou bien qu'on a manqué à ses enga-
> gements envers lui ; et [...] une grande anxiété toujours
> enveloppe cette zone, qui s'exprime le plus souvent sous la
> forme d'un appel angoissé, afin que cette fois l'analyste ne
> fasse pas défaut – il ne le faut pas, à dire vrai [6].*

Le traumatisme que cela cache est souvent dû à
la négligence, plutôt qu'à un mauvais traitement. Il
est perçu comme une sorte de vide intérieur, qui
est sans rapport aucun avec ce que les bouddhistes
ont en l'esprit quand ils utilisent le même mot de
vide. Pourtant, il s'agit précisément de la même
vacuité que souvent la méditation fait apparaître
pour la première fois et qui requiert une attention
spécifique de la part d'un psychothérapeute si on
ne veut pas qu'elle gâche toute une expérience de
méditation. Dans une perspective bouddhique, ce
qu'on trouve de plus comparable se situe dans les
descriptions qui sont faites du Royaume des Esprits
Affamés. Beaucoup d'Occidentaux ont besoin
d'aborder de manière concomitante psychothérapie

et méditation, justement parce que le royaume en question est fortement représenté dans leur psychisme en général. Phénomène nouveau dans les annales du bouddhisme : jamais auparavant on n'avait vu autant d'Esprits Affamés pratiquer cette religion. Leur nombre demande des ajustements en matière de méthode, qu'il vaut mieux fixer à partir des usages de la psychanalyse.

Les mères

Dans les pratiques orientales, comme il apparaît clairement à travers la tradition bouddhiste tibétaine, la remémoration de l'enfance se fait avant tout pour favoriser et améliorer la méditation. En Occident, ces souvenirs ont plutôt tendance à la troubler. J'en acquis la conviction dès le début de mon étude de la psychologie bouddhique.

Au cours de ma dernière année en faculté de médecine, je m'arrangeai pour passer trois mois en Inde, principalement avec différentes communautés de réfugiés tibétains éparpillées dans le nord du pays. Pendant environ les six premières semaines, je ne quittai pas le petit village de Dharamsala, blotti dans les collines au pied de l'Himalaya, là où se situait le palais en exil de Sa Sainteté le dalaï-lama. J'étais allé là-bas pour participer à un projet de recherche plus vaste, c'est pourquoi j'avais parmi mes compagnons Jeffrey Hopkins, spécialiste du Tibet, traducteur de tibétain et professeur d'études tibétaines à l'université de Virginie. C'était la première fois que je me trouvais confronté à la tradition intellectuelle du bouddhisme tibétain dans toute son ampleur ; mes études précédentes avaient surtout porté sur les traditions du Théravada, ou bouddhisme de l'Asie du Sud-Est.

Une des choses qui me firent le plus d'impression fut le désir des Tibétains de cultiver compassion et sérénité au moyen d'exercices spécifiques, qui ressemblaient davantage à des méditations, ou à des visualisations, accompagnées par tout ce que j'avais eu l'occasion d'observer jusque-là. Dans le plus fréquent des exercices, il fallait imaginer tous les êtres vivants comme étant des mères.

L'idée qui préside à l'exercice en question est que, puisque l'existence cyclique ne comporte pas de commencement, tous les êtres, les uns vis-à-vis des autres, ont été placés à un moment quelconque dans l'un de tous les rapports possibles. Ainsi, tous ont été amis aussi bien qu'ennemis, et c'est seulement sous l'effet de l'avidité, de la haine et de l'ignorance que les relations de bienveillance se sont aigries. L'exercice suppose donc qu'on reconnaisse pour sa propre mère chacun des êtres vivants, qu'on sente bien quelle a pu être sa bonté, qu'on désire davantage l'en remercier, qu'on l'aime pour sa faculté d'être bon, et qu'on émette le souhait que lui soient épargnées la souffrance et ses causes. À la base de cette pratique, du point de vue psychologique, on trouve l'amour sans ambivalence aucune que les Tibétains dans leur ensemble sont capables de ressentir à l'égard de leurs propres mères.

Cette méditation-là a toujours piqué ma curiosité. Il m'a été donné d'avoir en thérapie aux États-Unis un bon nombre de patients qui, sans jamais avoir été confrontés à cet exercice particulier, effectivement considéraient tous les êtres vivants comme leurs mères. Le résultat, dans leur vie privée du moins, était un désastre. Les Occidentaux ont beaucoup de difficulté avec cette méthode : leurs relations avec leurs propres mères sont beaucoup trop conflictuelles pour qu'il en soit autrement. La façon dont nous élevons nos enfants, notre structure sociale, se développant autour du noyau familial, notre désir d'autonomie et d'individualisation, mettent à rude épreuve la relation entre parents et enfants. Lorsque le caractère de l'enfant se heurte à celui de ses parents, ou quand les ambitions qu'ils ont pour lui occultent sa personnalité véritable, l'unité familiale se transforme aisément en milieu aliénant ou claustrophobe, dans lequel cet enfant doit se dissimuler aux regards de ceux dont il a le plus besoin. « La famille, disait en riant tout bas mon instructeur en psychothérapie Isadore From, est ce qu'a trouvé de pire un Bon Dieu qui n'existe pas [7]. »

J'ai eu la chance récemment de pouvoir interroger le maître tibétain Sogyal Rimpoché, l'auteur du *Livre tibétain des vivants et des morts*, qui a dispensé son enseignement à des centaines de gens en Europe et aux États-Unis, sur cette pratique de considérer tous les êtres vivants comme des mères. Il se mit à rire : « Ah non ! ce n'est pas pour les Occidentaux. Je leur dis toujours " comme des grand-mères ou des grand-pères ". »

L'Orient sera toujours l'Orient

Dans les deux cultures, le point de départ, psychologiquement parlant, semble ne pas être tout à fait le même (ce qui n'est pas précisément une révélation). C'est Rudyard Kipling qui le premier déclara que le fossé qui séparait l'Orient de l'Occident était infranchissable. L'Orient sera toujours l'Orient, disait-il, inutile de chercher à sonder ses profondeurs. Parmi les psychothérapeutes, même Carl Jung était de son avis, malgré ce qui l'intéressait à titre personnel. Les pratiques de l'Orient, pensait-il, nous sont trop étrangères : les Occidentaux doivent s'inspirer de leurs propres traditions, philosophiques et spirituelles[8].

L'une des raisons de cette absence de familiarité est que le soi oriental est prisonnier d'une toile où se mêlent famille, hiérarchie, caste, ou d'autres attentes collectives ; le seul moyen de leur échapper est souvent la pratique spirituelle. En réalité, en Orient la quête de la spiritualité peut être considérée comme une sorte de soupape de sécurité, cautionnée par la culture, dont bénéficie un soi individuel qui sans cela n'aurait pas de vie privée. L'adepte oriental de la méditation obéit au même besoin de « se trouver » que le méditant occidental, mais les points de départ sont à l'opposé l'un de l'autre. Comme le dit le début d'un ancien texte bouddhiste : « Cette génération est empêtrée dans ses filets[9]. » D'être ainsi empêtré (on retrouve le fil conducteur de cet enchevêtrement de génération en génération) donne aux Orientaux une certaine force, sur laquelle s'appuie traditionnellement la méditation. La possibilité que chacun possède d'entrer dans les sentiments d'autrui, de rendre moins strictes les limites de l'ego, de se montrer réceptif aux émotions des autres et de se mettre en accord avec elles, l'impression d'appartenir à une communauté, sont considérées en Orient comme allant de soi. La méditation, telle qu'on l'enseigne dans les cultures orientales, se sert de ces capacités pour mettre en place tout un milieu intérieur accueillant, propice à l'exercice spirituel.

En Occident, il est rare qu'au départ on trouve un soi empêtré ; communément, c'est un soi à l'écart. L'accent que l'on met sur individu et autonomie, l'effondrement de la famille au sens large, et même du noyau familial, la raréfaction des parents qui s'en sortent « de manière acceptable », l'implacable nécessité dans notre société de réussir, aux dépens des affections s'il le faut, laissent aux gens trop souvent un sentiment de rejet, d'isolement, d'aliénation, de vide et de besoin d'une intimité qui paraît à la fois lointaine et vaguement menaçante. Lors des premières rencontres interculturelles entre maîtres orientaux et thérapeutes occidentaux, le dalaï-lama refusait de croire à cette idée de « piètre estime de soi-même » dont il entendait sans cesse parler. Il allait de l'un à l'autre dans la salle, demandant à tous les Occidentaux : « Est-ce vrai ? Vous connaissez cela ? » Ils répondaient tous par l'affirmative, et lui hochait la tête d'un air incrédule. Selon Sogyal Rimpoché, au Tibet il est acquis qu'on a confiance en soi. C'est une confiance que l'on inculque de bonne heure et qui reçoit un encouragement de toutes les relations d'interdépendance qui se créent dans le tissu familial. Si quelqu'un ne réussit pas à garder cette confiance en lui, affirme-t-il, on le considère comme un sot.

Au départ, en Occident, les choses ne sont pas les mêmes. La psyché occidentale, semble-t-il, est de plus en plus vulnérable à des sentiments d'aliénation, d'aspiration, de vide, d'indignité, à des émotions qui, du point de vue bouddhiste, caractérisent le Royaume des Esprits Affamés. Nous ne nous sentons pas dignes d'être aimés. C'est un sentiment que nous mêlons à tous nos rapports intimes avec les gens, en l'accompagnant de l'espoir, et même de l'assurance, que ces rapports vont pouvoir, d'une manière ou d'une autre, effacer ce sentiment pré-existant. Enfants, nous devinons l'incapacité de nos parents à se relier à nous, leur tendance à nous traiter comme des objets ou des reflets d'eux-mêmes, et nous personnifions leur inattention, nous attribuons à nos propres fautes leur impuissance à créer un lien. Presque toujours, les enfants ramènent tout à eux-mêmes de cette façon-là ; ils trouvent une explication à tout ce qui ne va pas en s'accusant.

La méditation et le soi occidental

Cette différence entre les situations initiales dans chacune des deux cultures explique, à mon sens, pourquoi Orientaux et Occidentaux ont des façons différentes de percevoir la méditation. D'après ma propre expérience, il n'est pas exact, comme le croyait Carl Jung, que les pratiques du bouddhisme soient assez éloignées des habitudes d'esprit des Occidentaux pour leur être incompréhensibles. Mais il n'en demeure pas moins vrai que la méditation donne lieu à des expériences diverses, selon qu'au départ on trouve quelqu'un qui est pris dans un système ou quelqu'un qui se sent exclu. Pour des personnes qui (surtout des Occidentaux) commencent avec un passé marqué par la séparation, la méditation fera surgir invariablement des souvenirs de désirs anciens inassouvis, qui subsistent en prenant la forme de la carence fondamentale. Pour ceux qui (issus de cultures étrangères à celle qui prévaut en Occident) ont derrière eux une forte implication familiale, la méditation a bien plus de chances de faire apparaître des souvenirs liés à des désirs précoces d'évasion. Ces souvenirs s'accompagneront de toute la culpabilité et de toute l'ignominie qu'entraîne le fait de frustrer l'attente de la famille, alors que les Occidentaux réservent maintenant ces sentiments-là à des problèmes comme celui d'une dépendance exagérée. La terreur qui est si forte dans les psychologies soumises à l'influence de la tradition est au moins en partie celle de sortir du tissu de l'implication, ou d'en être privé, de tourner le dos aux obligations familiales qui sont si déterminantes pour définir le soi non occidental. L'histoire de la vie du Bouddha, en fait, où on le voit quitter le palais de son père, son épouse, son jeune fils, tous les membres de sa caste qui dépendent de lui, peut se lire comme une métaphore pour le besoin qu'a le soi impliqué d'affronter la peur de son ultime séparation.

Dans notre culture, cette séparation est une expérience qui souvent se produit très tôt dans la vie. L'une des conséquences de rencontrer cette situation initiale plus fréquemment que son contraire est que la pratique de la méditation plus tard tend à remuer ces premiers souvenirs, ainsi que peuvent le faire, Freud s'en aperçut, l'hypnose, la libre association et l'attention scrupuleuse à ce qui affleure « à la surface de l'esprit du patient ». Les méditants aujourd'hui sont pour cette raison confrontés à une sorte de dilemme. Ils s'engagent souvent dans une pratique de la méditation pour s'apercevoir qu'en fin de compte ils ne tardent guère à faire apparaître des traces de la carence fondamentale qui, comme ma propre aspiration, ne disparaissent pas nécessairement avec un exercice prolongé de cette méditation. La piètre estime de soi qui accompagne cette aspiration, et provient du sentiment que quelque chose vous manque, fréquemment requiert des soins particuliers de nature psychothérapeutique, soins que les instructeurs qui habituellement enseignent à méditer n'ont pas été formés à dispenser. Comme Freud devait le découvrir, d'ordinaire il existe une compulsion à vivre cette indignité, à lui donner forme souvent, plutôt que de se confronter avec elle. Sans le secours d'un thérapeute ou d'un moniteur, la personne qui présente ces symptômes va continuer à tenter de se délester du fardeau de son indignité par des procédés magiques. La méditation ne se prête que trop bien à cette utilisation abusive. Si la carence fondamentale n'est pas révélée et reconnue, l'envie d'y remédier gâchera l'expérience du méditant.

C'est là que j'ai pu constater que se faisait sentir le plus fortement la nécessité d'une approche conjointe, ajustée aux besoins de l'esprit affamé, aussi bien qu'à ceux du Royaume des Humains. La méditation se montre souvent particulièrement efficace à faire apparaître la carence fondamentale, mais n'a pas grand-chose à proposer pour la traiter. Cela ne signifie pas qu'elle soit *incapable* de le faire, seulement qu'elle doit être adaptée à cette fin particulière au moyen d'une action commune avec l'approche psychothérapeutique, du moins ce qu'elle a de positif. L'apport potentiel du bouddhisme dans la maîtrise de la carence fondamentale ne se limite pas uniquement à la possibilité qu'offrent ses méditations de *faire émerger* les résidus psychiques de cette carence. La méditation bouddhique, lorsqu'elle est bien adaptée, peut aussi avoir un effet décisif sur les deux autres éléments de la démarche thérapeutique de Freud, ce qu'il appelait *Wiederholen und Durcharbeiten* (la répétition et la perlaboration). Elle détient la clef, en fait, permettant de mettre fin à l'incapacité décevante de la psychothérapie à gagner, par-delà la reconnaissance et la réconciliation, les lointains rivages du soulagement.

Chapitre 9

LA RÉPÉTITION

Nous avons vu comment la méditation peut servir aux besoins de la remémoration et comment cela se révèle une première façon de mettre à profit son potentiel thérapeutique. Cependant, Freud eut vite fait de découvrir que la remémoration ne suffisait pas à accomplir ce qu'il cherchait à réaliser, que la simple remémoration n'était pas toujours à la portée de ses patients, et qu'elle n'était pas toujours capable à elle seule de les délivrer de leurs symptômes. Il constata que beaucoup de gens ne parvenaient pas à se rappeler quoi que ce soit d'important des premières années de leur vie, en dépit de tout ce qu'il pouvait tenter pour améliorer sa méthode. Les « forces du refoulement », comme il les nommait, étaient souvent trop puissantes pour permettre un processus thérapeutique aussi simple.

Un autre phénomène, toutefois, intervenait dans la situation thérapeutique, que Freud fut amené à appeler « la répétition ». Au lieu de faire resurgir une expérience formatrice, la plupart des patients se contentaient de la reproduire, tout en lui donnant un caractère unique et d'importance cruciale : ils restaient dans l'ignorance de ce qu'ils faisaient. Ainsi, une patiente dont le père n'avait cessé en sa jeunesse de la critiquer et qui n'avait pu réussir à tirer satisfaction de ses rapports avec autrui pouvait fort bien ne pas se rendre compte de toute la sévérité dont elle-même avait fini par faire preuve, mais il lui était possible de la manifester à travers sa relation avec le thérapeute. En lui faisant prendre conscience de l'esprit critique avec lequel elle abordait cette relation, tel qu'il était manifesté *mais non perçu,* le thérapeute put l'aider à se réconcilier avec la sévérité première dont son père faisait usage.

Ce qu'il y a de plus intéressant dans le phénomène de la répétition est que le matériau reproduit correspond souvent précisément à ce que nous refusons de connaître à notre sujet, ce à quoi nous nous identifions le plus sans guère nous en rendre compte, ce dont nous sommes le moins capables de nous souvenir consciemment. « Le patient, écrit Freud, ne *se rappelle* rien de ce qu'il a oublié et refoulé, mais il *l'exprime par son comportement.* Il le reproduit, non sous la forme d'un souvenir, mais d'un acte. Il le *répète* sans, bien sûr, se rendre compte qu'il le fait [1]. »

En perfectionnant sa méthode, Freud passa de l'étude de tout ce qui affleurait à la surface de l'esprit du patient à une investigation de tout ce qui venait à se manifester, en surface encore, dans le mode de relation de ce patient. Cela demandait de sa part qu'il mît au point une attitude qui ne risquât pas d'interférer avec l'« extériorisation » *(acting out)* du patient, tout en permettant au praticien de prendre connaissance de cette expression-là et de la répercuter après interprétation. Cela est à l'origine de ce qu'on est convenu d'appeler *l'attitude analytique,* ou *la neutralité analytique.* C'est une manière d'être, ou encore un état d'esprit, qui encourage la venue du transfert, de cette relation particulière entre thérapeute et patient qui contient en germe tout ce que le patient refuse de connaître.

Le premier moyen qu'envisagea Freud pour ôter au patient ses armes de défense fut de les « analyser ». Il espérait que, s'il réussissait à lui donner une interprétation de ce qu'il reproduisait inconsciemment, les conflits ou les traumatismes sous-jacents pourraient venir en surface et qu'un répit pourrait être gagné. En faisant appel aux méthodes en honneur tant dans le bouddhisme que chez Freud, cependant, j'ai dû constater que le soulagement n'était pas souvent l'œuvre de la seule analyse verbale. Il est essentiel que le thérapeute prenne conscience de ce que le patient répète, mais plus encore que ce dernier se familiarise totalement avec cela. Interpréter les répétitions ne suffit pas; il faut aider le patient à percevoir ce qu'il répète, sans s'en rendre compte. C'est là que l'importance attachée par le bouddhisme à percevoir pleinement chaque instant coïncide avec l'insistance de Freud sur l'attention à porter à ce qui risque de passer inaperçu.

L'environnement psychothérapeutique est sans équivalent nulle part; il permet au patient de manifester des comportements et des sentiments qui presque à coup sûr n'auraient pas le droit de s'exprimer ou resteraient méconnus hors de la relation avec le thérapeute. Dans ces conditions, il offre une occasion unique de mettre à profit la prise de conscience particulière enseignée par le Bouddha. Lorsque le thérapeute tente, non seulement d'interpréter verbalement les défenses du patient, mais aussi de l'aider à percevoir ces défenses comme *lui appartenant,* alors vraiment le traitement profite des leçons de la méditation bouddhique.

L'ici et maintenant

Le travail de Freud sur la répétition soulève un certain nombre de questions intéressantes en ce qui concerne la méditation et la psychothérapie.

Dans la technique qu'il a élaborée, Freud a mis au point un procédé pour examiner les répétitions inconscientes, celles qui tendent à s'immiscer dans les échanges du moment présent et à les fausser. Dans l'autre technique, celle du Bouddha, l'exercice répété de la prise de conscience est la pierre angulaire d'une pratique fructueuse. Freud s'efforce de réduire l'inconscience de ses patients, tandis que le Bouddha enseigne à ses disciples comment étendre le champ de la conscience. Le bouddhisme ne cherche pas à travailler nommément avec les répétitions inconscientes qui fascinaient tant Freud, et pourtant sa méthode (un recours répété à la vigilance) est compatible avec les stratégies d'attention que le médecin viennois trouvait particulièrement utiles. En élaborant une approche qui s'inspire des deux façons de faire, j'ai constaté que chacune trouvait un bénéfice certain à emprunter à l'autre, afin d'obtenir un maximum d'efficacité.

D'une part, l'état d'esprit du praticien (sa capacité à travailler exclusivement dans l'instant présent, comme l'exige l'analyse du transfert) s'est révélé être une pierre d'achoppement considérable pour les psychothérapeutes. La plupart tout simplement ne parviennent pas à créer cette présence attentive que Freud jugeait indispensable à son travail. Il n'existe pas de méthode pour leur apprendre à prêter attention comme cela. Le résultat est que la majorité d'entre eux, dans le meilleur des cas, disposent à l'égard du patient de quelque chose qui ne ressemble que de loin à ce que Freud, lui, réussissait à obtenir de lui-même. D'autre part, ceux qui pratiquent la méditation, de même que leurs instructeurs (qui, en général, n'ont pas été formés à un travail de psychologue), sont souvent manifestement incapables, ou peu désireux, de manipuler les matériaux d'un transfert qui vont nécessairement apparaître, comme le montre Freud, au terme d'une attention scrupuleuse portée aux activités et aux relations présentes. La méditation, on l'a noté, peut faire surgir quantité de choses émotionnellement chargées qui, si on ne les traite pas efficacement, peuvent donner une coloration à toute l'expérience d'une séance particulière, sans qu'il y ait jamais de décantation satisfaisante. Pourtant, quand les deux systèmes peuvent collaborer, ils parviennent à le faire de manière tout à fait harmonieuse. En proposant des moyens pour *pouvoir* demeurer dans le moment présent, la méditation vient en aide au thérapeute comme au patient ; en apprenant aux gens comment identifier et maîtriser ce que le passé leur livre, la psychothérapie peut éviter au méditant les affres de l'émotion. L'une et l'autre cherchent à rendre plus capable d'accepter la vie comme elle est ; toutes deux commencent, assez souvent, par le silence.

Le silence

Ma première expérience de transfert eut lieu, non dans le cabinet d'un psychothérapeute, mais dans les salles d'un temple oriental situé dans un petit village du nord de l'Inde appelé Vrindavan, dont on dit qu'il a vu naître le dieu hindou Krishna. J'assistais aux festivités de l'inauguration d'un nouveau lieu de culte dédié à la mémoire d'un saint homme récemment décédé qui avait été le maître de plusieurs de mes amis. L'un des principaux disciples de ce maître était une femme du nom de Siddhi-ma, qui un matin était assise sur un lit de camp dans une des pièces de ce temple et de manière informelle donnait *darshan*.

Darshan est un phénomène de la culture religieuse indienne. Les fidèles d'un certain maître qui enseigne la spiritualité viennent à lui, uniquement pour être un moment en sa compagnie. La conversation ne joue pas un grand rôle dans les rapports qui s'établissent, et pourtant c'est une expérience qui est souvent très appréciée et très recherchée. Du maître on dit qu'il *donne darshan* et du fidèle qu'il *le reçoit.* Si l'on assiste à peu de communications orales, le silence du maître pour autant ne doit pas être interprété comme une absence, ou un défaut d'intérêt. Au contraire, il est très présent et sa présence, marquée par la qualité de son attention, possède une force émotionnelle considérable qui suscite une forte réaction. J'y pense souvent quand je suis assis dans mon cabinet à faire de la psychothérapie. Freud disait de la psychanalyse qu'elle « guérissait par la parole », et pourtant son premier souci était de parfaire l'usage thérapeutique du silence. Une des choses que m'a apprises l'étude de la méditation est comment ne pas craindre de rester silencieux. À aucun moment de ma formation de psychiatre on n'a donné de l'importance à cette chose-là, et pourtant elle est devenue l'un des éléments fondamentaux de mon travail de thérapeute. Ce n'est pas que j'essaie de me transformer en écran blanc, ou en miroir, ou en une caricature quelconque de l'analyste qui ne dit pas un mot et reste sans réagir; en réalité, je peux me montrer bavard quand l'occasion le demande. Mais je ne crains pas de laisser s'installer le silence, et je sais que de ma part il ne sera pas nécessairement perçu comme une absence.

Mais revenons-en à mon expérience en Inde. J'eus envie d'entrer dans la pièce, où se trouvaient environ quinze personnes, les unes assises par terre, les autres sur le lit de camp à côté de Siddhi-ma. Je m'agenouillai, presque au fond de la pièce. Je ne parlais pas un mot de hindi, elle ne connaissait pas un mot d'anglais, personne ne s'offrit à jouer les interprètes ; pourtant, quand son regard se posa sur moi, je fus empli d'un sentiment si doux, si triste que les larmes me vinrent aux yeux. En cet instant je sentis tout l'arrachement que m'avait causé la perte de mon rapport privilégié avec ma mère durant l'enfance. C'était un souvenir d'avant l'usage des mots qui était demeuré gravé en mon corps, sans que jamais auparavant j'en eusse pris conscience. C'était aussi l'origine, je le vois bien maintenant rétrospectivement, de ce que je devais plus tard reproduire au tout début de mon mariage.

Le regard de Siddhi-ma avait suscité cette expérience, me permettant l'espace d'un moment de me saisir d'un élément de ma vie personnelle qu'au stade de développement alors atteint je n'avais pas été en mesure de comprendre quand l'événement s'était produit. À cet instant précis, je sus que ma capacité d'aimer n'avait pas, en fait, irrémédiablement souffert, malgré la tristesse qui m'envahissait. J'étais assis là depuis quelques minutes quand le regard de Siddhi-ma revint se poser sur moi. Elle sourit, fit signe à ses serviteurs de me donner quelques *prasad,* des bonbons au lait enveloppés dans du papier d'argent, qui avaient été bénits et symbolisaient une nourriture spirituelle. On m'obligea à en manger une certaine quantité au milieu des rires de toute l'assistance.

Siddhi-ma se rendit-elle compte de ce qui m'arriva à ce moment-là ? Y eut-elle une part quelconque ? Je n'en sais rien. En ce même village, il y avait en fait un ancien temple hindou où l'on donnait darshan auprès d'un fragment de roche volcanique de couleur noire, derrière un rideau sur le devant du temple délabré, revêtu d'une étoffe particulière et sur lequel veillaient des prêtres brahmanes. L'amphithéâtre du temple, faiblement éclairé, semblable à une salle de spectacle dépouillée de ses sièges, ne désemplissait jamais du matin au soir. Plusieurs fois par heure, on tirait les rideaux un moment pour que la foule puisse voir la roche noire. Son apparition provoquait toutes sortes de mouvements et d'expériences émotionnelles. Ces expériences semblaient n'avoir rien à envier en fait d'intensité à celle que j'avais connue.

La leçon à tirer dans le domaine de la psychothérapie est que le thérapeute peut très bien avoir un impact aussi fort par sa seule présence que par son savoir-faire à résoudre les problèmes. En particulier lorsque à la base du désordre émotionnel se trouvent la carence fondamentale, des expériences d'avant l'usage des mots, ou dont on n'a pas gardé le souvenir, et qui ont laissé des traces sous la forme d'une absence ou d'un vide. La capacité que possède le thérapeute d'emplir l'instant présent d'une attention relâchée est déterminante. Ce n'est pas seulement que ces patients ont tendance à être extraordinairement sensibles à ce qu'il peut y avoir de faux dans une relation ; c'est aussi que ce type d'attention leur est nécessaire pour pouvoir sentir la lacune au fond d'eux-mêmes. Sans quoi, celle-ci est beaucoup trop terrifiante.

C'est grâce au silence du thérapeute, à sa présence évocatrice, que ce sentiment peut surgir dans « l'ici et maintenant ». Le silence auquel je pense n'est pas stérile, n'est pas figé ; il est lourd de potentialités, épais. Dans la tradition bouddhiste de l'Asie du Sud-Est, on compte vingt et un mots différents pour exprimer le silence : silence d'entre les pensées, de l'esprit concentré, de la prise de conscience, etc. La psychothérapie demande un silence permettant au patient d'extérioriser ce qui sans cela échapperait à son emprise ou de dire ce qu'auparavant il ne s'est pas autorisé à exprimer. Nous sommes tous à la recherche de cette sorte de silence, car il est ce qui nous donne la possibilité de reprendre possession de traits de notre personnalité dont nous nous sommes séparés. La pratique de la méditation est une mine à cet égard. Son silence curatif est une ressource naturelle inexploitée qui s'offre au praticien de la psychothérapie.

Lorsqu'un thérapeute peut rester auprès d'un patient sans se proposer de programme, sans vouloir imposer une expérience, sans croire qu'il sait ce qui va se passer ou qui est la personne qu'il a devant les yeux, alors il fait profiter la thérapie des leçons de la méditation. Le patient est capable de sentir qu'on prend cette attitude. Cela revêt une importance plus grande encore lors des silences maintenus par le patient lui-même car, quand il se tait, c'est souvent qu'il n'est pas loin d'être prêt à pénétrer sur un territoire nouveau et inexploré. La possibilité d'une communication authentique, spontanée, non planifiée, existe en un pareil moment, mais le patient cherche surtout à deviner quel est l'état d'esprit du thérapeute, pour savoir si une communication de ce type comporte ou non un risque. Dans ces cas-là, le patient peut se montrer infiniment sensible à ce qui se passe dans la tête de son médecin.

C'est cet état d'esprit, décrit sous une autre forme il y a des siècles, qui fait pour le patient l'intérêt de la psychothérapie. « Ne pense pas, ne fais pas de projet, refuse de savoir », conseille un ancien maître tibétain de la méditation.

Ne fais pas attention, ne cherche pas ; laisse l'esprit à son
[domaine [...]
Ne vois de faute nulle part,

Ne prends rien à cœur,
Ne languis pas de voir arriver les signes du progrès [...]
Bien qu'on puisse dire de ceci que c'est la même chose que
              [ce qu'on entend par la non-attention,
Ne succombe pas pour autant à la paresse;
Sois attentif en te servant constamment de l'inspection [2].

Il est à la fois extrêmement difficile et très apaisant pour le patient d'être ainsi « tenu » sous l'emprise de cet état d'esprit particulier. C'est difficile, parce que cette expérience a tendance à contraindre la psyché du patient à livrer dans un état inachevé, ou non clarifié, le matériau qui s'y trouve, ses véritables raisons pour venir en thérapie (à la différence des raisons données); et c'est apaisant parce que ce type d'attention, ou quelque chose qui en dérive, est ce que nous recherchons tous. Quand on me demande quelle influence le bouddhisme a eue sur moi en tant que thérapeute, je suis souvent tenté de dire qu'il n'en a eu aucune, que lorsque je fais de la thérapie je fais de la thérapie, que mon intérêt pour la méditation n'a rien à voir avec cela. Pourtant, je sais que c'est une réponse facile. La méditation m'a permis d'être un thérapeute opérationnel : c'est grâce à elle que j'ai appris à ne pas intervenir aux moments critiques du traitement.

W.R. Bion compte parmi les psychanalystes qui ont su comprendre l'efficacité thérapeutique de cette disposition d'esprit. Il essaya aussi d'enseigner son utilité à un public de thérapeutes souvent déconcertés et parfois hostiles. Il était originaire de l'Inde, mais ne reconnut jamais avoir subi en quelque manière que ce soit l'influence du pays où il était né. Il avait une façon bien à lui de définir le profit qu'on pouvait espérer du point de vue thérapeutique d'un état d'esprit comme le sien, ainsi qu'en témoigne un passage de son livre *Attention et Interprétation* :

Il est important que l'analyste évite l'activité mentale, l'exercice de la mémoire, les désirs, qui sont aussi nocifs pour la bonne forme de son esprit que certains exercices physiques pour la bonne forme de son corps [...] Si le psychanalyste ne s'est pas complètement dépouillé de sa mémoire et de ses désirs, le patient peut le « ressentir » et être dominé par le « sentiment » qu'il est possédé et limité par l'état d'esprit de l'analyste, autrement dit, l'état représenté par le mot « désirs » [3].

Bion décrivait une chose que Freud avait déjà trouvée : entre thérapeute et patient, les silences peuvent se révéler, soit extrêmement fructueux, soit terriblement dévastateurs. Un contact muet s'établit durant ces moments-là : le patient flaire l'état d'esprit du thérapeute, cependant que le thérapeute par intuition peut découvrir beaucoup de choses chez son patient. Freud était persuadé qu'il y avait en réalité communication directe entre l'inconscient du patient et celui de l'analyste, et qu'il incombait à ce dernier de faire de son mieux pour créer pareil climat.

La non-intervention

Freud décrit fort bien cette manière de prêter attention, mais il se borne à souligner l'intérêt qu'elle représente pour le thérapeute en lui permettant de saisir la direction prise par l'inconscient de son patient. Ce qui manque dans sa description est ce à quoi Bion fait allusion, c'est-à-dire l'impact sur le patient lui-même de cet état d'esprit. L'état que décrit Freud est indispensable, parce que c'est le seul dans lequel la pensée du thérapeute ne sera pas perçue par son client comme une intrusion. Les attentes et les désirs du médecin, aussi subtils qu'ils puissent être, créent une pression contre laquelle le patient ne peut faire autrement que réagir, ou à laquelle il est contraint de céder. L'analogie avec le père ou la mère qui se mêle de ce qui ne le regarde pas, ou qui ferme les yeux, ne saurait être exagérée.

Effectivement, la psychanalyste française Janine Chasseguet-Smirgel peut carrément parler de cette faculté de communication non verbale comme d'une fonction du caractère maternel du thérapeute. Ceux qui en contestent l'utilité, insiste-t-elle, ont sans doute secrètement peur du côté féminin de leur personnalité [4]. C'est cette crainte du féminin qui rend aussi inquiétant pour beaucoup de psychothérapeutes l'état induit par la méditation. Ils refusent d'offrir au patient l'état d'esprit qui, en raison même de sa nature de non-intervention, lui permettrait de découvrir ce qui ne fonctionne pas en lui. Le mot bouddhique *sunyata*, ou vacuité, a pour sens premier, étymologiquement, « vide riche de promesses, vacuité d'une matrice fertile ». Lorsqu'un thérapeute peut créer une fertilité de ce genre, rien que par son silence, le patient ne pourra se retenir d'entrer en contact avec ce qui chez lui n'a pas encore pris forme, et à quoi il s'identifie toujours, même s'il n'en sait rien.

Je me suis souvenu de cela récemment, alors que j'étais auprès d'une patiente qui, plusieurs années plus tôt, après avoir été agressée par un voleur à l'arraché, avait commencé à revenir en pensée sur des moments où son père avait eu un contact sexuel avec elle. Comme il arrive souvent en pareil cas, cette femme doutait beaucoup de l'authenticité de ses souvenirs, mais peu à peu elle s'autorisait à penser qu'ils pouvaient correspondre à la réalité. Elle avait fait un rêve la nuit précédente : on lui volait son porte-monnaie, et elle perdait son sac, avec tous ses papiers d'identité. Elle me dit cela au début de la séance, avant de se sentir bien installée, et pendant qu'elle racontait son rêve, elle ne me regarda pas souvent. À ce stade de la thérapie, son comportement n'avait rien d'extraordinaire. Elle venait de rompre avec un homme qui s'était mal conduit avec elle, et plus d'une fois prenait un air agité et apeuré, comme un animal soudain pris au piège par un chasseur.

Un long silence suivit son récit. Toujours mal à l'aise, ma patiente me signala également que tout à coup elle sentait en elle beaucoup de confusion. Je la pressai de ne pas négliger ce sentiment de confusion mais de demeurer avec lui, parce que de toute évidence il ne lui plaisait pas et qu'elle en faisait un obstacle à la compréhension de son rêve. C'était une confusion qui était due au vide du silence et à laquelle elle s'identifiait encore, le matériau inachevé que le rêve avait rendu conscient.

Dans son souvenir, ensuite, elle descendait l'escalier pour se mettre à table avec sa famille et dîner, après une rencontre terrifiante avec son père, puis elle le voyait qui était assis là et présidait au repas. Mais qui donc est cette personne ? se demandait-elle dans son rêve à propos d'elle-même en regardant ses parents et ses frères et sœurs autour d'elle qui se conduisaient tous comme si de rien n'était. C'était là l'origine de sa confusion. Incapable de réconcilier les deux images de son père et d'elle-même, pendant des années elle avait refusé la réalité de ce qui avait continué à se passer secrètement entre eux. Son rêve, indépendamment des connotations évidentes de viol symbolisées par la perte du porte-monnaie, mettait en lumière des effets plus sournois du traumatisme, cette confusion qui lui avait rendu la vie insupportable et qu'elle avait été forcée de traduire en actes à travers des liaisons multiples avec des hommes indélicats au lieu d'en prendre clairement conscience.

Lorsque j'autorisai la confusion de ma patiente, ce fut une réaction de méditant. J'insistai pour que cette confusion eût droit à son attention sans savoir quel était son sens. Tout ce que je savais, c'est qu'on pouvait la considérer non comme un obstacle, mais comme un phénomène intéressant en soi. L'entraînement dont j'avais bénéficié pour une prise de conscience instant par instant m'avait préparé à cette approche, et ma capacité à maintenir ma stratégie d'attention permit à ma cliente d'approfondir davantage sa propre expérience.

La mémoire et les désirs

Freud a eu beau se montrer particulièrement net quant à l'importance cruciale d'une attention maintenue constamment flottante, les thérapeutes depuis n'ont pas cessé d'être très réticents à accepter le bien-fondé de son conseil. Ils se plaignent : « C'est trop difficile. » Ils se demandent comment faire pour y parvenir. « Pareille tension nerveuse ne se retrouve guère dans la vie », soupire Sandor Ferenczi[5]. Et l'activité intellectuelle, l'« examen critique », la « pensée qui résout les problèmes », le « mécanisme de la connaissance », qu'en fait-on ? Otto Fenichel, qui sans aide a codifié une grande partie des techniques psycho-analytiques dans son petit livre rouge de 1938, *Problems of Psychoanalytic Technique* (« Les Problèmes de la technique psychanalytique »), ouvrage auquel on se reporte encore, refuse de prêter attention aux efforts faits par ceux qui veulent à tout prix donner suite aux recommandations initiales de Freud. Il les accuse de se borner à flotter dans leur inconscient, sans « rien faire d'intéressant, ou presque[6] ».

Ce qui a échappé à tous ces analystes (et il est difficile de leur en vouloir, car ils n'avaient aucune expérience de la méditation) est qu'un seul état d'esprit, stable, équilibré, où l'attention est nue, ou flottante, peut inclure tant la pensée non verbale que la pensée rationnelle ou intellectuelle. Le mécanisme de la connaissance n'a pas à être mis en mouvement par le thérapeute : il opère déjà suffisamment sans le secours de personne. On le voit bien lorsqu'il y a quelque chose d'important à dire. Malgré tout, la plupart du temps, l'activité intellectuelle chez le thérapeute est un moyen de se prémunir contre le silence du patient, un refus de participer à l'expérience d'une non-connaissance partagée qui donne une chance réelle d'aboutir à une découverte.

Ce qui en définitive est thérapeutique pour beaucoup de gens n'est pas tant la construction narrative de leur passé, la composition d'un récit pour expliquer leur souffrance, que l'expérience directe, dans le cabinet du médecin, des émotions, des pensées émotionnelles, ou des vestiges physiques de pensées émotionnelles, qui font qu'ils se retrouvent coincés. Ces sentiments se cachent derrière le silence et manifestent leur présence quand dans la pièce tout se tait. Souvent, sous la forme d'une indigence coléreuse, d'une souffrance maussade, ou d'un accès de colère désespéré, ils signalent l'existence de la carence fondamentale, qui fait que les gens reproduisent sans cesse un comportement négatif sans s'expliquer pourquoi. Charlotte Joko Beck, une Américaine qui enseigne le zen, le représente essentiellement comme apprendre à *faire fondre « l'embâcle de la pensée-émotion* [7] ». Sous ce rapport, la méditation possède un double effet possible : elle peut, d'une part, enseigner au thérapeute à permettre à ces senti-

239

ments très personnels de se faire jour au cours de l'échange thérapeutique et, d'autre part, apprendre au patient à vivre avec eux, une fois qu'ils sont sortis de l'ombre. Ce n'est qu'ensuite qu'il devient réalisable de mettre un terme au retour incessant d'une émotion particulière.

L'usage en thérapie de l'attention nue

Une fois la relation thérapeutique suffisamment bien établie pour permettre au patient de commencer à reproduire les émotions non éliminées du passé, le travail de la thérapie consiste à apprendre comment vivre avec ces mêmes sentiments. C'est là que la méditation, une fois encore, peut se révéler d'un usage approprié. On n'enseigne jamais au thérapeute comment prêter une attention plus efficace, mais on n'explique pas non plus au patient comment utiliser la sienne. Les thérapeutes que nous sommes attendent de leurs clients qu'ils fassent de libres associations, mais nous ne leur apprenons jamais la manière de procéder. Lorsqu'un patient se trouve sous l'emprise d'une émotion gênante, en particulier, la méthode de l'attention nue peut se révéler des plus utiles pour obvier aux tendances qu'on observe habituellement à traduire par des actes les sentiments réellement éprouvés, ou à s'y dérober. Une grande partie de mon travail de thérapeute gardant en l'esprit les possibilités de la méditation consiste à apprendre aux gens, dans le contexte de la thérapie, *la façon* de porter leur attention sur ce qu'ils répètent, une façon qui soit à la fois thérapeutique et conforme à la pratique du méditant.

Les émotions que nous reproduisons sont celles auxquelles nous nous identifions le plus et aussi celles dont nous sommes le moins conscients ; elles représentent ce que nous sommes réticents à connaître de nous-mêmes et ce qui requiert le plus évidemment l'usage de l'attention nue. Comme la célèbre behavioriste Marsha M. Linehan l'exprima dans une réunion-débat à laquelle je participai en 1988 sur le sujet suivant : « Le Bouddha à la rencontre de l'Occident : l'intégration de la psychologie orientale à la psychothérapie occidentale », même les patients les plus émotifs ou les plus suicidaires se révèlent nourrir les plus grandes craintes à l'égard de leurs propres émotions [8]. Ils manifestent (ou, pour parler comme Freud, répètent) beaucoup d'émotion mais, en même temps, ils sont coupés des aspects de leur personnalité qui sont des plus évidents à tous les autres, et ils en ont peur. Comme l'avait observé Marsha M. Linehan, les principes de l'attention nue peuvent être distillés et enseignés de manière behavioriste à des patients de ce type, pour les désensibiliser à leurs propres émotions. Un processus analogue est nécessaire dans le cadre de la psychothérapie.

Cela apparut très clairement dans le travail que je fis avec une femme que je prénommerai Eden. Pendant longtemps au cours du traitement elle ne manifesta aucun signe de progrès. Ainsi, à quarante-deux ans, elle ne pouvait rester pendant plus de vingt minutes dans la même pièce que sa mère sans lui reprocher vertement ses erreurs. Elle s'en voulait d'agir de cette façon, mais ne pouvait s'en empêcher ; son comportement trahissait une blessure plus profonde. Gardant rancune à sa mère du peu d'intérêt que celle-ci avait été capable de lui témoigner dans sa jeunesse, aussitôt qu'elle entendait de sa part une remarque vaguement désobligeante, une question, une interrogation indiscrète, ce qui n'était pas rare, Eden bondissait. Quand sa mère lui demandait : « Qui va garder les enfants pendant que tu seras partie ? », ou : « Qu'as-tu donné aux gosses ce soir pour dîner ? », ou : « Qu'est-ce qui ne va pas aujourd'hui chez le petit ? », elle y voyait une critique de ses capacités en tant que mère, ce qui était probablement le cas. Sa colère devant ces questions, pourtant, était celle d'une adolescente ; elle ne réussissait pas dans ses rapports avec sa mère à faire preuve de la même maturité que dans d'autres domaines de sa vie. Il aurait fallu que sa mère adoptât une attitude différente face aux désirs toujours frustrés qu'elle exprimait. Son besoin de réparation était tel qu'un jour de fête, elle était partie de chez sa mère après le repas quand elle revint la braver : « Inutile de te donner la peine de m'embrasser pour me dire au revoir ! » À sa grande surprise, Eden dut reconnaître que sa mère, quand elle était sortie, l'avait effectivement embrassée ; elle ne s'en était absolument pas rendu compte.

Bien sûr, l'intensité de ses sentiments s'appuyait sur quelque chose de réel. Ses souvenirs lui peignaient une relation entre mère et fille qui avait été très soudée mais très peu chaleureuse ; sa colère à la pensée que sa mère n'avait pas fait le geste qu'elle attendait laissait supposer, à tout le moins, une opposition de caractères ancienne et durable. Ses souvenirs plus récents corroboraient l'idée que sa mère avait eu du mal à percevoir ses besoins et à réagir en conséquence. C'est ainsi qu'entre douze et quinze ans, alors que le corps de sa fille adolescente se transformait, sa mère n'en avait tenu aucun compte et avait continué à l'envoyer à l'école avec ses vêtements d'enfant. Eden avait eu honte de son corps et n'avait pas osé demander l'aide de sa mère dans la crainte de se heurter à encore plus d'indifférence. En même temps, sa mère s'intéressait plus qu'il n'aurait fallu à d'autres aspects de sa vie : elle multipliait les remarques sur son poids et ses habitudes alimentaires, ce qui encourageait sa fille à lui cacher la nature de ce qu'elle mangeait. Le salut vint en définitive uniquement d'une visite au médecin de famille. Il demanda à la mère d'Eden de l'habiller convenablement. Mais la jeune fille continua à se sentir négligée et indigne d'un regard, comme si elle avait souffert de quelque grave défaut. Un jour, elle rédigea une lettre pour sa mère, lui faisant part de sa souffrance et de l'impression qu'elle avait de passer inaperçue. Elle mit la lettre sur l'oreiller de sa mère : celle-ci ne réagit pas.

Adulte, Eden fut attirée dans le bouddhisme par sa philosophie, mais elle se refusa à pratiquer la méditation en bonne et due forme. Elle donna à son refus couleur d'indépendance : elle ne voulait pas se conformer à une structure artificielle quelconque ; elle pouvait fort bien méditer à sa façon *à elle* et ne faisait pas confiance à un instructeur insuffisamment formé pour lui donner des consignes. Cependant, en thérapie, elle finit par comprendre que ce qui lui faisait peur en réalité était sa douleur existante. Sa relation troublée avec sa mère l'avait amenée à s'imaginer si indigne et si traumatisée qu'il lui était impossible de se retrouver livrée à ces sentiments profonds la concernant. Au lieu de méditer, elle préféra continuer à se heurter au problème qui était à l'origine de tout, dans le vain espoir de recevoir de sa mère un message d'une autre sorte, une mère qui de son côté devait se sentir tout aussi empêchée qu'elle d'avoir un contact satisfaisant.

Dans ses séances de thérapie, Eden ne traduisit pas sa colère par des actes, comme elle le faisait avec sa mère. Longtemps elle se contenta de me rapporter des détails sans manifester beaucoup d'émotion. Et puis, un jour, elle se mit à pleurer, tout simplement. Cela se répéta de nombreuses semaines. Ni l'un ni l'autre, nous ne savions le pourquoi de ces larmes. Elle s'asseyait et puis, à un moment ou à un autre, elle commençait à pleurer. Quand elle pleurait ainsi, elle n'avait pas toujours l'air triste, mais elle sanglotait quand même, et elle avait beaucoup de honte à le faire. Non seulement, à ce qu'il parut, elle éprouvait alors toute la détresse et toute la douleur que lui causaient ses rapports décevants avec sa mère mais, sans doute plus important, elle se laissait submerger par son émotion en ma présence. C'était cette submersion, que provoquent aussi bien l'amour et la joie que le chagrin, dont Eden avait été privée. La mère devant les émotions de la fille s'était sentie trop mal à l'aise pour que cette dernière eût la possibilité de les exprimer (cela apparaissait de manière spectaculaire dans l'absence de réaction de cette mère à la lettre qu'elle avait reçue). La honte qui accompagnait chez Eden l'expression de ses émotions était le reflet de celle qu'elle avait toujours ressentie à ne pas correspondre aux désirs de sa mère. Elle avait dû prématurément ériger des frontières autour de son ego pour faire droit aux demandes maternelles et avait gardé l'impression qu'il serait trop dangereux pour elle de céder à ses sentiments. Ses accès de colère incontrôlée, une fois adulte, la renforçaient seulement dans l'idée que ces sentiments étaient inquiétants et impossibles à maîtriser.

Sa mère s'était occupée de la préparer à affronter le monde extérieur, mais elle n'avait jamais cherché à entrer en contact avec le monde intérieur de son enfant. Sa thérapie permit à Eden de ne plus espérer du côté de cette mère quoi que ce soit de différent, d'accepter angoisse, douleur, indignité, comme les conséquences naturelles de l'imperfection de ses rapports avec elle. Le travail à accomplir en l'espèce était d'une certaine manière à l'inverse de ce que demande la pratique tibétaine où l'on considère tous les êtres vivants comme des mères. Il fallait à Eden qu'elle cesse de voir une mère en la sienne; elle devait la traiter comme une personne quelconque, pour pouvoir ainsi tolérer les petites misères qui dans le passé ne lui avaient que trop bien rappelé ses expériences d'enfant. Ce que je lui apportai de plus profitable, cependant, ne fut pas une analyse de ses malheurs. Mon plus grand secours fut de réussir à créer des conditions où il n'y eut plus de péril à prendre conscience des sentiments interdits d'autrefois.

La réparation

Si l'une quelconque des émotions gênantes (colère, désir, surexcitation, honte ou anxiété, par exemple) peut faire l'objet de cette attention nue à effet thérapeutique, la configuration la plus courante comporte le besoin de réparation qui apparaît si bien à travers l'histoire d'Eden. Ce que beaucoup d'entre nous ne peuvent bien se rappeler mais expriment néanmoins fréquemment à travers leurs actes provient d'un drame de l'enfance qui nous laisse, comme nous l'avons vu, à la manière d'Olivier Twist, tardivement tendant la main pour réclamer encore ce qui nous avait jadis fait défaut. Nous avons le sentiment d'avoir prématurément été abandonnés, privés d'un contact; nous ne sommes pas réels; on nous oublie. Souvent, comme l'un de mes patients me le disait encore récemment, l'impression qu'on en garde est : « Tout le monde me déteste », ou l'on se sent abominablement seul. On peut aussi réclamer à grands cris l'attention de quelqu'un qui a donné maintes fois la preuve qu'il était incapable de vous la donner.

Freud ne tarda guère à s'en apercevoir, il est rare que nous puissions nous souvenir, ou prendre conscience directement, des événements traumatisants de notre enfance, que ce soit au moyen de la méditation *ou* de la psychothérapie. Il est beaucoup plus fréquent que nous répétions des comportements qui sont d'une certaine manière des tentatives pour obtenir réparation de la privation originale, ou pour la refuser. Comme le montrait Eden dans ses rapports avec sa mère, il est bien plus facile d'exiger avec colère un accord parfait avec ses parents que d'accepter la relation imparfaite qui a toujours existé avec eux. Ces exigences, nous les formulons sans relâche, espérant contre tout espoir que nous allons pouvoir solutionner ces rapports avec les parents, atteindre à l'abandon muet avec la personne aimée que nous n'avons jamais connu, ou trouver une manière de vivre en harmonie avec les gens qui nous ont déçus, qui fera qu'ils ne nous décevront pas davantage. Derrière tous ces comportements, cependant, on trouve toujours le même besoin impulsif de changer l'autre, jamais celui de se changer soi-même.

Mon travail de psychothérapeute concerne la façon dont nous pouvons nous changer, nous. Dans des cas de ce genre, on doit d'abord examiner ce qu'on répète (accès de colère, tentatives pour annihiler la séparation qui vous déçoit, aspirations maussades à retenir l'attention), puis sentir le vide intérieur que cache l'exigence d'une réparation. C'est ce vide, auquel ceux qui gardent en eux la trace de la carence fondamentale s'identifient

246

tellement, qu'il faut maintenir dans le champ de l'attention nue. Souvent, on se débat contre lui, avec toute la fureur d'un amoureux éconduit mais, si l'on aide les gens à revenir, en dépit des défenses que constituent leurs sentiments de révolte, à l'expérience immédiate de cette vacuité terrifiante, la peur qui colore tant la façon dont ils se perçoivent peut progressivement les lâcher. C'est un espoir depuis longtemps caressé par la psychothérapie, mais c'est aussi un objectif que rend plus accessible l'apport de la prise de conscience dans la méditation.

La lacune

À mes débuts de thérapeute, je fus amené à me rendre compte de l'existence de ce besoin de réparation grâce à une jeune femme (appelons-la Paige) qui commença une thérapie avec moi après avoir abandonné ses études à l'université et menacé de se suicider. Elle sentait un vide au fond d'elle-même, sa famille ne lui apportait ni conseil ni soutien, et elle craignait d'être humiliée dans des relations qu'elle souhaitait et redoutait tout à la fois. Au commencement, elle était torturée par des rêves effrayants, où elle était sans cesse pourchassée, inquiétée, accostée, harcelée. Elle se mit à me téléphoner fréquemment entre deux séances, parfois plaidant désespérément pour obtenir mon aide, parfois exprimant son indignation et sa révolte devant la façon dont je la laissais choir, insistant pour que je la rappelle, que je fixe des rendez-vous supplémentaires et que j'abandonne tout pour m'occuper d'elle. Très vite, je commençai à croire que jamais je ne pourrais en faire assez, en dépit de tous mes efforts pour me montrer secourable, pour l'apaiser, expliquer les limites de mon rôle, etc. Toutes ces tentatives pour la ramener à la raison ne servirent pas à grand-chose. Seulement quand je pus me rendre compte qu'en fait elle essayait de me détruire, qu'elle ne voulait pas reconnaître les frontières entre nous, qu'au besoin qu'elle avait de ma présence se mêlait aussi de la colère, qu'elle était terrorisée par l'intensité de cette exaspération et que cette peur réclamait un secours, il me fut possible de commencer à être un thérapeute « acceptable ».

Dans sa relation avec moi Paige reproduisait beaucoup de la fureur qui s'était emparée d'elle quand elle était petite devant l'indisponibilité de ses parents. Mais c'était moi qui en faisais l'objet maintenant, et elle n'éprouvait aucun intérêt dans l'immédiat à en rechercher l'origine dans les commencements de son existence. Mon premier travail consista à l'aider à trouver un moyen de prendre conscience de ces sentiments au lieu de se contenter de les exprimer par des actes. Quelle que fût l'intensité de sa colère, Paige ne savait pas très bien ce qui se passait en elle. Son indignation lui paraissait légitime ; elle se sentait en droit d'exiger de moi certaines choses et se rendait effectivement mieux compte de sa manière de se croire armée d'une juste cause que de la violence de sa colère. Ses rêves la traduisaient, mais toujours en intervertissant les rôles : on la pourchassait, on la menaçait, jamais l'inverse. Paige voyait dans son emportement l'ouverture d'une vanne qu'on ne pouvait fermer, et elle redoutait d'être simplement hors d'elle, d'accepter ses sentiments dans un esprit de tolérance. Lorsque je lui interdis de m'appeler entre les séances, quand je traçai des limites à ne pas franchir et les respectai, curieusement elle en fut comme soulagée, son irritation contre moi en devint plus mesurée, et cela lui permit de commencer à focaliser son attention sur les silhouettes obscures qui la poursuivaient dans ses rêves et à y voir ses propres sentiments de colère qui avaient fait l'objet d'une dissociation. Elle réussit à faire sienne cette colère en apprenant ce que cela signifiait de se sentir en colère et devint beaucoup plus humaine, n'habita plus un royaume fait de projections abominables.

Une fois qu'elle sut comment vivre avec son irritation, elle fut beaucoup plus capable de pleurer la perte irrévocable de son enfance. Au lieu de perpétuer des conditions dans sa vie présente qui favorisaient un sentiment de frustration dans l'isolement et l'aliénation, comme elle l'avait fait avec moi, elle commença à apprendre comment faire pour accepter ces sentiments en y voyant la suite logique de son expérience d'enfant. En recourant maintes fois à la prise de conscience offerte par la méditation pour la braquer sur ces sentiments de dépossession, en se désensibilisant progressivement à leur impact, elle réussit à se réconcilier avec la personne qu'elle était devenue et à tendre vers celle qu'elle souhaitait devenir.

Transformer les fantômes en ancêtres

Le processus thérapeutique, donc, est de nature à favoriser précisément ce genre d'affliction. Le psychanalyste Hans Lœwald a parlé dans ses ouvrages de transformer les *fantômes* qui hantent les patients en *ancêtres*, en leur faisant goûter ce qu'il appelle « le sang de leur identification » au cours de la relation avec le thérapeute. Il déclare que les fantômes doivent être tirés de l'inconscient, réveillés grâce à l'intensité de la relation thérapeutique, puis enterrés, remisés sur les rayons de l'histoire, permettant ainsi à la personne une souplesse et une vigueur plus grandes dans ses rapports actuels avec autrui [9]. Dans le même ordre d'idées, le psychanalyste britannique Michael Balint, étudiant la carence fondamentale, parle d'aider le patient à changer « sa rancune profonde en regret [10] », de coopérer avec lui pour qu'il s'accommode des traces laissées en sa psyché. Ce qui est implicite dans ces analogies souvent citées est la reconnaissance du fait que les émotions gênantes provoquées par les carences premières finalement ne disparaissent pas ; on peut les mettre dans une châsse au-dessus de la porte d'entrée, pour rappeler ce qu'on fait dans les maisons où l'on professe le confucianisme, mais il importe de leur témoigner beaucoup de respect.

La cicatrice une fois identifiée, la carence reconnue, la colère transformée en chagrin, le moment est propice pour utiliser la méditation d'une façon différente. Précisément parce que cette cicatrice ne s'efface pas, la personne se voit alors offrir la possibilité de fixer dans son objectif la lacune autour de laquelle s'est cristallisée une si grande part du sentiment qu'il existait un soi substantiel. Les Occidentaux qui sont victimes de la carence fondamentale ne peuvent pas commencer à se familiariser avec l'absence de soi du bouddhisme sans d'abord s'être intéressés à la façon dont ils s'identifient à leur douleur émotionnelle. C'est là un processus qui comprend rarement *uniquement* une thérapie, ou *uniquement* de la méditation ; il demande autant de moyens qu'on peut en obtenir. Une fois qu'on s'est débarrassé, cependant, de « la rancune profonde » qui ôte à l'esprit qui observe tant de sa clarté, le processus de la perlaboration peut effectivement commencer.

Lorsque Freud imagina *comment* faire de la relation thérapeutique un moyen d'intégration de ces émotions répétitives, il fit une ou deux remarques pleines d'intérêt. On doit d'abord, assura-t-il, permettre aux émotions de s'affirmer « dans un domaine précis ». La relation alors doit devenir comme un « terrain de jeu », où « tout ce qui est caché » peut se montrer. Ce qui se produit pendant la thérapie doit ressembler à « une zone intermédiaire » entre la maladie et la vie réelle [11], une sorte d'espace crépusculaire de l'âme.

Beaucoup de gens auront tendance à considérer les rêveries de Freud comme exagérément idéalisées, mais leur principal défaut est de ne pas enseigner aux disciples *comment* créer les conditions auxquelles on pense. La méditation est indispensable pour montrer, tant au thérapeute qu'au patient, comment prolonger la « zone intermédiaire » de Freud et autoriser une émotion ou une action à « s'affirmer dans un domaine précis ». Le véhicule de l'attention nue auquel a recours le Bouddha est un des moyens qui permettent de construire le terrain de jeu de Freud.

Chapitre 10

LA PERLABORATION
(DURCHARBEITUNG)

Je me souviens d'un jour, il n'y a pas si longtemps, où j'étais assis dans le cabinet de mon psychothérapeute et où je lui racontais une discussion que j'avais eue avec quelqu'un qui m'était proche. Je ne me rappelle plus les détails, mais j'avais fait quelque chose qui avait contrarié mon amie, et elle s'était mise franchement en colère, selon moi sans que ce fût justifié. Moi aussi, manifestement, j'étais encore sous le coup de la colère, mais je me souviens d'avoir surtout ressenti de la peine et de la frustration en rapportant les incidents à mon médecin.

« Tout ce que je peux faire en pareil cas, insistai-je sur un ton quelque peu plaintif, c'est de l'aimer davantage. » Je me tournais vers mes années de pratique de la méditation et en appelais à la sincérité de mes sentiments profonds pour espérer délivrer mon esprit de la colère qui couvait au-dedans

« Ça ne marchera jamais », me lança-t-il avec brusquerie. J'eus l'impression d'avoir été frappé du bâton d'un maître zen. À des moments comme celui-là, mon psychothérapeute me regardait d'un air un tantinet narquois, comme s'il était confondu par ma sottise. « Pourquoi ne pas vouloir être en colère ? » me disait-il souvent.

Ces rapports entre médecin et patient me sont restés en mémoire parce que, d'une certaine manière, ils cristallisent la difficulté à laquelle on se heurte quand on veut fusionner les démarches bouddhique et occidentale en matière de psychologie. Existe-t-il *vraiment* une objection à être en colère ? Pouvons-nous nous défaire de cette colère ? Que signifie en l'espèce *le travail de perlaboration* ? J'ai continuellement à faire face à des questions de ce genre dans l'exercice de mes fonctions de thérapeute, qui m'ont fait apparaître clairement que *perlaborer* une émotion telle que la colère veut souvent dire autre chose que simplement l'éliminer. En effet, comme la Roue de la Vie bouddhique n'aura cessé de le démontrer, c'est à l'optique de la personne qui souffre qu'il revient de décider si une expérience donnée va perpétuer la souffrance ou être le véhicule de l'éveil. Perlaborer une chose signifie que l'on change sa façon de voir. Si, au lieu de faire cela, on tente de changer son émotion, ou ce qui la précipite, on peut obtenir un succès à court terme, on reste lié, par les forces de l'attachement et de l'aversion, aux sentiments mêmes dont on se débat pour se libérer.

Freud s'en rendait compte : il lui était possible d'amener les émotions ou les comportements gênants dans le champ de la relation thérapeutique, mais sans réussir pour autant nécessairement à les faire disparaître. Se borner à signaler ses répétitions au patient ne les arrêtait pas, une interprétation de leurs origines infantiles non plus. Quelque chose d'autre s'avérait indispensable, que recherche aussi la stratégie bouddhique de l'attention nue : il fallait peu à peu *découvrir* que le matériau désavoué venait de soi-même. Comme le dit Freud : « Il faut donner au patient le temps de se familiariser avec cette résistance dont il vient de faire la connaissance, de la *perlaborer,* de la vaincre, en continuant malgré elle le travail analytique, en accord avec la règle fondamentale de l'analyse [1]. »

Ainsi, même pour Freud, la perlaboration est un

processus dans lequel on cherche à retrouver l'intégrité, à rentrer en possession de ce dont on a été séparé, à accepter ce qu'on préférerait refuser. C'est également un processus pour rendre présent ce qui sans cela resterait enseveli dans le passé, de façon que la personne puisse le percevoir comme venant d'elle-même. « Il faut traiter la maladie [du patient], insiste Freud, non comme un événement d'hier, mais comme une force d'aujourd'hui[2]. »

En définitive, perlaborer une chose consiste avant tout à se réconcilier avec la fatalité de cette chose-là. C'était le premier message que mon propre thérapeute me communiquait quand il me demandait quelle objection j'avais contre le fait d'être en colère. C'est aussi la conclusion à laquelle on arrive fatalement quand on a affaire à ce que j'ai appelé la carence fondamentale. Ces « traces laissées dans la structure mentale[3] », qu'elles prennent la forme de la colère, de la honte, ou d'une solitude frustrée, doivent en dernier ressort être acceptées pour ce qu'elles sont, dépouillées de ces exigences futiles d'une réparation qui autrement occultent leur appréhension immédiate. C'est ce que veut dire Freud quand il parle de traiter la maladie « comme une force d'aujourd'hui ». Avec la pratique de l'attention nue, le bouddhisme procure la méthode appropriée à l'élargissement de notre vision des émotions gênantes et à l'acceptation de la persistance de leur impact. Tout comme de la libre association, du transfert, de l'analyse de la résistance, on peut espérer qu'ils fassent apparaître ces vestiges, de même de l'attention nue on est en droit d'attendre qu'elle soit le véhicule qui permettra d'en prendre possession. Il s'agit bien de la manœuvre thérapeutique décrite par Freud dans « Analyse terminée et analyse interminable » si difficile à réaliser. Perlaborer quelque chose, à ce qu'il apparaît, ne consiste pas uniquement à se rappeler ou à reproduire un matériau refoulé, mais aussi à acquérir un savoir-faire en matière de perception permettant une évolution de ce que les psychanalystes appellent l'ego. Le bouddhisme a toujours présenté la méditation comme une forme de progrès mental ; la psychothérapie en est arrivée à reconnaître, elle aussi, l'existence d'un besoin d'autre chose que de simples intuitions. Elle peut, en se tournant vers le bouddhisme, apprendre comment faire pour satisfaire ce besoin.

Le ça

Au commencement d'une thérapie, comme aux débuts de la méditation, nos émotions souvent nous apparaissent comme dangereuses. La raison en est, en ce qui concerne le face-à-face thérapeutique, la façon dont les gens parlent de leurs émotions comme s'il s'agissait d'entités indépendantes. « J'ai senti monter en moi cette incroyable colère » : voilà ce que j'aurais pu dire moi-même pour rendre compte de mes difficultés avec l'amie qui m'avait tellement contrarié. Ç'aurait été une manière très différente de percevoir mon irritation si j'avais seulement dit : « Je me suis mis en colère. » En tant que thérapeute influencé par le bouddhisme, je constate que je suis sensible à cette sorte de désaveu dans la façon de parler d'une émotion, parce qu'elle montre bien ce qui reste encore à perlaborer. Le seul fait de reconnaître verbalement sa dépendance à l'égard d'une émotion amène une confrontation qui est souvent une étape importante dans le processus thérapeutique. Souvenez-vous : le bodhisattva tend un miroir à ces êtres du Royaume des Enfers qui sont tourmentés par la colère et l'anxiété. Le thérapeute, en pareille situation, doit créer « un climat dans lequel on peut sans risque et sans problème faire l'objet d'un démontage sans avoir l'impression de se désintégrer [4] ».

Comme les psychanalystes n'ont cessé de le souligner, il existe une tendance chez le névrosé à se couper de son expérience émotionnelle, à considérer pensées, sentiments ou sensations comme un « ça », plutôt que comme un « moi », à refuser des aspects fondamentaux de l'expérience du soi. Dans l'optique du bouddhisme (bien comprise), nous ne sommes rien d'autre que ces expériences-là ; nier leur réalité subjective, c'est leur donner une force accrue, comme représentant quelque chose de fixe, de puissant et d'incontrôlable. La personne qui se retrouve dans une situation comme celle-là est séparée d'aspects essentiels de l'expérience du soi. On tient dans la pensée bouddhique pour un principe fondamental qu'avant de pouvoir saisir la vacuité du soi, il faut l'avoir perçu *dans son intégralité, tel qu'il se présente*. Il incombe à la thérapie, autant qu'à la méditation, de rendre à la conscience de la personne ces éléments qui ont subi un clivage, de lui faire voir que ce ne sont pas du tout, en réalité, de véritables *éléments* distincts, mais des aspects essentiels de son être.

Partant de ce que l'on fait pour accomplir des progrès en méditation, je me suis aperçu que le premier travail de perlaboration d'un point de vue bouddhiste consistait à mettre en évidence la façon dont la métaphore spatiale du soi était utilisée de manière défensive pour tenir à distance des aspects essentiels de la personne. Lorsque des émotions comme la colère sont dépeintes comme si elles étaient désavouées ou dissociées, inéluctablement elles sont perçues comme des choses, ou des entités, dont l'existence n'est pas niable et sur lesquelles la personne n'a qu'une autorité limitée, si tant est qu'elle en ait une. Cela crée une situation qui rappelle étrangement les premières tendances de la pensée psychanalytique, selon lesquelles le ça devait être considéré comme le réceptacle des « pulsions » infantiles, par nature « immuables », ou incapables de maturation ou d'évolution [5].

Tout comme les pratiques bouddhistes conseillent la concentration comme méthode d'analyse de la métaphore spatiale, de même en thérapie elle s'est imposée comme la solution par excellence pour obtenir la reprise de possession d'émotions dont on a été dépossédé et qui ont été réifiées, comme la colère. Lorsque l'attention a été entraînée à se porter sur l'émotion en question (en particulier sur la manière dont le corps la ressent), elle cesse peu à peu d'être perçue comme une entité statique et menaçante et devient, au lieu de cela, un *processus* défini par le temps aussi bien que par l'espace. La technique de la concentration permet de percevoir l'émotion gênante comme venant de soi, et par suite de pouvoir la comprendre et l'accepter plutôt que de devoir la redouter pour sa force brutale. Ainsi, dans mon propre cas, lorsque je fus en mesure de focaliser ma prise de conscience sur les sentiments de colère éprouvés dans mon corps, au lieu de vouloir repousser la « chose » que je craignais en lui opposant l' « amour », je pus reconnaître le caractère inévitable de ma réaction. J'avais été blessé, je m'étais mis en colère ; tout n'était pas perdu pour autant. Quand je l'admis, il me devint possible de commencer à me détendre.

On peut s'attendre que la colère soit souvent candidate à ce genre de traitement, mais bizarrement un état de surexcitation peut aussi paraître constituer une menace. J'y pensais récemment quand une jeune femme avec laquelle je travaillais se mit à me parler d'une soirée grisante avec un homme dont elle espérait se faire aimer qui l'avait laissée sur une impression de malaise et de déception. « Je revois toute la scène, me raconta Gwen le lendemain de cette soirée, la musique romantique, il vient s'asseoir à côté de moi. Cette angoisse commence à se faire sentir. C'était si intense – je n'étais pas là.

– Vous me dites : " Cette angoisse commence à se faire sentir. " (Je réagis en montrant bien comment l'angoisse était définie comme une entité distincte.) Et si vous disiez " je m'angoissai ", cela changerait-il quelque chose ? »

La voix de Gwen se perdit : « C'est si fort, si violent. » Elle ne voulait pas, ou ne pouvait pas, reformuler sa phrase.

Gwen donne un bon exemple d'une personne qui ne permet pas à son angoisse (ou peut-être à sa surexcitation) de faire partie de son expérience personnelle. N'acceptant pas sa propre réaction, elle ne pouvait pas se percevoir comme quelqu'un d'anxieux et devenait ainsi incapable de demeurer dans une proximité où la surexcitation, le risque peut-être de perdre les frontières de l'ego suscitaient l'émotion à ne pas tolérer. En l'occurrence, Gwen finit par penser qu'« elle avait tort » de s'angoisser dans une situation exaltante comme celle-là et qu'il lui fallait, au lieu de cela, « s'ouvrir comme une fleur ». La réaction qu'elle avait d'abord eue la confirma dans l'idée qu'elle se faisait d'elle-même (et qui concordait avec une façon de voir qui s'était développée en réaction à une mère critique et peu amène), selon laquelle il y avait en elle quelque chose qui n'allait pas. Ce quelque chose, à son sens, c'était son angoisse, qu'elle percevait comme une entité menaçante et dangereuse, susceptible de la submerger et de la paralyser, plutôt que comme un élément passager et dû aux circonstances de son expérience personnelle.

Si elle s'était examinée de près dans une psychanalyse classique, Gwen aurait pu demeurer séparée de son angoisse et de sa surexcitation. Elle aurait continué à y voir quelque chose de dissocié et de menaçant pour les autres que, dans le meilleur des cas, elle aurait pu apprendre à contrôler et à maîtriser. En s'initiant à amener sa prise de conscience sur son expérience physiologique de l'angoisse, toutefois, elle se mit à autoriser une expression d'elle-même plus spontanée et plus vivante, qui pût inclure l'angoisse aussi bien que le désir d'un rapprochement, la surexcitation en même temps que la crainte. En découvrant que l'angoisse redoutée finirait par se modifier, qu'elle pouvait être à la fois anxieuse et familière, elle commença à se permettre une expérience de caractère plus varié.

De la même façon que les choses se passent sur le sentier de la méditation, tel qu'il est traditionnellement conçu, Gwen en vint à étendre la conception qu'elle se faisait d'elle-même. Elle passa d'une première idée uniquement fondée sur une métaphore spatiale, où les « éléments » étaient distincts et conflictuels, à une autre marquée par plus d'unité et de cohésion. Cette dernière représentation s'organisa autour d'une femme capable, parmi les hauts et les bas, de faire preuve de ressort et de souplesse. C'était un changement important dans la manière de se percevoir, qui venait de ce qu'elle avait appris d'autres modes de perception, lui permettant de vivre avec sa surexcitation au lieu d'en faire une force terrible menaçant de la submerger. Elle put d'une situation de *conflit* qui voyait son obligation de « s'ouvrir comme une fleur » se heurter à une angoisse réelle passer à une autre d'ambiguïté, dans laquelle elle pouvait accepter d'être *à la fois* surexcitée et anxieuse.

Les victimes innocentes

D'un point de vue bouddhique, la première chose à faire, tant dans la perlaboration que dans la méditation, est d'apprendre à vivre avec des émotions menaçantes sans faire intervenir son jugement. L'étape suivante consiste à découvrir la signification du « moi » qui se dissimule derrière les actions et les émotions désavouées lorsque prédomine la conception spatiale du soi. Ainsi, Gwen devait trouver et accepter le « moi » qui était angoissé, tandis que pour ma part, il me fallait trouver et accepter le « moi » qui était en colère. Alors qu'on travaille dans cette direction, les émotions conflictuelles deviennent moins menaçantes pour l'équilibre précaire du système et se transforment davantage en un reflet de besoins humains fondamentaux, qui requièrent notre attention. La colère, par exemple, peut être considérée comme une incapacité, ou une répugnance, à utiliser l'agression pour surmonter un obstacle frustrant, tandis que l'angoisse peut être comprise comme une incapacité encore, ou une répugnance, à admettre l'envie ou le désir. En faisant remonter le sentiment en question à la source du premier besoin inassouvi, et au « moi » qui n'a pas su faire droit à ce besoin, on met en mouvement le processus de perlaboration. Dans beaucoup de cas, une fois que le besoin, ou que l'obstacle, a été identifié et que la personne admet son implication, le travail thérapeutique peut se poursuivre sans difficulté aucune.

Tout se passe bien, mais jusqu'à un certain point. Quand on en arrive aux traumatismes de l'enfance (et, avec eux, aux exigences du Royaume des Esprits Affamés) le processus découvre ses limites. Lorsqu'on s'aperçoit que les besoins du passé n'ont jamais été satisfaits et ne le seront jamais, que les obstacles d'antan n'ont pas été surmontés et qu'on ne cessera pas de s'y heurter, souvent cela provoque un sentiment de profonde indignation. Comme je l'ai montré dans les chapitres précédents, c'est cette découverte-là qui tend à caractériser en psychothérapie l'expérience occidentale de la séparation. Cette indignation même est le signe de ce qu'on est convenu d'appeler le narcissisme : on attend vainement que s'efface, on ne sait trop comment, son sentiment de ne rien valoir, et l'on insiste égoïstement pour que cela se produise. Imaginer que simplement en nous mettant à l'écoute de notre indignation, nous allons pouvoir en être délivrés relève, malheureusement, d'une vision des choses par trop naïve. Reprendre possession d'une émotion dont on s'est séparé ne suffit pas en pareil cas à résoudre le problème : la seule solution qui puisse s'imaginer est de rétablir le lien qui est déjà rompu.

La pratique de la méditation offre un moyen de diminuer temporairement cette impression de ne rien valoir qui n'est pas souvent utilisé dans les thérapies occidentales contemporaines. Il consiste à créer des états de concentration soutenue, dans lesquels les frontières de l'ego s'effacent et les sentiments de ravissement prédominent. Des états comme ceux-là, qui, dans la cosmologie bouddhique, représentent les royaumes du désir les plus élevés et les plus agréables, procurent des satisfactions intenses qui nourrissent un sentiment d'optimisme, d'espoir et de confiance. Cependant, la façon de faire des bouddhistes comporte un autre aspect qui peut se révéler encore plus profitable quand on a touché le fond de son indignation. Il s'agit, en un sens, de l'arme secrète du bouddhisme, d'un moyen par lequel on peut changer son point de vue : au lieu de sentir combien on est indigné, on porte son attention sur *celui qui* ressent l'indignation, et de cette façon on saisit ce que les psychologies bouddhistes considèrent comme la *relativité* des émotions narcissiques.

Dans la tradition tibétaine, selon le chercheur en bouddhisme Robert Thurman, le meilleur moment pour observer lucidement le soi est quand nous sommes dans un état où nous nous tenons pour des *victimes innocentes*, lorsque nous avons été outragés et pensons : « Comment a-t-il (ou a-t-elle) pu me faire ça ? Je ne mérite pas pareil traitement [6]. » C'est dans ces conditions, dit Thurman, que l'on voit le plus clairement le « noyau dur » du soi et le soi, du point de vue bouddhique, ne peut se comprendre véritablement que lorsqu'on parvient à bien le voir à l'instant où il se manifeste.

Cet état de la victime innocente est l'équivalent en bouddhisme de la carence fondamentale, mais les bouddhistes en font une chance considérable plutôt qu'un lieu de résignation. Si l'on se place dans une perspective bouddhique, atteindre à l'état en question, tenir le sentiment d'indignation bien stable sous le regard de sa conscience tel que le permet la méditation, c'est s'ouvrir le sentier de la clairvoyance. C'est précisément le moment vers lequel ont tendu toutes les pratiques préliminaires de la méditation, parce que ce sentier de la clairvoyance est plus que tout fait d'une analyse de la nature de ce « moi » qui se sent lésé. Jusqu'à ce qu'il soit perçu, il ne peut faire l'objet d'un examen attentif dans la méditation. C'est pourquoi, dans mon exercice de la psychothérapie, il m'incombe de fêter d'une certaine manière l'apparition de ce « moi » insaisissable, de montrer à mes patients au plus fort de leur indignation les possibilités qui s'ouvrent à eux. Le zen pourrait appeler cela la porte sans porte, l'accès à un sentier de la clairvoyance qui, si l'on y regarde de plus près, se découvre être une chimère.

L'efficacité de cette approche quand on doit s'occuper des émotions réactionnelles, si difficiles de par leur nature même et qui caractérisent si bien l'expérience de la carence fondamentale, ne saurait être exagérée. Alors que la première chose à effectuer est d'intégrer les émotions désavouées, de découvrir et d'accepter le sentiment du « moi » qui a été déplacé, dans la conception bouddhiste ce qu'il y a de plus important est de faire passer l'attention du champ des émotions réactionnelles au sentiment du « moi » lui-même. Au cours de ce processus, l'intérêt pris à l'indignation peu à peu diminue et fait place à de la curiosité pour l'analyse de la nature de ce « moi ». L'idée que se font les bouddhistes du caractère changeant des émotions réactionnelles s'est toujours appuyée là-dessus. Ce n'est pas que ces émotions disparaissent alors nécessairement (encore que certaines écoles de bouddhisme aillent jusqu'à affirmer qu'elles finissent par le faire), mais elles perdent de leur vitalité, à mesure que le sentiment du « moi » se découvre avoir beaucoup moins de consistance qu'on ne le supposait précédemment. Vues sous l'angle de l'innocence injustement traitée, elles paraissent une question de vie ou de mort. Considérées comme appartenant à un soi métaphorique, elles semblent absurdes ou, à tout le moins, d'importance relative.

Parmi psychothérapeutes et psychanalystes, depuis longtemps la querelle fait rage autour de la question de savoir si les émotions baptisées instinctuelles sont ou non, en réalité, susceptibles de connaître une transformation. Habituellement on pense que non, qu'après que le refoulement a cessé, que la colère a été reconnue, il appartient encore à l'ego de les maîtriser ou de les contrôler. Dans l'autre théorie, une fois l'intégration du matériau désavoué obtenue par des actes conscients, un changement réel se produit dans la manière dont ces émotions sont perçues. En pareil cas, insiste-t-on, l'impression est que ces émotions primitives sont « vides de sens [7] ».

Toujours selon cette théorie, il n'est pas nécessaire que l'ego condamne les émotions instinctuelles, une fois qu'elles ont été rendues conscientes : de les faire devenir conscientes suffit à les vider de leur contenu infantile. Les bouddhistes, eux, prévoient une étape intermédiaire de première importance avant l'obtention de ce résultat. Pareille évacuation est effectivement possible, affirment-ils, mais quand elle survient, ce n'est pas uniquement dû au fait qu'on a rendu les émotions conscientes, c'est aussi qu'on a examiné avec soin le sentiment sous-jacent d'identification qui accompagnait l'expérience émotionnelle. En focalisant l'attention sur cette identification, le bouddhisme fait obstacle au développement des émotions réactionnelles, tout en ouvrant largement une nouvelle voie à leur perlaboration. Une telle manière d'envisager les choses découle directement de la progression logique du sentier de la méditation, dans laquelle les techniques de l'attention nue, de la concentration et de la vigilance font place, le moment venu, à celles de la recherche analytique sur la nature de l'expérience du soi. On fait glisser l'attention de l'émotion elle-même à l'identification avec elle, ce qui permet de percevoir cette émotion différemment. Cela ressemble à ce qui se passe quand on essaie de voir une étoile lointaine à l'œil nu : en regardant un peu à côté de l'étoile, on la distingue en fait plus clairement.

C'est une démarche qui aurait, je pense, suscité l'admiration de Freud. Dans ses travaux sur les « instincts », il semble être parvenu à une conviction de même nature quant au pouvoir que possède un examen serré, continu, objectif, d'amener dans la conscience une transformation. Ce faisant, il en arrive à des conclusions sur les instincts qui se rapprochent beaucoup de celles du Bouddha au sujet du soi. « La théorie des instincts, dit-il dans ses *Nouvelles Conférences d'introduction à la psychanalyse* [8], est en quelque sorte notre mythologie. Les instincts sont des entités mythiques, superbes dans leur imprécision. Dans notre travail, il est impossible un seul instant de les ignorer, et pourtant nous ne sommes pas sûrs de bien savoir ce qu'ils sont. »

Les psychothérapeutes dont la démarche de pensée est celle du bouddhisme souscriraient à cela, mais ils insisteraient pour que la cible de l'observateur passe des instincts au soi car, lorsqu'on a pris conscience de la superbe imprécision du soi, les « instincts » perdent beaucoup de leur importance. Cette transformation est rendue possible par un examen du soi qui se sent lésé, et non uniquement par celui des sentiments de grief. Une fois compris le caractère mythique du soi qui se révèle, il est difficile de ne pas s'apercevoir de la vacuité des émotions égoïstes.

Dans un contexte thérapeutique, cette façon de

procéder est particulièrement rentable, parce qu'elle permet *à la fois* de bien se rendre compte de l'intensité des émotions réactionnelles et de la précarité du terrain où elles se tiennent. Perlaborer signifie s'accommoder de ces deux choses-là. Voyez ce qui advint à mon patient Carl, quarante ans, directeur dans une agence de publicité. Il vécut lors d'une retraite de méditant une expérience qui va concrétiser ce dont je parle.

Carl savait montrer sa sollicitude à chacun. Au cours de sa thérapie avec moi, il se révéla un merveilleux conteur d'histoires. Il avait à peine fini une anecdote qu'il passait à une autre : impossible de s'ennuyer. Il me fallut un certain temps pour arriver à comprendre qu'il reproduisait avec moi sans effort un comportement qui l'avait déjà servi dans d'autres relations déterminantes de son existence. Ses histoires étaient si plaisantes et en apparence tellement en rapport avec notre sujet qu'il donnait l'impression d'être en plein dans la thérapie, alors qu'en réalité l'objet de toute son attention était de s'occuper de moi.

Le besoin qu'il éprouvait de prendre soin des gens que les circonstances rapprochaient de lui ainsi que la peur que cela recouvrait de dépendre d'eux avaient directement pour origine la mort tragique de son frère aîné dans un accident d'automobile, alors que lui-même avait quatre ans. Ses parents avaient réagi à l'événement par un chagrin facile à comprendre, mais leur affliction n'avait pas connu de fin, sans qu'il en fût jamais question. Carl n'avait conservé aucun souvenir de ce qu'il avait ressenti lors de cette perte. Il était devenu un jeune homme exubérant, un étudiant et un athlète aux brillants résultats, qui avait réussi à garder secrets ses sentiments d'isolement jusqu'à la rupture mettant fin à sa première longue relation amoureuse.

Inutile ici de détailler les progrès qu'il fit en thérapie, mais il parvint à atteindre le stade que je désignerais comme celui de la prise de conscience de la carence fondamentale. Il ne se dérobait plus aux suites émotionnelles désastreuses de la mort prématurée de son frère.

Lorsqu'il commença une méditation intensive, Carl éprouva une douleur physique oppressante qui ne le quitta plus. Ce n'était pas le genre de douleur qu'on trouve plus souvent au début de la méditation : douleur dans le dos, les genoux, ou le cou, qui s'intensifie mais disparaît ensuite, quand les endroits où se situe la tension musculaire ont été perçus et détendus. Cela donnait tous les signes d'être quelque chose de nature différente, d'une acuité qui eut tôt fait de convaincre Carl que physiquement tout n'était pas en ordre. Cette douleur se mit à le préoccuper tellement qu'il imagina toutes sortes d'hypothèses et fut pris de panique. Il fit tout ce qui était en son pouvoir pour s'y soustraire, mais cela apparemment eut pour seul effet d'aggraver les choses. Il se sentait pris dans un étau.

Il fallut à Carl attendre que lui vînt la pensée : « Cela est la douleur qui ne s'effacera *jamais* » pour qu'il songeât à faire le rapprochement entre sa souffrance physique pendant la méditation et sa souffrance émotionnelle pendant la thérapie. Quand il en fut arrivé là, il put traiter cette douleur comme si elle était bien celle qui *refuserait* toujours de s'en aller, puisqu'elle provenait de la perte simultanée de son frère *et* de l'affection de ses parents. Grâce à un recours à l'attention nue, Carl réussit à tenir avec sa douleur sans perdre son sang-froid mais, tant qu'il ne fut pas en mesure de déplacer son attention de la douleur au « moi » qui la ressentait, il n'eut guère l'impression d'un progrès. Ce glissement s'opéra quand il se retrouva en train de se répéter : « Désolé, désolé », comme si c'était lui qui avait été responsable du chagrin de ses parents et de leur indisponibilité émotionnelle.

En gardant ce sentiment et en l'entourant d'une prise de conscience qu'il avait acquise en méditant, Carl se mit à percevoir sa douleur physique persistante sous la forme d'effilochures de lumière et de sensations, qui montaient et descendaient le long de son dos. Son expérience rappelait ce que disent les patients atteints d'une douleur chronique, lorsqu'on leur donne un analgésique efficace : « Ma douleur est la même, mais elle ne me fait plus souffrir. » Après cette expérience, Carl reconnut pleinement sa douleur, sa colère, sa culpabilisation, mais il ne se sentit plus bridé par elles. Ses sentiments n'avaient pas disparu, mais son besoin compulsif de prendre soin d'autrui n'était plus là. Par la suite il put avoir des rapports intimes d'une autre sorte. Voilà ce que signifie l'évacuation des instincts : Carl n'eut pas de sentiments véritablement différents, mais il ne fut plus désormais la victime de ce qu'ils représentaient.

Un cours nouveau donné à l'agressivité

Ce qui fait l'efficacité de la façon de procéder des bouddhistes est qu'au moment critique où la personne se sent une victime innocente, habilement cette méthode fait prendre à l'attention *et à l'agressivité* une autre direction, en les intéressant non plus à l' « objet » décevant mais au sujet mal perçu. L'insistance attachée à une réparation est en réalité une forme à peine déguisée d'agressivité à l'égard de l'être aimé qui déçoit, la peur cachée que la perte du lien soit due en fait à sa propre haine ou à sa propre exigence. Au moment précis où il semble que rien ne puisse être fait pour changer de pareils sentiments, quelque chose d'autre devient possible. En ramenant le regard sur la façon dont la personne perçoit le « moi », la méthode bouddhiste permet une analyse fouillée des errements de ces émotions, tout en mettant sans cesse en question l'identification implicite à ces mêmes émotions qui, sinon, empêche une investigation complète. C'est ainsi que, lorsque je commençai à m'intéresser au sentiment du soi qui se faisait jour en même temps que ma colère, j'eus l'impression que j'élargissais le champ de l'expression de cette colère. Je me sentis moins coupable, sans être davantage irrité ; en fait, je devins beaucoup plus capable de considérer le fait d'être en colère comme une réaction, inévitable et passagère, à la prise de conscience d'une déception, plutôt que comme une menace planant sur un lien instable de nature.

On peut dire d'une émotion telle que la colère qu'elle a été perlaborée lorsque son apparition permet de se focaliser sur le sentiment concomitant du « moi », quand *cela* retient davantage l'attention que le sentiment d'indignation. Ce changement de direction de l'attention, ou son élargissement, ne se fait pas dans un but défensif, pour ne pas avoir à connaître la colère, mais afin de ne manquer aucune occasion d'analyser la nature du soi. En contestant le pouvoir d'agir d'une émotion, on parvient à passer d'une perspective où l'on rapporte tout à soi à une attitude ouverte. On ne refuse pas sa réalité immédiate au sentiment que l'on perçoit, mais on peut néanmoins commencer à sourire de soi-même et de ses réactions coutumières.

Une des découvertes les plus importantes que je fis personnellement en thérapie fut que la moindre interruption dans mes rapports avec une personne chère suffisait à m'impatienter. Je finis par comprendre que l'origine en était un sentiment prématuré de séparation durant l'enfance, mais de le savoir ne suffit pas à m'apporter un soulagement, cela me valut uniquement de la clairvoyance. Je continuai d'être à la merci de mes sentiments, chaque fois qu'un ami ou une personne aimée venait à me décevoir. Lorsque je devins capable d'utiliser ces déceptions pour bien appréhender mon sentiment primitif d'identification, toutefois, quelque chose se mit à changer. Je découvris que je ne pouvais plus demeurer en proie à une légitime indignation. Je fus contraint de relâcher mon étreinte et de mettre en doute mon assurance qu'un seul exemple d'absence devait être interprété comme un abandon. En faisant appel à ma propre agressivité et en m'en servant pour orienter ailleurs ma prise de conscience, je réussis à ne plus être le prisonnier de mes réactions instinctives. La capacité de passer ainsi d'une identification avec le penseur à un doute quant à sa réalité est ce qui permet une perlaboration efficace des découvertes thérapeutiques.

Tant que l'existence du penseur est une chose implicitement acceptée, il demeure toujours un certain attachement narcissique au grief qui se découvre durant la thérapie. Sinon, quand ce grief peut être mis à profit pour définir précisément un sentiment du soi difficile à saisir, il commence à avoir une utilité et peut collaborer à une recherche plus importante. Trop souvent, au terme de la thérapie, on a bien pris possession de sa douleur, mais sans disposer des instruments pour en tirer un avantage quelconque. Les séances ont permis de faire apparaître un sentiment du soi latent qui est à la base du narcissisme, mais le patient ne sait pas comment exploiter cette découverte. Malgré les soins, on continue à se sentir dans une ornière, sans espoir, sans issue. C'était en présence de cas semblables que Freud désespérait de pouvoir jamais terminer l'analyse.

Conclure

L'achèvement d'une psychothérapie est la dernière chance offerte d'encourager ce passage des griefs de l'innocence à la conduite d'une enquête sur le « moi ». Il représente l'ultime occasion de mettre à profit la relation thérapeutique pour apprendre au patient à redéployer sa prise de conscience au lieu de la focaliser sur sa conviction d'avoir été injustement traité, à la diriger sur le vide et l'absence de soi dont le Bouddha enseigne qu'ils constituent un antidote à la souffrance mentale. Dans l'abstrait, tout cela peut sembler se payer de mots, mais peut aussi parfois se révéler le moyen le plus pratique dont on dispose pour aider quelqu'un à faire face au retour des sentiments gênants à un moment comme la fin d'une thérapie, parce que ce moment-là fait toujours resurgir les émotions résiduelles qui n'auront pas été perlaborées.

J'en prendrai pour exemple un des premiers patients que je soignais sur une longue période. Appelons-le Jerry. Il m'avait souvent fait part de ses craintes concernant la fin de sa relation avec moi. Après avoir travaillé ensemble de nombreuses années, pourtant, nous en vînmes à diminuer la fréquence de ses rendez-vous. La thérapie avait été tumultueuse, ponctuée d'épisodes où il s'était posté devant la porte de mon cabinet pour mesurer jalousement le temps que je passais avec d'autres clients. Enfin il se considéra comme prêt à entreprendre le processus d'achèvement. Lorsqu'il vit arriver l'heure du premier rendez-vous qu'il allait devoir manquer, toutefois, il eut l'impression que je le mettais dehors. Il en fut irrité, froissé, se sentit rejeté, abandonné, inadéquat, furieux, toutes réactions que nous avions analysées de fond en comble pendant sa thérapie. Jerry ne pouvait s'empêcher de réagir de cette façon-là, même si, depuis une île lointaine de parfaite lucidité, il lui était possible de reconnaître ce qui sonnait faux dans ses convictions. Cette reconnaissance lui donna la force de travailler sur ce qu'il éprouvait de la manière que j'ai dite. En élargissant, comme il avait appris à le faire, le champ de sa prise de conscience, de façon à y inclure l'identification qu'il ressentait jusque dans son corps avec le sentiment qu'il avait été injustement traité, celui-ci se mit à lui paraître absurde. Plus il focalisait son attention sur le sens du « moi » qui lui était propre, plus il devenait capable d'affronter le seul sentiment qu'il *n'éprouvait pas* : de la tristesse d'avoir à me quitter. Il en résulta que Jerry connut l'expérience, non pas simplement d'être en colère contre moi, mais aussi de me regretter pendant la semaine de sa séance manquée. Grâce à tout le travail que nous avions accompli ensemble, il put sans aide mener à bien l'essentiel de ce processus. Ma seule contribution fut de faire ressortir la manière dont il paraissait courir vers l'achèvement de sa thérapie, sans même prendre le temps de se rendre compte de l'impression produite.

Travailler dans un sens

En devenant capable de me regretter, Jerry fut aussi beaucoup plus en mesure de se mettre en quête d'expériences nouvelles susceptibles de le

272

rendre heureux. Au lieu de demeurer dans sa colère, ou même dans sa tristesse, il prit la responsabilité de trouver de nouveaux moyens de maintenir son intérêt pour l'existence. Il put passer d'un stade où tout son effort consistait à perlaborer ses sentiments gênants à un autre où il « travailla en vue [9] » de satisfactions plus grandes. Il bénéficia en cela de la technique bouddhiste d'un changement dans la direction de l'attention au moment crucial de l'innocence injustement traitée, car il n'avait en aucune façon cessé de souffrir des griefs qu'il nourrissait au début de sa thérapie. Il avait toujours tendance à exagérer l'importance de toutes les humiliations qui pouvaient lui être faites, mais il réussissait maintenant à transformer ces catastrophes en occasions de marquer des points. Si l'on peut ajouter foi aux promesses du Bouddha (rappelez-vous qu'il avait éprouvé de la réticence à les annoncer, car il était persuadé qu'on n'y croirait pas), alors une satisfaction plus grande est susceptible d'attendre ceux qui sont prêts à travailler ainsi sur leur douleur psychique.

En révélant non seulement les sentiments impossibles à éliminer d'un tort subi de caractère narcissique, mais aussi l'idée que se fait d'elle-même la personne « lésée », la psychothérapie peut œuvrer en commun avec le bouddhisme d'une façon qui est profitable à l'un et à l'autre. En faisant ressortir ce qu'est le sentiment subjectif du « moi » dans un milieu sensible et accueillant, la psychothérapie peut effectuer ce que la seule pratique de la méditation ne réussit pas à accomplir, c'est-à-dire vaincre les obstacles que rencontre un esprit occidental à trouver et à tenir le sentiment d'un soi dissocié et aliéné. En refusant de se laisser rebuter par le sentiment d'être une innocente victime qui souvent se dégage d'une relation psychothérapeutique réussie, et en utilisant au contraire ce sentiment comme tremplin pour analyser le « moi » qui se fait jour, le bouddhisme procure le chaînon manquant entre perlaboration et travail en un sens, qui depuis si longtemps défie les recherches des psychothérapeutes. Ce chaînon représente un changement de perspective qui soudain peut donner le sentiment que se débloque une situation que l'on croyait sans issue.

Ce changement, que continuellement le bouddhisme cherche à favoriser et qu'il tente sans cesse d'exprimer avec de nouvelles formules, constitue l'apport le plus important qu'il est en mesure de fournir au monde de la psychothérapie. Juste au moment où il semble que rien n'est plus possible, le Bouddha promet qu'une autre porte peut s'ouvrir. Dans ses enseignements, à maintes reprises pour illustrer ses propos il a recours à la mort et au deuil. Ce n'est pas qu'il croie qu'il ne faille pas réagir émotionnellement à leur présence (comme l'ont parfois supposé des disciples fervents ou des critiques incrédules), mais parce qu'il est persuadé que même ces expériences dévastatrices peuvent être traitées de la façon que j'ai dite. On ne peut songer à délivrer d'une douleur émotionnelle sans d'abord aller à la rencontre du penseur.

L'agent de la sublimation

Le dalaï-lama commence chacune de ses conférences en disant comment les êtres humains aspirent au bonheur et comment la seule raison d'être des exercices spirituels est de faire de ce bonheur une réalité. La stratégie qui consiste à focaliser l'attention sur le « moi » qui apparaît dans les instants de grief narcissique n'est qu'un exemple très élaboré d'une façon de procéder que le sentier bouddhique utilise abondamment, celle qui consiste à travailler constamment à l'obtention de satisfactions plus raisonnables. L'antidote au désir irréfléchi du Royaume des Animaux, par exemple, est figuré dans la Roue de la Vie par un livre, et celui de la soif inextinguible du Royaume des Esprits Affamés défini comme étant une nourriture spirituelle, l'un et l'autre constituant de puissants symboles de sublimation. La capacité de *tenir* une émotion dans l'espace transitionnel de l'attention nue est toujours représentée dans les enseignements bouddhistes comme plus satisfaisante et plus efficace que les stratégies du désaveu ou de la complaisance.

Les états de sentiment agréable qu'entraînent les pratiques de concentration sont connus pour leur tonalité voluptueuse et séduisante, et l'éventualité d'un attachement à leur côté sensuel est la preuve qu'on a affaire à des états de désir sublimé. L'état équilibré où l'on jouit d'une égalité d'âme, tel un thé de qualité supérieure, fait toujours l'objet d'éloges dans la littérature bouddhiste pour le plaisir élevé qu'il procure. Manifestement, le bouddhisme pense que la prise de conscience elle-même est l'agent de la sublimation ; le méditant qui la cultive se voit offrir un moyen de découvrir des jouissances qui sans cela lui seraient inaccessibles. C'est en tenant compte de ces choses-là que la stratégie qui consiste à sonder le narcissisme apparaît comme le remède aux maux de la carence fondamentale, et c'est avec cela en l'esprit que le psychanalyste Erich Fromm écrivit dans un ouvrage qui fit date, *Bouddhisme zen et psychanalyse* : « Pour ceux qui souffrent d'aliénation, la guérison ne tient pas en *l'absence de maladie,* mais en *la présence de bien-être* [10]. »

Pourtant, Fromm se trompait en ramenant l'intention de la pensée bouddhiste à la seule production de bien-être. Comme nous l'avons vu, la méditation bouddhique entraîne des expériences de plaisir intense *aussi bien* que de terreur, d'états sublimés de désir *aussi bien* que d'agressivité. En mettant en lumière les seuls états de plaisir, Fromm fait la même erreur que Freud assimilant l'expérience mystique au sentiment océanique. En effet, comme l'enseigne le Bouddha, les états de bien-être sont par nature instables; ils peuvent temporairement s'opposer aux symptômes d'aliénation mais ne sont pas pour autant synonymes de guérison. L'aliénation, pour effectivement disparaître, demande une volonté, et non un sentiment de confort; ce qu'offre le Bouddha est un sentier, un *but*, et pour qu'il se présente il faut donner à la prise de conscience une autre orientation, agressive, afin qu'elle fasse entrer dans son champ l'appropriation d'une identité. C'est précisément aux instants où nous nous sentons le plus assiégés, lorsque instinctivement se réveillent notre agressivité innée et nos réactions de défense, que l'occasion nous est offerte de travailler à une compréhension plus grande. L'agressivité de la victime innocente peut être exploitée pour démontrer la fausseté du narcissisme : c'est ce qu'on entend par le « potentiel destructeur » de la méditation.

Quand Freud parle du sentiment océanique comme d'un parfait exemple de sentiment mystique, et quand Fromm fait l'éloge du bien-être en tant que couronnement de la méditation bouddhique, ils négligent une donnée simple mais essentielle : la méditation n'a pas pour seul objet de créer des états de bien-être; elle cherche à détruire la croyance en un soi dont l'existence serait dans la nature des choses. « *Les pensées existent sans qu'il y ait penseur.* » L'*insight* a le plus de chances de se manifester, dit le psychanalyste W. R. Bion, quand l'existence du « penseur » n'est plus nécessaire. C'est précisément ce que le Bouddha a découvert depuis longtemps. Il n'est nul besoin que l'expérience du méditant soit océanique, à ce qu'il apparaît, pour pouvoir montrer à quel point nous naviguons en réalité sans repère.

NOTES

1. Rick Fields, *How the Swans Came to the Lake :
a Narrative History of Buddhism in America*, Boulder,
Shambhala, 1981, p. 135.

2. Voir la lettre de Freud à Romain Rolland du
19 janvier 1930 dans : Sigmund Freud, *Correspondance (1873-1939)*, Paris, Gallimard, 1979, p. 428.

3. Freud, *Malaise dans la civilisation,* Paris,
P.U.F., 1971, p. 16.

4. Freud, « Analyse terminée et analyse interminable », *Revue Française de Psychanalyse* 10-11,
1938-1939, n° 1, 3-38. Comme je l'évoque au début
de la troisième partie, Freud en vint à la conclusion
que seul « un ego sain pouvait tirer pleinement
profit d'une psychanalyse ».

1. Cité dans Carl Jung, Avant-Propos à *Introduction to Zen Buddhism* de D.T. Suzuki, Leipzig, 1939,
in *Psychology and Religion : West and East,* vol. 1 de
The Collected Works of C.G. Jung, trad. américaine
de R.F.C. Hull, Bollingen Series, n° 20, New York,
Pantheon, 1958, p. 548.

*Chapitre 1 : La Roue de la Vie :
une représentation bouddhique de l'esprit névrosé*

1. Freud, « La dynamique du transfert », *Standard Edition of the Complete Psychological Works,* ed.
et trad. James Strachey, Londres, Hogarth Press,
1958, vol. 12, p. 108.

2. D.W. Winnicott, *Jeu et Réalité*, Paris, Gallimard, 1975.

3. Freud, « Considérations sur le plus commun des ravalements de la vie amoureuse », *Revue Française de Psychanalyse* 9, 1936, n° 1, p. 10-21.

4. Freud, *Malaise dans la civilisation, op. cit.*, p. 20-21.

5. Michael Eigen, « The Area of Faith in Winnicott, Lacan and Bion », *International Journal of Psychoanalysis* 62, 1981, p. 422.

6. D.W. Winnicott, « De la communication et de la non-communication », in *Processus de maturation chez l'enfant. Développement affectif et environnement*, Paris, Payot, 1980, p. 161.

7. *Ibid.*, p. 160.

8. Voir Lewis Aron, « Working through the Past – Working toward the Future », *Contemporary Psychoanalysis* 21, 1991, p. 87-88.

9. Voir Peter Matthiesen, *Nine-Headed Dragon River : Zen Journal 1969-1982*, Boston, Shambhala, 1987, p. 192.

10. W.R. Bion, *L'Attention et l'Interprétation*, Paris, Payot, 1974.

*Chapitre 2 : L'humiliation :
la première des Vérités du Bouddha*

1. Narada Maha Thera, *The Buddha and His Teachings*, Colombo, Vajirarama, 1973, p. 62.

2. Compilé à partir d'*ibid.*, p. 89-90, et de Nyanatiloka, trad., *The Word of the Buddha*, Kandy, Buddhist Publication Society, 1968.

3. Freud, « Au-delà du principe de plaisir », in *Essais de psychanalyse*, Paris, Payot, 1981, p. 60.

4. Bela Grunberger et Janine Chasseguet-Smirgel, *Freud ou Reich? Psychanalyse et illusion*, Paris, Tchou, 1976, p. 130.

5. Wilhelm Reich, *L'Analyse caractérielle*, Paris, Payot, 1992.

6. Otto Rank, « The Genesis of the Object Relation », in *The Psychoanalytic Vocation; Rank, Winnicott, and the Legacy of Freud*, ed. Peter Rudnytsky, New Haven, Yale U.P., 1991, p. 173.

7. Rank, *Volonté et Psychothérapie*, Paris, Payot, 1976.

8. Adam Phillips, *Winnicott*, Cambridge, Harvard U.P., 1988, p. 81.

9. *Ibid.*, p. 134.

10. D.W. Winnicott, « Distortion du moi en fonction du vrai et du faux " self " », in *Processus de maturation chez l'enfant, op. cit.*, p. 115-131.

11. Freud, « Pour introduire le narcissisme », in *La Vie sexuelle*, Paris, P.U.F., 1969.

12. Richard De Martino, « La condition humaine et le bouddhisme zen », in *Bouddhisme zen et psychanalyse*, Paris, P.U.F., 1971.

13. Stephen Batchelor, *The Faith to Doubt : Glimpses of Buddhist Uncertainty*, Berkeley, Parallax Press, 1990, p. 83.

Chapitre 3 : La soif :
la deuxième des Vérités du Bouddha

1. Voir T.R.V. Murti, *The Central Philosophy of Buddhism; A Study of the Madhyamika System*, Londres, Unwin Hyman, 1955, p. 3.

2. Extrait du sutra du Majjhima-Nikaya. Cité dans Stryck, *op. cit.*, p. 147.

3. Ananda H. Coomaraswamy et I.B. Horner, *La Pensée de Gotama, le Bouddha*, Puiseaux, Pardès, 1987.

4. Alice Miller, *Le Drame de l'enfant doué. À la recherche du vrai Soi*, Paris, P.U.F., 1983.

5. Adam Phillips, *On Kissing, Tickling and Being Bored*, Cambridge, Harvard U.P., 1993, p. 76.

6. D. T. Suzuki, trad., *The Lankavatara Sūtra : A Mahayana Text*, Boulder, Prajna Press, 1978, p. 159.

7. D.W. Winnicott, « Distorsion du moi en fonction du vrai et du faux self », *op. cit.*

8. Christopher Bollas, *Forces of Destiny : Psychoanalysis and Human Idiom*, Londres, Free Association Books, 1989, p. 21.

9. Hans Waldenfels, *Absolute Nothingness : Foundations for a Buddhist-Christian Dialogue*, trad. J.W. Heisig, New York, Paulist Press, 1976, p. 68.

Chapitre 4 : La libération :
la troisième des Vérités du Bouddha

1. Joseph Goldstein et Jack Kornfield, *Seeking the Heart of Wisdom : The Path of Insight Meditation*, Boston, Shambhala, 1987, p. 83.

2. Nyanatiloka, *op. cit.*, p. 38.

3. Freud, *Cinq leçons sur la psychanalyse*, in vol. 10, 1909-1910 des *Œuvres complètes*, Paris, P.U.F., 1993, p. 54.

4. La scène a aussi été décrite dans Stephen Levine, *Qui meurt ? Une investigation du processus conscient de vivre et de mourir*, Le Souffle d'Or, 1991.

5. Freud, *Malaise dans la civilisation*, *op. cit.*, p. 10.

6. Hans Lœwald, *Sublimation : Inquiries into Theoretical Psychoanalysis*, New Haven, Yale U.P., 1988, p. 13.

7. Stryck, *op. cit.*, p. 271.

8. Voir par exemple Roy Schafer, *Un nouveau langage pour la psychanalyse*, Paris, P.U.F., 1990.

9. Janine Chasseguet-Smirgel, *L'Idéal du Moi. Essai psychanalytique sur la « maladie d'idéalité »*, Paris, Tchou, 1975.

10. Richard B. Clarke, trad., *Verses on the Faith Mind*, Fredonia, White Pine Press, 1984, p. 155.

11. Philip Yampolsky, trad., *The Platform Sutra of the Sixth Patriarch*, New York, Columbia U.P., 1967, p. 193.

Chapitre 5 : « Il ne se tient nulle part » :
la quatrième des Vérités du Bouddha

1. Thomas Merton, *Mystics and Zen Masters*, New York, Dell, 1961, p. 18-19.

2. Walpola Rahula, *What the Buddha Taught*, New York, Grove Press, 1974, p. 45.

3. Annie Reich, « Narcissistic Object Choice in Women », *Journal of the American Psychoanalytic Association*, 1, 1953, 22-24.

4. Tenzin Gyatso, *Kindness, Clarity, and Insight*, trad. et éd. Jeffrey Hopkins, Ithaca, Snow Lion, 1984, p. 40.

5. Robert A.F. Thurman, *Tsong-khapa's Speech of Gold in the Essence of True Eloquence : Reason and Enlightenment in the Central Philosophy of Tibet*, Princeton, Princeton U.P., 1984, p. 68.

6. Herbert V. Guenther, *Philosophy and Psychology in the Abbhidharma*, Berkeley, Shambhala, 1974, p. 207.

7. Kalou Rimpoché, *The Dharma That Illuminates All Beings Impartially Like the Light of the Sun and the Moon*, Albany, State University of New York Press., 1986, p. 111.

8. Clarke, *op. cit.*, p. 148-151.

DEUXIÈME PARTIE :

MÉDITATION

1. Coomaraswamy et Horner, *La Pensée de Gotama, le Bouddha, op. cit.*

2. Nyanaponika Thera, *The Vision of Dhamma : Buddhist Writings of Nyanaponika Thera*, éd. Bhikkhu Bodi, York Beach, Samuel Weiser, 1966, p. 33.

3. Freud, *Malaise dans la civilisation, op. cit.*, p. 16.

Chapitre 6 : L'attention nue

1. Nyaponika Thera, *The Heart of Buddhist Meditation, op. cit.*, p. 30.

2. Joseph Goldstein, *The Experience of Insight : A Natural Unfolding*, Santa Cruz, Unity Press, 1976, p. 20.

3. Voir, par exemple, mes articles sur le sujet : « On the Neglect of Evenly Suspended Attention », *Journal of Transpersonal Psychology*, 16, 1984, p. 193-205, et « Attention in Analysis », *Psychoanalysis and Contemporary Thought*, 11, 1988, p. 171-189. Voir également Freud, « Conseils aux médecins sur le traitement psychanalytique », in *De la technique psychanalytique*, p. 61-71, et « Two Encyclopedia Articles » (Deux articles d'encyclopédie), *Standard Edition, op. cit.*, vol. 18, p. 235-262.

4. Freud, « Analyse d'une phobie d'un petit garçon de cinq ans : le petit Hans », in *Cinq psychanalyses*, Paris, P.U.F., 1954, p. 199-261.

5. Freud, « Conseils aux médecins sur le traitement psychanalytique », *Standard Edition, op. cit.*, vol. 12, p. 111-112.

6. D.W. Winnicott, « Élaboration de la capacité de solitude », in *Processus de maturation chez l'enfant, op. cit.*, p . 31-42.

7. Wes Nisker, « John Cage and the Music of Sound », *Inquiring Mind*, 3, n° 2 1986, p. 4.

8. D.W. Winnicott, « Birth Memories, Birth Trauma, and Anxiety », in *Collected Papers : Through Pædiatrics to Psychoanalysis*, New York, Basic Books, 1958, p. 183-184.

9. Michael Eigen, « Stones in a Stream », *Psychoanalytic Review* (sous presse).

10. D.W. Winnicott, « Objets transitionnels et phénomènes transitionnels », in *Jeu et réalité, op. cit.*

11. Shunryu Suzuki, *Esprit zen, esprit neuf*, Paris, Seuil, 1977.

Chapitre 7 : Débrouiller l'écheveau du soi : la psychodynamique de la méditation

1. Bhadantacariya Buddhagosa, *Visuddhimagga* (Path of purification), trad. Bhikku Nyanamoli, vol. 1, Berkeley, Shambhala, 1976, p. 149-150.

2. Buddhagosa, vol. 2, *op. cit.*, p. 753.

3. Daniel Brown et Jack Engler, « The States of Mindfulness Meditation : A Validation Study », in *Transformations of Consciousness : Conventional and Contemplative Perspectives on Development*, éd. Ken Wilber, Jack Engler et Daniel Brown, Boston, New Science Library, 1986, p. 189.

4. Stephen A. Mitchell, *Hope and Dread in Psychoanalysis*, New York, Basic Books, 1993, p. 101.

5. Daniel Goleman, *Les Douze formes de la méditation*, Paris, Fayard, 1977.

6. Jack Kornfield, *A Path with Heart : A Guide through the Perils and Promises of Spiritual Life*, New York, Bantam, 1993, p. 108-110.

7. Nyanaponika Thera, *The Heart of Buddhism*, *op. cit.*, p. 144-145.

8. Mitchell, *op. cit.*, p. 149.

9. Marion Milner, *The Suppressed Madness of Sane Men : Forty-four Years of Exploring Psychoanalysis*, Londres, Tavistock, 1987, p. 260-261.

10. Michael Eigen, « Breathing and Identity », in *The Electrified Tightrope*, ed. Adam Phillips, Northvale, Jason Aronson, 1993, p. 46.

11. Dans une conversation avec l'auteur en février 1994.

12. Voir Emmanuel Ghent, « Masochism, Submission, Surrender : Masochism as a Perversion of Surrender », *Contemporary Psychoanalysis*, 26, 1990, p. 108-136.

13. Jessica Benjamin, *Les Liens de l'amour*, Paris, Métailié, 1994, p. 133-134.

14. Mitchell, *op. cit.*, p. 31.

15. Harry Stack Sullivan, « The Data of Psychiatry », in *Clinical Studies in Psychiatry*, éd. Helen Swick Perry, Mary Ladd Gawel et Martha Gibbon, New York, Norton, 1956, p. 33.

16. Jacques Lacan, *Écrits*, Paris, Seuil, 1990.

17. Voir Schafer, *op. cit.*

18. Thurman, *op. cit.*, p. 131.

19. John Blofeld, *The Zen Teaching of Huang Po : On the Transmission of Mind*, New York, Grove Press, 1958, p. 86.

20. Freud, « Analyse terminée et analyse interminable », *op. cit.*

TROISIÈME PARTIE :

THÉRAPIE

1. Goldstein et Kornfield, *op. cit.*, p. 95.

2. D.W. Winnicott, « La localisation de l'expérience culturelle », in *Jeu et réalité, op. cit.*

3. Freud, « Analyse terminée et analyse interminable », Standard Edition, *op. cit.*, vol. 3.

4. Josef Breuer et Sigmund Freud, *Études sur l'hystérie*, Paris, P.U.F., 1989.

Chapitre 8 : La remémoration

1. Freud, « Remembering, Repeating and Working-Through », *op. cit.*, p. 147.
2. D.W. Winnicott, « Fear of Breakdown », *International Review of Psychoanalysis*, 1974, p. 106.
3. Freud, « Remembering, Repeating and Working-Through », *op. cit.*, p. 149.
4. Buddhagosa, *op. cit.*, vol. 2, p. 524.
5. Freud, « Remembering, Repeating and Working-Through », *op. cit.*, p. 147.
6. Michael Balint, *Le Défaut fondamental. Aspects thérapeutiques de la régression*, Paris, Payot, 1991.
7. Dans une conversation avec l'auteur en 1990.
8. Carl Jung, « Yoga and the West », in *Psychology and Religion, op. cit.*, p. 537.
9. Buddhagosa, *op. cit.*, p. 1.

Chapitre 9 : La répétition

1. Freud, « Remembering, Repeating and Working-Through », *op. cit.*, p. 150.
2. sGam-po-pa, T*he Jewel Ornament of Liberation*, trad. Herbert V. Guenther, Berkeley, Shambhala, 1971, p. 216-217.
3. Bion, *L'Attention et l'Interprétation, op. cit.*,
4. Janine Chasseguet-Smirgel, « The Feminity of the Analyst in Professional Practice », *International Journal of Psychoanalysis* 65, 1984, p. 171.
5. Sandor Ferenczi, « Élasticité de la technique psychanalytique », in *Œuvres complètes*, vol. 4, 1927-1933, psychanalyse 4, Paris, Payot, 1982, p. 53-65.
6. Otto Fenichel, *Problems of Psychoanalytic Technique*, New York, Psychoanalytic Quarterly, 1941, p. 5.
7. Charlotte Joko Beck, *Soyez zen : la pratique du zen au quotidien*, éd. Steve Smith, Paris, Presses Pocket, 1991.
8. Marsha M. Linehan fit cette remarque au cours d'une réunion-débat sur le sujet mentionné à la conférence annuelle de la Society for the Exploration of Psychotherapy Integration, Cambridge, avril 1988.

9. Hans Lœwald, « On the Therapeutic Action of Psychoanalysis », *International Journal of Psychoanalysis*, 58, 1960, p. 29.

10. Michael Balint, *Le Défaut fondamental, op. cit.*

11. Freud, « Remembering, Repeating and Working-Through », *op. cit.*, p. 154.

Chapitre 10 : La perlaboration

1. Freud, « Remembering, Repeating and Working-Through », *op. cit.*, p. 155.

2. *Ibid.*

3. Freud, « Au-delà du principe de plaisir », *op. cit.*

4. Adam Phillipps, *Winnicott, op. cit.*

5. Lewis Aron, « Working through the Past-Working toward the Future », *Contemporary Psychoanalysis* 27, 1991, p. 81-109.

6. Robert Thurman, « What Does Being a Buddhist Mean to You ? Re : When You Speak of Letting Go of the Ego, What Is the " Ego " That You Are Talking About Letting Go of ? », *Tricycle : The Buddhist Review*, 3, n° 1 1993, p. 28.

7. Otto Fenichel, *La Théorie psychanalytique des névroses*, Paris, P.U.F., 1979.

8. Freud, *New Introductory Lectures on Psychoanalysis* (*Nouvelles Conférences d'introduction à la psychanalyse*), *Standard Edition, op. cit.*, vol. 22, p. 95.

9. Voir Aron, « Working through the Past », *op. cit.*

10. Erich Fromm, « Psychanalyse et bouddhisme zen », in *Bouddhisme, zen et psychanalyse, op. cit.*

TABLE

dans la collection
SAGESSE

SAGESSES DE VIE

La Voie de la liberté, Sa Sainteté le dalaï-lama, 1995.
Clarté d'esprit, lumière du cœur, Sa Sainteté le dalaï-lama, 1995.

LIGNES DE VIE

La Montagne des trois temps, Claude B. Levenson, 1995.
Le dalaï-lama : un certain sourire, Laurence Vidal, 1995.

EXERCICES DE VIE

Médecine tibétaine et alimentation, Dr Namgyal Qusar et Jean-Claude Sergent, 1995.
Apaiser l'esprit, Jean-Claude Sergent, 1995.
Observer l'esprit, Jean-Claude Sergent, 1995.

Imprimé en France par la Société Nouvelle Firmin-Didot
Dépôt légal : octobre 1995
N° d'édition : 12186/01 - N° d'impression : 32139